실전 금융산업 빅데이터 분석

실무 담당자를 위한
금융 빅데이터 활용 비법

저자소개

김유신

처음 경력의 10여 년은 정보시스템 개발 프로젝트들로 빠르게 흘렀고, 이후 재충전을 위해 돌아간 학교에서 빅데이터 분석을 전공으로 박사후 연구원 시절까지 보냈습니다. 그리고 실무로 돌아와 빅데이터 세상에 뛰어든 지 다시 10년이 흘렀네요. 그동안 대학에서 학생들을 지도하기도 했고 필드에서 공공기관, 금융기관, 기업들을 대상으로 빅데이터 분석과 AI 시스템을 구축하기도 하면서 다양한 경험을 쌓아왔습니다. 빅데이터와 인공지능이 이제는 현실적인 목표와 구체적인 실행안으로 주위 곳곳에 적용되는 것을 볼 때 짧은 기간에 많은 발전이 있었음을 새삼 느낍니다. 좋은 기회로 그간 차곡차곡 쌓은 노하우를 동료들과 함께 책으로 담게 되어 참 감격스럽고 기쁩니다. 앞으로도 계속 실전 노하우를 다양한 현장에서 펼쳐보일 수 있도록 노력하겠습니다.

- (현)AIoT 전문기업 에어딥 Founder/CEO
- (전)알티캐스트 데이터사이언스 부문장
- (전)서울시립대 자유융합학부 빅데이터분석학 전공 객원교수
- (전)텍사스 주립대학교 비즈니스애널리틱스 박사후 연구원
- (전)SK C&C 금융1본부 애플리케이션 아키텍트

우체국 금융상품추천, 고객세분화, 이상거래탐지 등 금융 AI 빅데이터 구축, 2021~
하나은행 점포통합 고객이탈 예측, 기업여신 부실예측 등 빅데이터 플랫폼 구축, 2019
SK네트워크 클라우드 기반의 AI 콜센터 챗봇 시스템 개발(IBM BlueMix, Watson API), 2017
SK텔레콤 네트워크 비정형 데이터 분석 및 디지털 전환 파일럿 프로젝트(IBM Watson Explorer), 2017
신한금융지주회사 인공지능(AI) 기반 글로벌 마켓/상품 센싱 시스템의 시범 구현(IBM Watson), 2017
통계청 2016년 빅데이터 활용 시스템 개발 및 소셜 빅데이터를 활용한 소셜 경기 지표 개발, 2016

김태윤

금융산업이나 분석 컨설팅 관련 직무에 계신 분들의 문제해결에 도움이 되기를 바라는 마음으로 집필을 시작했습니다. 저희가 나눈 지식과 노하우가 많은 분들께 공유되어 더욱 빛나기를 소망합니다. 마지막으로, 태어난 지 얼마 안 된 아들 민석이를 오랜 시간 홀로 돌보아 준 아내에게도 미안하고 사랑한다는 말을 전합니다.

정준영

오랜 기간 연구한 실무 사례를 기반으로 데이터 분석 과제를 수행하는 전체 과정을 읽기 쉽게 담았습니다. 개인 블로그(jaydata.tistory.com)에서 분석 결과를 어떻게 활용할 것인지 가이드를 제공하고 있으니 참고하시길 추천합니다. 출간 시점에는 함께 살고 있을 여자친구 진아에게 감사하다고 전하고 싶습니다.

고건욱

데이터 분석에 대한 지식과 경험을 공유하고, 데이터 분석가를 꿈꾸는 분들에게 도움을 드리고 싶다는 생각으로 책을 집필했습니다. 이 책을 통해 다양한 유형의 금융권 데이터 그리고 과제 수행 과정에서 마주한 문제들과 이를 해결하는 과정을 간접적으로 경험할 수 있을 것입니다. 항상 도움을 아끼지 않는 가족과 여자친구에게도 감사 인사를 전합니다.

김가연

금융산업에서도 AI 및 빅데이터 기법을 도입하기 위해 많은 시도가 이루어지고 있습니다. 따라서 프로젝트를 수행하는 과정에서 겪었던 고민과 해결 과정을 최대한 쉽게 전달하기 위해 노력하였습니다. 금융 데이터 분석에 관심이 분들께 나침반과 같은 책이 되었으면 합니다. 분석할 때 많은 도움을 주신 프로젝트 관계

저자소개

자분들과 이 책이 출판되기까지 많은 수정과 탈고 요청에도 묵묵히 도와주신 출판사 관계자분들께도 감사의 인사를 전합니다.

박주환

이 책을 통해 금융권 데이터 분석이 처음이라면 겪을 수 있는 어려움을 해소할 수 있으리라 기대합니다. 모든 독자분들이 필요한 팁들을 얻어 프로젝트를 성공적으로 마무리할 수 있기를 바랍니다. 마지막으로 긴 프로젝트 과정 속에서 지치지 않고 옆에서 많이 챙겨준 가족들에게 감사의 말을 전하고 싶습니다.

이동우

Extraordinary claims require extraordinary evidence.

제가 금융 빅데이터 프로젝트에 임하면서 항상 마음 깊이 새기던 칼 세이건의 말입니다. 프로젝트를 통해 논리적이고 객관적인 관점에서 일을 해내야 한다는 것을 다시 한번 느끼게 되었고, 배운 것을 책에 녹이기 위해 노력했습니다. 금융 빅데이터 분석에 관심이 있는 분들에게 적절한 지침서가 되기를 바랍니다. 김유신 대표님과 많은 도움을 주신 프로젝트 관계자분들, 책 출판을 도와주신 출판사 관계자분들께도 깊은 감사의 인사를 전합니다.

장진수

다양하고 복잡한 시스템이 유기적으로 연결되어 있는 금융 산업에서 빅데이터 분석을 수행하기 위해서는 시스템의 전체 구조와 데이터의 전반적인 흐름을 파악해야 합니다. 이 책에서 제시하는 금융 빅데이터 분석에 필요한 데이터 수집, 타 업무 시스템으로의 전송, 다른 데이터 타입 처리 방법 등이 독자분들께 도움이 되길 희망합니다. 또한 이 책이 세상에 나오기까지 많은 도움을 주신 모든 분께 감사의 인사를 전합니다.

추천사

오랜 기간 금융권의 실무 전문가로 활동해온 김유신 박사와 그의 동료들이 그들의 금융 빅데이터 분석 노하우를 아낌없이 방출하였습니다. 이 책은 저자들의 전문성과 경험을 바탕으로 금융권의 빅데이터 과제 발굴부터 선정, 분석 및 활용 전반의 과정을 다룹니다. 따라서 실제 금융 분석에 적용 가능한 유용한 정보를 제공받을 수 있을 것입니다. 금융 빅데이터 분석 분야에서 일하는 현업 종사자나 이를 지향하는 학생들에게 매우 유용한 자료가 되리라 기대합니다.

국민대 비즈니스IT 전문대학원 정승렬 교수

기술의 이론과 기초를 습득하는 것이 목표인 대학 교육에서는 실제 현장의 목소리를 전하기 어렵습니다. 본 도서는 금융 빅데이터 분석 분야의 기술적인 이해와 더불어 실제 적용에 대한 사례를 제시하고 있어 실무를 알고 싶은 컴퓨터 공학 및 데이터 과학 분야의 예비 금융 테크니션에게 매우 유용한 교재가 될 것입니다.

성균관대학교 부총장 김재현 교수(컴퓨터교육학)

금융과 빅데이터를 부드럽고 논리적으로 연결하는 아름다운 다리와 같은 책입니다. 금융전문가를 빅데이터의 세계로 인도해주는 나침반이며, 빅데이터 전문가에게 금융산업을 소개하는 지도입니다. 빅데이터 기반 금융 혁신의 긴 여정을 이 책과 함께 시작하기를 추천합니다.

서울대학교 통계학과 김용대 교수

대표 저자인 김유신 박사는 데이터 분석에 있어서 산학연계의 프런티어라고 할 수 있는 분입니다. 이 책은 금융기관의 데이터 활용 환경과 배경 및 업무 영역의 리스크 관리에서 마케팅까지 모두 담고 있습니다. 또한, 신규고객 관리와 고객의 이탈방지 등 전반을 다양한 머신러닝 방법으로 소개한 지침서로 업무 현장에서 바로 사용할 수 있는 실제적인 접근이 돋보입니다.

파인트리 이재열 상무(前 하나은행 빅데이터구축센터 팀장)

추천사

금융산업, 특히 은행의 장벽이 허물어지고 다양한 업종과의 무한 경쟁 시대로 돌입하는 상황에서 빅데이터의 중요성은 누구도 의심하고 있지 않습니다. 그러나 정작 무엇을 어떻게 해야 할지 명확하게 정의 내리기가 쉽지 않습니다. 본 도서에서는 다양한 실무 경험을 바탕으로 금융 빅데이터에 대한 분석 및 활용 방안을 사례 중심으로 구체적으로 안내합니다. 금융 빅데이터 분석 기술과 활용에 대한 방향성을 찾고자 하는 분들은 꼭 읽어보시길 권합니다.

우리은행 스마트금융부 박동현 부부장

이 책은 빅데이터 관련 금융 IT 부문의 지침서라 할 수 있습니다. 금융산업에서 빅데이터의 활용과 적용에 있어 훌륭한 가이드를 제시합니다. 특히, 실제 금융기관에 적용한 빅데이터 분석 플랫폼을 구체적으로 소개하고 있어 실무에서 고민 중인 현업 담당자들에게 매우 중요한 참고 자료가 될 것입니다.

한국수출입은행 디지털금융단 이익수 부장

최근 몇 년은 데이터 분석 기반 경영을 위해 빅데이터 전문가를 통한 문제해결에 집중하였다면, 앞으로는 부서 내 데이터 중심 사고와 분석 역량을 얼마나 향상시키느냐가 중요해질 것입니다. 이 책은 금융권의 다양한 실전 데이터 분석 사례를 통해 현업 직원들이 자신의 일에 적용해볼 수 있는 지침서를 제공하여 디지털 전환을 고민하는 금융기관에게 출발점을 제시하고 있습니다.

미래에셋증권 플랫폼서비스 이승목 팀장

일반적으로 전문 분야의 개발 도서는 개념 중심이거나 소스 코드 따라 하기로 구성되는데, 본 서는 빅데이터 분석 이론을 현장에서 어떻게 적용하는지 그리고 어떤 데이터를 가지고 모델링하고 이를 활용할 수 있는지 실제 사례와 함께 보여줍니다. 금융기관의 주요 업무인 예금, 보험, 펀드, 카드 등 다양한 고객을 교차 분석하고 금융 상품의 업 세일(Up-Sales)과 크로스 세일(Cross-Sales) 추천

모델을 구현하는 등 실전 노하우를 공유하고 있어 현업 담당자들에게 큰 도움이 될 것입니다.

SK(주) C&C 금융디지털혁신그룹 이건영 수석

금융산업에서도 빅데이터 분석이 필수가 되었습니다. 본 서는 빅데이터 활용 준비부터 실제 금융산업에서의 구체적인 분석 사례가 다양하게 담겨있어 금융 실무 현장에서 빅데이터 활용 방안을 이해하고 싶은 분들께 큰 도움이 될 것입니다. 또한, 금융 빅데이터 분야에 대한 전반적인 이해를 갖추고자 하는 분들에게도 꼭 필요한 도서입니다.

삼성SDS 정천수 박사

오랫동안 금융 데이터 분석은 전문가의 전유물로 여겨졌으나 이제는 현업 직원들도 데이터에 대한 문해력이 당연시되고 있습니다. 본 도서는 금융 데이터의 획득부터 활용에 이르는 전체 과정을 실제 경험을 바탕으로 기술하고 있어 금융업 종사자들의 데이터 리터러시에 큰 도움을 줄 것으로 기대합니다.

태블로 코리아 홍성욱 상무(금융 Biz 담당)

저자들은 이 책을 통해 금융기관에서의 다양한 프로젝트 경험으로 습득한 빅데이터 분석의 기초부터 활용까지 실제 구축 사례와 경험 중심으로 소개합니다. 또한, 금융산업 종사자들의 고민을 충분히 해결할 수 있는 방법론을 제시합니다. 금융산업의 빅데이터 구축 과정에서 발생할 수 있는 시행착오를 줄이고 도입부터 활용까지 성공을 담보할 할 수 있는 방법서로써 크게 기여되리라 기대합니다.

퍼니웍 김태중 대표

이 책은 금융권에서 빅데이터를 어떻게 활용해야 하는지 과제를 도출하고, 이를 위한 데이터를 수집 및 분석하여 현업에서 이해하고 적용할 수 있는 다양한 지

추천사

표들로 개발합니다. 또한, 분석 결과를 실무에서 바로 활용할 수 있도록 시각화하는 과정을 실제 사례와 함께 포괄적으로 다루고 있습니다. 오랜 기간 금융권 프로젝트를 수행한 저자들의 노하우가 가득 담겨있기에 금융권 데이터 분석 분야에 입문하려는 주니어부터 현업에 종사 중인 시니어까지 모두에게 꼭 필요한 책이 될 것입니다.

빅스데이터 김대중 대표

빅데이터 분석 및 설계에 있어서 실무에 실제로 필요한 기술과 노하우를 제공하기에 빅데이터를 배우는 학생들과 금융기관 실무 담당자들에게 매우 유용한 책입니다. 금융기관 내부 데이터의 디자인과 효율적인 고객 관리 방법 등에 대한 심도 있는 인사이트를 제공하므로 독자들의 역량 향상에 큰 도움을 줄 것입니다.

프로비트 정지열 이사(한국자금세탁방지전문가협회 초대 회장)

프로젝트 경험을 기반으로 실제 데이터 분석 방법론을 적용할 수 있도록 돕는 훌륭한 자료입니다. 데이터 분석을 위한 매우 실용적이면서도 종합적인 도서로서 방대한 실무 경험이 녹아 있습니다. 또 다른 도메인에서도 데이터 분석이라는 여정을 유리하게 시작할 수 있게 도와줄 것입니다.

NHN다이퀘스트 빅데이터분석팀장 강희주 박사

이 책은 빅데이터 분석을 현장에 적용하는 데 있어 매우 값진 인사이트를 제공하고 있습니다. 진부한 이론과 수식의 답습이 아닌, 실질적이고 효과적인 경험과 고민들을 사례를 통해 보여줍니다. 빅데이터를 실전에 적용하고자 하는 초보자나 전문가 모두에게 훌륭한 교훈과 새로운 시각을 제공할 것입니다.

차세대융합기술연구원 도시데이터혁신연구실장 박건철 박사

목차

1부 금융산업의 빅데이터 분석

1장 금융산업의 빅데이터

1.1 빅데이터 시대의 도래 … 2
   1.1.1 주요 시장 동향 … 2
   1.1.2 주요 정책 추진 동향 … 8

1.2 빅데이터란? … 10
   1.2.1 빅데이터의 의의 및 특징 … 10
   1.2.2 빅데이터의 활용 가치 … 12
   1.2.3 빅데이터 분석 … 14
   1.2.4 빅데이터 분석 방법론 … 15
   1.2.5 탐색적 데이터 분석 … 18

1.3 빅데이터 활용 분야 … 20
   1.3.1 해외 빅데이터 활용 사례 … 23
   1.3.2 국내 빅데이터 활용 사례 … 24
   1.3.3 금융산업에서의 빅데이터 활용 사례 … 26

2부 분석 과제를 위한 준비

2장 금융 빅데이터 사전컨설팅

2.1 빅데이터 분석 과제 선정 … 30
   2.1.1 금융산업에서의 빅데이터 분석 및 활용 현황 … 30
   2.1.2 빅데이터 분석 과제 선정 방법론 … 35

3부 고객 분석

3장 통합 고객 다차원 분석 및 고객 세분화

3.1 개요 … 40
   3.1.1 고객 분석의 배경 및 목적 … 41
   3.1.2 금융산업에서의 고객 세분화 사례 … 42

목차

    3.1.3 분석 모형 프로세스   43

3.2 통합 고객 다차원 분석   45
    3.2.1 분석 대상 테이블 선정   45
    3.2.2 분석 대상 고객 선정   47
    3.2.3 분석 대상 테이블 탐색   53
    3.2.4 데이터 탐색 및 인사이트 발견   58

3.3 고객 세분화   71
    3.3.1 세분화 방법 및 선정 근거   71
    3.3.2 군집 분석   73
    3.3.3 그리드 방식   79

3.4 결론   92
    3.4.1 분석 과제 요약   92
    3.4.2 한계점 및 고도화 방안 제시   93

4장 우수고객 및 고객 이탈 분석

4.1 개요   95
    4.1.1 우수고객 및 고객 이탈 분석의 배경 및 목적   95
    4.1.2 산업별 적용 사례   96
    4.1.3 모델 개발 시 고려사항   97

4.2 탐색적 데이터 분석   98
    4.2.1 분석 모형   98
    4.2.2 데이터 수집 및 전처리   100
    4.2.3 데이터 탐색 및 인사이트 발견   105

4.3 결론 117
    4.3.1 분석 과제 요약 117
    4.3.2 향후 연구 118

5장 VoC 민원 분석 및 위험민원 예측

5.1 개요 119
    5.1.1 민원 분석 배경 및 목적 120
    5.1.2 텍스트 마이닝 121

5.2 민원 분석 122
    5.2.1 데이터 수집 123
    5.2.2 데이터 전처리 및 EDA 124
    5.2.3 빈도 분석 127
    5.2.4 토픽 모델링 138
    5.2.5 월별 위험민원 추세 144

5.3 결론 147
    5.3.1 분석 과제 요약 147
    5.3.2 향후 연구 148

4부 상품 추천

6장 상품 추천 시스템

6.1 개요 152

6.2 추천 모델 152
    6.2.1 무작위 추천 153
    6.2.2 그룹 기반 추천 154
    6.2.3 연관 규칙 분석 155

목차

6.2.4 콘텐츠 기반 필터링	157
6.2.5 협업 필터링	158

7장 보유 상품 기반 상품 추천

7.1 개요	164
7.1.1 기존 P사의 금융상품 추천 방식	164
7.1.2 목표에 따른 추천 모델 방향성	165
7.2 설계 방향	166
7.3 탐색적 데이터 분석	170
7.3.1 탐색 테이블 선정	170
7.3.2 EDA 분석 및 인사이트	175
7.4 모델 개발	180
7.4.1 데이터 전처리	180
7.4.2 모델 학습	186
7.4.3 상품 추천 결과 추출	191

8장 체크카드 사용 실태에 따른 상품 추천

8.1 개요	199
8.1.1 체크카드 사용 실태에 따른 상품 추천 배경 및 목적	199
8.1.2 기존 P사의 체크카드 추천 방식	199
8.1.3 타사의 카드 추천 방식	200
8.2 설계 방향	201
8.2.1 진행 추천 방식	201

8.2.2 최종 모델 선정	203
8.2.3 설계 방향 선정	204

8.3 탐색적 데이터 분석 — 205
- 8.3.1 탐색 테이블 선정 — 205
- 8.3.2 데이터 탐색 — 208

8.4 모델 개발 — 222
- 8.4.1 데이터 전처리 — 222
- 8.4.2 모델 추천 프로세스 — 227

9장 접촉 로그 데이터 기반 관심상품 추천

9.1 개요 — 239
- 9.1.1 현 상태 우체국의 상품 추천 방식 — 239
- 9.1.2 과제의 목적 — 239
- 9.1.3 접촉정보 분석 사례 — 240

9.2 설계 방향 — 240

9.3 탐색적 데이터 분석 — 241
- 9.3.1 탐색 테이블 선정 — 241

9.4 모델 개발 — 244
- 9.4.1 데이터 전처리 — 244
- 9.4.2 모델 프로세스 — 245

10장 서비스화 및 결과 전달

10.1 개요 — 246

목차

10.2 추천 결과 적재	247
10.3 추천 사유 전달	249
10.4 추천 모델 평가	250
10.4.1 추천 모델 평가 방법	250
10.4.2 추천 모델 평가 과정	252
10.5 빅데이터 분석 기반 상품 추천 서비스	254

5부 금융산업 빅데이터 분석 환경

11장 빅데이터 분석 및 활용 플랫폼

11.1 빅데이터 플랫폼 구성	258
11.2 빅데이터 플랫폼 역할	261
11.2.1 내부 데이터 수집	261
11.2.2 외부 데이터 수집	267
11.2.3 배치 프로그램	267
11.3 빅데이터 플랫폼 활용	268
11.3.1 빅데이터 분석 환경	268
11.3.2 배치 프로그램	273
11.3.3 태블로를 활용한 데이터 시각화	273

주요 기반 기술이자 4차 산업혁명과 함께 가장 많이 언급되고 있는 빅데이터에 대해 이해한다. 특히 금융산업에서 빅데이터를 활용하기 위한 주요 시장 동향과 관련된 정책을 살펴보고 금융 빅데이터를 어떻게 활용하는지 이해한다.

금융산업의 빅데이터 분석

1장 금융산업의 빅데이터

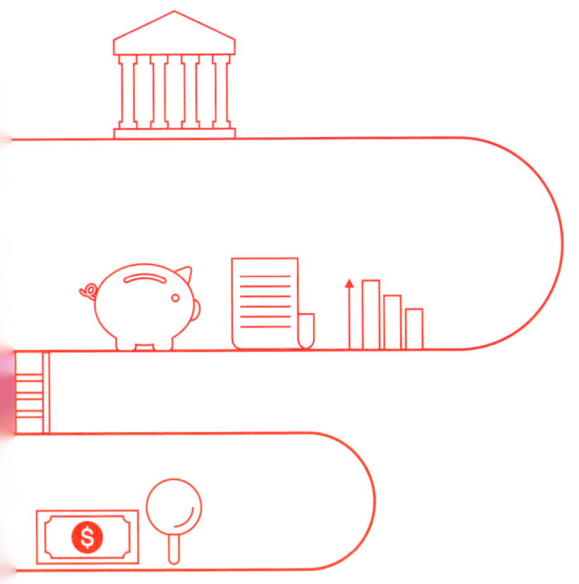

금융산업의 빅데이터

1장

1.1 빅데이터 시대의 도래

2009년 애플이 아이폰3G를 국내에 출시하고 2010년 6월에 삼성전자가 갤럭시 S를 출시하면서 스마트폰 시대를 열었다. 스마트폰의 대중화로 인해 시간과 장소의 제약 없이 네트워크 접속이 가능하게 되었다. 이전과는 비교할 수 없을 정도의 규모로 사용자 정보, 거래 정보 등의 데이터가 발생했다. 특히 페이스북, 트위터 등과 같은 소셜 네트워크 서비스(SNS)의 등장이 데이터 발생에 기폭제 역할을 했다. 결국 급증해가는 디지털 정보량을 아우를 개념과 용어가 필요하게 되었고 빅데이터가 그 역할을 맡게 되었다.

1.1.1 주요 시장 동향

원래 빅데이터란 용어의 전통적 개념은 구글과 같은 대기업이나 미국항공우주국(NASA)의 연구 프로젝트에서 분석하는 대용량의 데이터를 의미했다(Adrian, 2011). 그러나 점차 그 개념이 확장되어 시간 흐름상 데이터를 수집하고 처리하던 소프트웨어 도구의 능력을 넘어서는 데이터들의 모임으로 정의되었고, 이러한 데이터 크기는 앞으로 꾸준하게 변화할 것이라고 예측했다(Manovich, 2011). 즉, 빅데이터는 기존의 도구와 프로세스로 처리하기에는 너무 크고 빠르며 어려운 데이터를 의미하게 되었다(Madden, 2012). 2011년 발표된 한 보고서에서는 수집·저장·소통·집단화·분석이 가능한 거대한 데이터 풀(pool)을 빅데이터로 정의하고, 이제는 글로벌 경제의 모든 영역과 기능의 일부가 되었다고 했다(McKinsey, 2011).

이와 같이 빅데이터는 당초 수십에서 수천 TB에 달하는 거대한 데이터 집합 자체만을 지칭하던 말이었으나, 기존의 관리 및 분석 체계로는 감당하기 어려울 정도의 막대한 데이터를 지칭하기 시작했고 점차 관련 도구·플랫폼·분석기법까지 포괄하는 용어로 변화하고 있다(채승병, 2011). 더 나아가 대용량의 데이터를 저장·수집·발굴·분석·비즈니스화하는 일련의 과정으로 정의하고 빅데이터의 핵심이 데이터의 비즈니스화에 있음을 강조하기도 한다(김상락 외, 2012). 빅데이터의 특성을 세 가지로 나누기도 한다. 데이터의 규모가 방대하고(volume), 그 종류가 다양하며(variety), 데이터의 처리 및 분석을 적시에 해결해야(velocity) 한다는 것이다. 그리고 그 결과 새로운 가치를 창출할 수 있어야 한다(안창원 외, 2012).

이러한 빅데이터는 2012년 들어 단순한 IT트렌드를 넘어 경제와 사회 현안 해결의 실마리로 주목받으며 빅데이터 시대가 개막되었음을 예고했다. 2012년 1월에 열린 세계경제포럼(World Economic Forum, WEF)[1]에서는 빅데이터 기술을 국제 개발의 새로운 가능성을 여는 2012년의 가장 중요한 기술로 지목했고, 같은 해 3월 미국은 빅데이터 주도권 확립을 위해 백악관 과학기술정책실(Office of Science and Technology Policy, OSTP)이 주도하고 여섯 개 정부부처가 참여하는 2억 달러 규모의 종합 연구개발 투자계획을 발표했다. 또한, 스마트 인프라의 보급과 빅데이터 관리 및 분석 기술의 급속한 발전이 사회적 인식의 제고와 맞물리며 2012년이 빅데이터 시대의 원년이 될 것이란 전망이 대두되었다(채승병, 2012).

결국 빅데이터가 급부상하게 된 것은 빅데이터를 수집 및 저장하고 이를 기반으로 새로운 정보와 지식을 만들어내는 것이 경제 성장을 위한 중요한 가치 창출 전략이 될 것으로 판단되기 때문이다. 맥킨지 보고서에서도 의료·건강, 공공·행정, 개인정보, 유통·소매, 제조업 등 다섯 개 분야의 빅데이터 활용가치가 22.3조 달러에 달하고 2018년 미국에서만 14~18만 명의 전문 인력과 150만 명의 데이터 관리 인력이 필요할 것으로 예측하고 있다.

씨게이트(Seagate Technology)에서 발표한 보고서에서는 2018년 기준 33ZB의 데이터가

---

[1] 기업인, 경제학자, 정치인 등이 모여 경제 문제에 대한 토론을 하는 국제 민간 회의로 스위스 다보스에서 매년 열려 다보스포럼이란 명칭으로 더 잘 알려짐

생산되었으며 2025년에는 약 175ZB의 데이터가 생성될 것으로 추정했다. 생성되는 데이터의 산업과 유형을 살펴보면 모빌리티, 헬스케어, 가정, 공장 등의 사물 인터넷(Internet of Things, IoT) 센서 데이터와 비디오 및 증강 현실 등을 위한 고화질 비디오 데이터까지 다양한 산업으로부터 데이터가 대량으로 발생하고 있다. 날이 갈수록 데이터의 생산량과 함께 생산 속도 역시 증가하고 있는 것으로 나타났다.

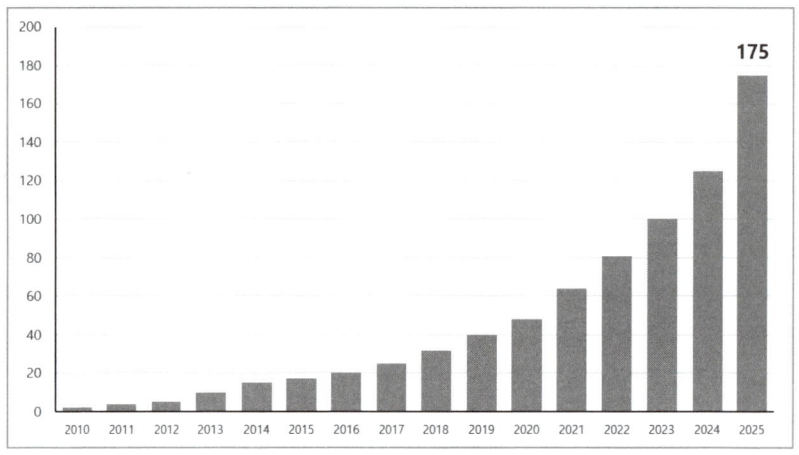

[그림 1-1] 연간 데이터 생산량(단위: ZB)

2014년 하노버 메세(Hannover Messe)[2]에서는 제조업을 중심으로 정보통신기술(Information&Communication Technology, ICT)의 융합을 통해 단순한 설비 자동화에 그치는 것이 아닌 지능형 공장(smart factory)을 선보였다. 지능형 공장이란 설계나 제조 과정부터 시작해서 재고관리, 고객관리, 조달·물류 및 서비스까지의 제조업 전체 가치사슬(value chain)에서 데이터를 수집하고 분석하여 전 과정에서 발생하는 오류를 최소화하고 생산성을 극대화하는 것이다. 다만, 지능형 공장을 갖추기 위해서는 사물 인터넷(IoT)과 클라우드 컴퓨터(cloud computer), 가상화 소프트웨어 등의 기반 기술이 필요하다. 이처럼 인공지능(Artificial Intelligence, AI) 기술과 데이터 활용 등의 새로운 기술이 다양한 산업과 융합하면서 본격적으로 4차 산업혁명에 대한 언급이 시작됐다.

2016년 세계경제포럼은 경제·사회·인간 행태 등의 다양한 영역에서 영향을 미치게

---

2. 산업 기술과 관련된 세계 최대의 전시회로 기계, 산업 자동화, 신재생 에너지, 자동화 솔루션 및 소프트웨어 등 매년 최신 기술과 트렌드를 선보임

될 디지털 전환 시기를 아우를 수 있는 '4차 산업혁명의 이해'를 주제로 선정했다. 이후에는 4차 산업혁명의 기반 기술로 불리는 사물 인터넷(IoT), 인공지능, 3D 프린터, 유전학, 생명공학, 나노 기술, 무인 자동차 및 드론이 데이터를 필요로 한다는 점에서 빅데이터에 대한 관심이 급증하고 있다.

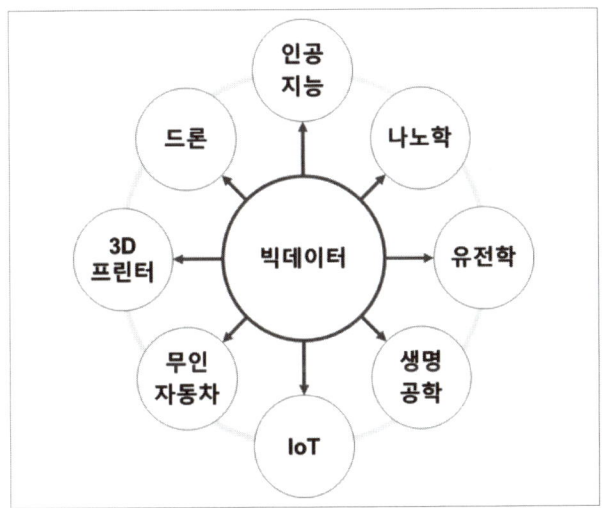

[그림 1-2] 4차 산업혁명의 기반 기술 빅데이터

빅데이터와 인공지능은 4차 산업혁명 주요 과제 등 정부 정책의 핵심 기술이자 미래 신성장 동력의 필수불가결한 기술로 선정되었다. 주변국 역시 마찬가지 상황이다. 가령 중국은 제조업 혁신과 디지털 전환을 위한 노력을 하고 있으며 일본 역시 스마트시티 구축을 위한 데이터 연계 및 오픈 데이터를 마련하여 초스마트 사회를 향한 전략을 수립했다.

이러한 상황은 미국이나 유럽연합(European Union, EU) 역시 다르지 않다. 유럽연합은 Horizon Europe을 신설하여 유럽의 혁신 생태계 유지에 전반을 지원하고 디지털 전환과 관련된 여러 정책을 수립했다. 특히 빅데이터 및 인공지능 등 핵심 디지털 기술 개발에 약 150억 유로를 투자할 예정이다. 미국은 인공지능을 연방정부 연구개발의 5대 중점 분야의 하나로 선정하고, 미래형 산업분야를 우선시하면서 관련 연구개발 지출을 두 배 확대할 계획까지 세우고 있다. 이처럼 세계 곳곳에서 빅데이터와 인공지능의 필요성이 점차 확대되고 있다.

정보통신기획평가원의 「ICT R&D 기술 로드맵 2023」 총괄 보고서에 따르면 빅데이터 및 인공지능에 관한 세계 시장 전망은 유망하다. [그림 1-3]을 살펴보면 빅데이터 및 인공지능 관련 산업의 매출이 꾸준히 증가하고 있다. 연평균 성장률이 인공지능은 49.2%, 빅데이터는 10.6%가 될 것으로 전망한다.

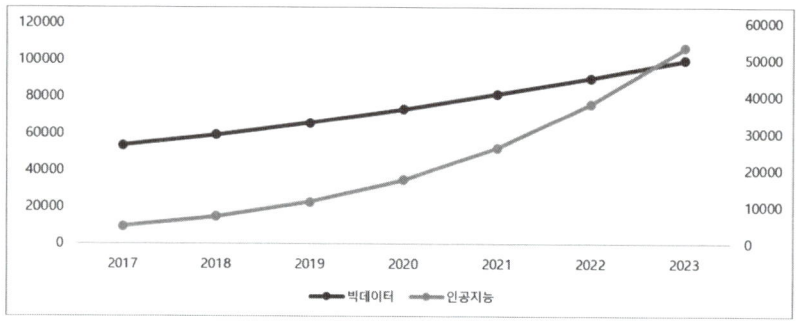

[그림 1-3] 인공지능과 빅데이터 산업 세계 시장 전망

「ICT R&D 기술 로드맵 2023」 총괄 보고서에서는 국내 시장에서 역시 20% 이상 매년 성장할 것으로 전망한다. [그림 1-4]를 살펴보면 인공지능은 연평균 성장률을 20.1%, 빅데이터는 24.7%로 전망했다.

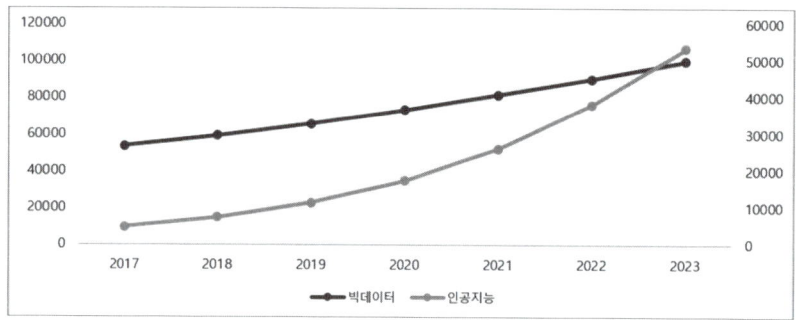

[그림 1-4] 인공지능과 빅데이터 산업 국내 시장 전망

이에 따라 인공지능은 인간처럼 생각할 수 있는 지능으로의 발전과 원시 데이터를 학습하거나 타 분야 데이터를 학습하는 전이 학습 등을 통해 제2의 부흥기가 도래할 것으로 여겨진다. 또 빅데이터는 지능형 공장을 넘어 지능형 도시, 지능형 국가 등의 대규모 인프라를 최적화하는 데 활용되며 고속 처리가 가능한 플랫폼과 기술이 확대될 것으로 전망된다.

신 3저 시대의 저금리, 저물가, 저성장 현상과 함께 코로나바이러스 감염증(COVID-19)으로 인해 언택트 서비스가 새로운 주류 문화로 급부상했다. 특히 온라인 쇼핑이나 배달 서비스 같은 비대면 서비스가 더 활발해지고 재택 근무나 사이버 교육 등이 정착하기 시작했다.

> **Tip** 언택트(Untact)란?
>
> 언택트란 '접촉하다'라는 뜻의 콘택트(contact)에 부정의 의미인 언(un-)을 결합한 합성어로, 사람 또는 사물과 비대면한다는 개념이다. 따라서 언택트 서비스는 온라인 플랫폼을 기반으로 진료, 교육, 근무 등의 기존 서비스를 원격 비대면으로 제공하는 것을 말하며 향후 지속적으로 성장할 것으로 예상된다.

글로벌 팬데믹의 가속화는 비대면과 온라인에 익숙하지 않았던 기성세대까지 새로운 소비 환경으로 끌어들였다. 이처럼 뉴 노멀(new normal)[3]이 정착된 가운데 정보기술(Information technology, IT) 기반의 산업에 변화가 불가피해졌다. 이에 따라 수많은 기업들이 생존을 위해 디지털 전환(digital transformation)을 선택했다.

디지털 전환은 사물 인터넷, 클라우드 컴퓨팅, 인공지능, 빅데이터 솔루션 등의 디지털 기술을 기반으로 사회 전반에 새로운 변화를 가져오는 것이다. 디지털 전환을 위해서는 기존의 아날로그 데이터를 컴퓨터로 처리할 수 있는 디지털 데이터로 전환하는 전산화(digitization) 작업이 선행되어야 한다.

금융권에서는 일찍이 전산화를 시작했는데, 1969년 외환은행에서 보통예금을 온라인으로 처리하면서 처음 도입되었다. 이후 1970년대 중반에 시중은행이 수신 업무[4]를 온라인으로 처리했고 은행 창구에서는 주판을 대신할 컴퓨터 단말기가 보급되었다. 1991년에 들어와서 여신[5]과 수신 업무를 전산화하는 데 성공했다.

이후, 오랜 기간 전산화에 성공했던 금융권의 잇따른 전산 사고로 고강도 보안 강화가 요구되었다. 금융회사 IT 보안을 강화하기 위해 책임을 더하고, 담당 인력과 예산을 일정 수준 높이기 위해 전자금융거래법과 감독규정을 전면 개정했다. 또한 고객

---

[3]. 원래 2008년 글로벌 금융 위기로 인해 펼쳐진 저성장, 저금리, 강력한 규제를 대변하는 용어로 기존과는 다른 새로운 표준을 뜻함
[4]. 은행이 고객으로부터 예금을 받는 업무
[5]. 은행이 고객에게 대출해주는 업무

정보와 관련된 데이터베이스는 안전한 내부 망에서만 운영하고 고객의 개인정보를 암호화하는 등 관리가 강력하게 강화되었다. 여기에 인터넷 망과 업무 망을 분리하여 가상 데스크톱 환경(Virtual Desktop Infrastructure, VDI)을 적극 활용하게 되었다.

이처럼 오랜 기간 동안 전산화를 통해 데이터를 축적했음에도 불구하고 보안 문제로 데이터 활용이 제한되었던 것은 사실이다. 하지만 시대가 변화함에 따라 네이버와 카카오 같은 빅테크(big tech) 기업들의 진출로 금융시장 역시 경쟁이 더욱 치열해졌으며 금융회사들은 디지털 전환을 선택해야만 했다.

1.1.2 주요 정책 추진 동향

핀테크(fintech) 산업을 육성하고 양질의 일자리를 창출하기 위해 금융산업의 낡은 규제를 완화하는 정책들이 추진되고 있다. 2017년 4차산업혁명위원회[6]가 규제 혁신을 위한 해커톤을 개최하여 핀테크에 관한 규제를 대폭 완화하기로 결정하고 한국핀테크지원센터가 공식 출범했다. 또한, 같은 해에 인터넷 전문은행이 금융위원회로부터 은행업 영업 인가를 받으면서 정식 영업을 시작했다.

잦은 전산 사고 이후 금융 당국은 물리적 망 분리를 강력하게 통제해왔다. 금융 데이터를 위탁 관리하는 외부 클라우드 사업자에게는 논리적 망 분리를 인정하나, IT시스템을 운용하는 금융회사에는 엄격하게 통제하고 있었다. 2018년 금융위원회에서 발표한 금융권 클라우드 이용 확대방안과 금융권 클라우드 서비스 가이드라인 개정안을 통해 금융 클라우드가 전면 허용되었다.

2019년 은행의 송금과 결제망을 표준화하여 하나의 은행 애플리케이션으로 다른 은행의 계좌 조회, 결제, 송금 등을 할 수 있는 오픈뱅킹(open banking)이 시작되었다. 이에 따라 모든 은행 애플리케이션을 다운로드하여 설치할 필요가 없어졌다. 오픈뱅킹은 시행 초기에 은행과 핀테크 회사를 중심으로 활용되었다면 현재는 상호금융, 카드사, 금융투자사에까지 확대되었다.

---

[6] 과학기술, 인공지능 및 데이터 기술의 기반을 확보하고 관련 산업과 서비스 육성에 관한 정책을 심의·조정하는 위원회

> **"금융산업 규제 완화를 통한 핀테크 산업 육성 및 양질의 일자리 창출"**
> - 한국핀테크 지원센터 공식 출범('18.1)
> - 혁신 금융지원법 시행(샌드박스 시행, 혁신서비스 지정 등) ('19.4)
> - 금융클라우드 허용('19.1)
> - **금융데이터의 외부 관리 허용(단, 국외반출 불가)**
> - 인터넷 전문은행 출범(K뱅크, 카카오뱅크, 토스뱅크) ('17.7~'21.6)
> - 오픈뱅킹 허용('19.1) 및 참가기관 확대('20.12)
> - **데이터 3법 시행('20.8)**
> - **마이데이터 시행('22년 ~)**

[그림 1-5] 주요 정책 추진 동향

2020년 8월 개인정보보호법, 정보통신망법, 신용정보법을 의미하는 데이터 3법이 시행되면서 빅데이터 활용의 법적인 근거를 명확하게 했고 빅데이터 활용에 있어서 발생할 수 있는 이슈를 보호하기 위한 안전장치를 강화했다. 따라서 지금은 개인의 식별이 불가능한 형태로 처리된 가명정보를 활용하여야만 공공과 공공, 공공과 민간 등 다양한 형태로 결합하여 분석 및 활용을 할 수 있다. 데이터 3법 시행 이후 개인정보 보호 체계를 일원화하고 신용정보업의 규제 체계 역시 글로벌 규격에 맞게 선진화되었다.

법안	내용 및 의미
개인정보보호법	개인정보 관리·감독 기능을 개인정보보호위원회로 일원화
	가명정보 개념을 도입하여 제품과 서비스 개발에 활용
	가명정보 이용 시 안전장치 및 통제 수단 마련
신용정보법	가명정보를 금융분야 빅데이터 분석에 활용
	일부 목적에 한해 신용정보 주체자 동의 없이 가명정보 이용 제공 허용
	신용정보 주체자의 본인 정보 통제 기능 강화
정보통신망법	온라인상 개인정보 관리 감독 권한을 개인정보보호위원회로 이관

[표 1-1] 데이터 3법 개정안

금융회사는 빅데이터 활용에 대한 관심에도 불구하고 고객정보를 활용할 수 있는지, 그리고 어디까지 활용할 수 있는지가 불명확하여 빅데이터를 업무에 적극적으로 활용할 수 없었다. 이에 따라 금융위원회와 금융감독원에서는 금융회사의 빅데이터 활용 업무를 위한 가이드라인을 마련했고 여기에 데이터3법이 더해지면서 금융회사에서도 빅데이터를 활용한 서비스가 가능해졌다.

빅데이터를 활용한 업무는 금융회사의 데이터 활용 및 유통 가이드라인을 바탕으로 흩어진 사용자의 데이터를 수집하고 사용자가 보유한 금융정보를 한 페이지에서 직접 관리할 수 있어 체계적인 관리가 가능하다. 즉, 개인이 본인의 정보를 원하는 방식으로 직접 관리할 수 있다는 점에서 능동적으로 이루어진다.

1.2 빅데이터란?

여러 논문이나 데이터 분석에 관한 서적을 참고하면 빅데이터는 기존에 관리하고 있던 도구를 사용해서 데이터를 이용하는 데 그 역량이 부족한 복잡한 데이터로부터 가치를 창출하는 것이라고 정의한다. 빅데이터를 규정하는 요소 중 공통적으로 언급되는 세 가지를 살펴보자.

1.2.1 빅데이터의 의의 및 특징

IT 리서치 회사 가트너(Gartner)에서는 빅데이터를 3 V로 정의하고 있다. [그림 1-6]과 같이 빅데이터를 구성하는 세 가지 요소는 대용량 데이터(volume), 빠른 속도(velocity), 다양성(variety)이다. 최근에는 신뢰성(veracity)과 가치창출(value)이라는 요소를 추가하기도 한다.

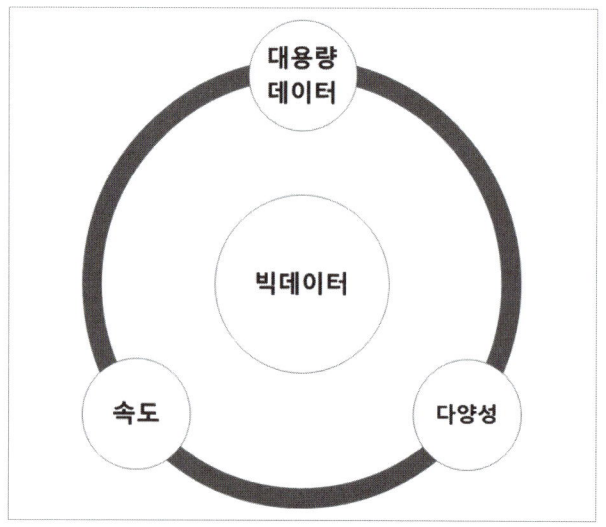

[그림 1-6] 빅데이터 3요소

첫째, 대용량 데이터라 해서 크기에 대한 기준이 있는 것은 아니다. 다만 매일 생성되는 데이터 중 텍스트, 오디오, 비디오 등의 비정형 데이터가 80% 이상을 차지하며 기하급수로 늘고 있다. 전통적인 데이터를 관리하던 기술로는 처리하기 어려울 정도로 방대하다고 관련 기관들은 입을 모아 말하고 있다.

구분	빅데이터	전통적인 데이터
규모	페타(10^{15}) 단위	테라(10^{12}) 단위
생산 속도	웹 스케일 스트리밍	실시간
구조	반구조 및 비정형	정형(구조적)
구조 정의	사후적(Schema-On-Read)	사전적(Schema-On-Write)
트랜잭션 속성	BASE	ACID
품질 관리	어려움	쉬움
아키텍처	분산	중앙 집중
저장소	NoSQL, HDFS	관계형 데이터베이스

[표 1-2] 빅데이터와 전통적인 데이터 비교[7]

둘째, 빠른 속도는 대용량 데이터가 생산되는 가운데 새로운 분석 기법과 하드웨어의 발전으로 이를 저장하고 처리하는 과정에서 빅데이터가 실시간에 가깝게 처리되는 것을 의미한다. 소프트웨어 회사인 데이터스택스(DataStax) CMO 반 덴 베르크는 데이터를 적시에 올바르게 분석하고 대응할 수 있는 실시간 도구가 필요하다고 했다. 즉, 데이터를 조작하는 속도와 대상이 확장될수록 가치가 더 커진다는 의미이다.

셋째, 다양성은 데이터의 종류가 수없이 다양하다는 것을 의미한다. 인터넷과 SNS의 발달은 사진과 영상이라는 비정형 데이터의 생산을 촉진했다. 데이터는 [표 1-3]과 같이 구조에 따라 정형(structured), 반정형(semi-structured), 비정형(unstructured)으로 나눌 수 있다.

구분	데이터 형태
정형 데이터	관계형 데이터베이스
반정형 데이터	XML, JSON
비정형 데이터	텍스트(한글, 마이크로소프트 워드, PDF), 음성, 사진, 영상

[표 1-3] 데이터 구조[8]

---

[7]. 데이터 경제 시대의 데이터 기술(신중훈, 2022)
[8]. 실무 예제로 끝내는 R 데이터 분석(정준영, 2021)

금융업에서 보유하고 있는 데이터는 상당한 양질의 데이터이다. 특히 시간의 흐름에 따라 다양한 고객의 금융 거래내역을 보관하기 때문에 페타바이트의 데이터가 축적되어 있다. 더군다나 수많은 고객들이 인터넷뱅킹, 모바일뱅킹, 창구, CD/ATM, Voice of Customer(VoC) 등 다양한 채널로 금융 거래를 하기 때문에 빠르게 생성되고 실시간으로 처리되어야 한다.

축적하고 있는 데이터를 살펴보면 금융 거래 과정에서 발생한 정형 데이터를 포함해서 VoC 또는 민원센터에서 수집한 다양한 음성 또는 텍스트 데이터이다. 뿐만 아니라 인터넷과 모바일 채널로부터 반정형 형태의 데이터까지 수집하고 있다. 이처럼 금융사가 보유한 빅데이터는 오랫동안 주목받아 왔으며, 이를 활용한 시도가 꾸준히 있었다.

1.2.2 빅데이터의 활용 가치

막강한 잠재력으로 급부상한 빅데이터의 실제 효용은 어디에 있을까? 또한 그 가치는 어느 정도일까? 한국정보산업연합회에서 발간한 보고서에 따르면 빅데이터의 전반적인 처리 기술과 비즈니스 차원의 활용 방안에 대한 관심이 급증하고 있는 가운데 이에 대한 활용 시나리오를 이상(異常) 현상 감지, 가까운 미래 예측, 현 상황 분석의 세 가지 경우로 나눌 수 있다(윤미림, 2012).

첫째, 업무에서 발생한 다양한 이벤트의 기록을 통해 패턴을 정상과 비정상으로 나누고 이를 기반으로 새로운 이벤트가 발생한 경우 이상 현상인지 판단할 수 있다. 예를 들어, 신용카드사 비자(VISA)에서는 카드 부정이용을 방지하기 위해 빅데이터 기술을 이용했고, HP에서는 시스템 로그를 이용한 패턴 분석으로 내부 부정행위를 적발했다. 캐나다 온타리오 공과대학(Ontario Tech University)에서는 신생아 집중치료실에 있는 환우의 각종 검사결과 수치를 수집 및 분석하여 패턴을 도출하고 신생아 이상 징후의 감지에 활용하고 있다.

둘째, 빅데이터를 신속하게 수집 및 분석하여 수분 또는 수시간, 수일 후의 가까운 미래를 예측할 수 있다. 기업에는 '이용자 마음이 변했다'는 사실을 인지하는 것보다 '이용자 마음이 변할 것 같다'는 사전 감지가 더 유용하다. 캘리포니아 산타크루즈 카운티에서는 범죄자의 행동 패턴 및 점포 영업시간과 같은 환경요인과 범죄 발생의 상관관계를 분석하여 범죄가 일어날 것으로 예상되는 장소를 매일 예측한다. 미국 포드사는 내비게이션이 운전자의 주행이력과 패턴을 분석하여 목적지에 이르는 최단 또는 최적의 경로와 연료 배분을 제안한다.

셋째, 현 상황에 대한 분석을 통해서는 빅데이터를 이용하여 지금까지 보지 못했던 사업 측면의 분석이 가능해져 자사의 현황을 보다 명확하게 이해할 수 있다. 일본의 니시테츠 스토어(Nishitetsu Store)는 매일 단일 상품별 원가율과 원가변동 추이를 분석하여 이익률이 높은 상품에 대한 일자별 주력 마케팅 정책을 수립한다.

이외에도 빅데이터 활용 사례는 다양하다. 가장 유명한 사례는 구글(Google)의 독감 트렌드이다. 구글에서는 독감과 관련한 검색 데이터를 집계하여 독감 유행 예상수치를 제공한다. 이를 실제 보건기구의 공식 데이터와 비교 검증한 결과, 매우 일치했다. 놀라운 것은 보건당국의 공식 수치가 나오는 데 1~2주가 소요되는 데 반해 구글은 수치를 실시간으로 제공한다는 것이다. 볼보 자동차(Volvo Cars)는 차에 내장된 센서와 CPU를 통해 막대한 양의 데이터를 자동으로 축적하고 있다. 이러한 데이터는 자동차의 품질 개선과 고객 만족 향상, 안전성 강화에 활용되고 있다. 예전 같으면 50만 대쯤 팔아야 감지할 수 있던 이슈를 1000대 정도에서 해결하게 된 것이다(채승병, 2011).

미국의 T-모바일(T-Mobile)은 빅데이터를 분석하여 다른 통신사로 전환한 고객이 사전에 보였던 특유의 이용 패턴을 발견하고 이를 실시간으로 포착해내는 시스템을 구축했다. 이를 통해 2011년 2/4분기 이탈고객수를 5만 명으로 줄였는데, 이는 전분기 9만 9천 명의 절반 수준이다. 또한, 고객 간 소셜 네트워크를 분석하여 영향력이 큰 고객을 따라 동반 이탈하는 현상을 발견하고 이탈 징후를 보이는 고객에게 맞춤형 추가 혜택을 제공하여 록인(Lock-in)을 유도했다. 성공적인 빅데이터 활용을 위해서는 데이터의 자원화, 데이터를 가공하고 분석 및 처리하는 기술, 데이터의 의미를 통찰하는 인력 등 세 가지 분야의 전략 수립이 필수적이다(한국정보화진흥원, 2012).

첫째, 자원은 활용할 수 있는 빅데이터를 발견하는 것으로서 주어진 빅데이터를 관리 및 처리하는 측면과 함께 자원을 발견하고 확보하는 전략 수립이 요구된다. 둘째, 기술은 빅데이터 프로세스와 신기술을 이해하는 것을 의미한다. 조직과 기업의 혁신 전략으로 이를 적용하기 위해서는 빅데이터 플랫폼을 구축하고 빅데이터 분석 및 데이터 분석 기법에 대한 이해도를 높여야 한다. 마지막으로 인력은 데이터 사이언티스트(data scientist)와 같은 인재를 확보하는 것이다. 이러한 인재에게는 수학, 공학, 경제학, 통계학, 심리학 등 다학제적 이해와 함께 비판적 시각과 커뮤니케이션 능력, 스토리텔링과 같은 시각화 능력도 요구된다. 조직 차원에서는 내부적으로 이러한 인재를 확보하기 위해 내부 역량 강화 및 외부 협력 전략을 수립해야 한다.

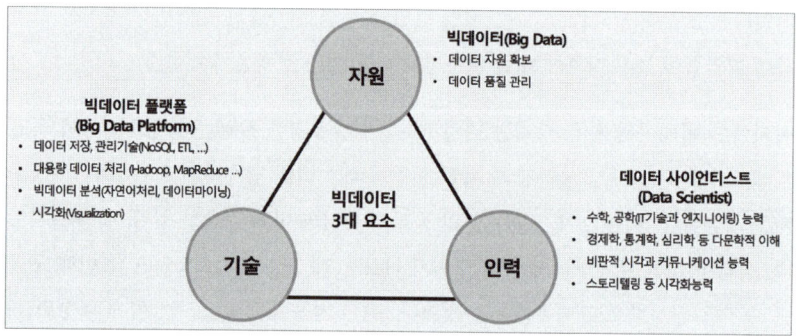

[그림 1-7] 빅데이터 3대 요소

1.2.3 빅데이터 분석

빅데이터를 분석하기 위해서는 빅데이터가 어떻게 생겨나고 어떤 유형이 있는지 알아야 한다. 이를 위해 빅데이터 종류를 정형화 정도에 따라 정형, 반정형, 비정형으로 구분한다.

정형 데이터는 고정된 필드에 저장된 데이터로 관계형 데이터베이스 및 스프레드시트 등을 예로 들 수 있다. 반정형은 고정된 필드는 아니지만 메타데이터나 스키마 등을 포함하는 데이터로 XML이나 HTML 텍스트 등이다. 비정형은 고정된 필드에 저장되지 않은 데이터로 텍스트 문서 및 이미지·동영상·음성 데이터 등이 그에 속한다. 또한 빅데이터 분석기법으로는 통계학, 전산학, 기계학습, 데이터 마이닝 관련 전통적인 기법 외에도 최근 주목받고 있는 텍스트·오피니언 마이닝, 소셜 네트워크 분석, 군집분석 등도 이용되고 있다.

한편 빅데이터는 데이터 성격에 따라 도큐먼트(document) 데이터와 비도큐먼트(non-document) 데이터로 구분하기도 한다(권용현 등, 2012). 도큐먼트 데이터는 데이터 자체가 의미 있어 인간의 인지능력으로 시간만 있으면 이해 가능한 데이터이다. 이것은 다시 그 수량과 저장형식에 초점이 맞추어진 분야와 그 의미와 내용에 초점이 맞추어진 SNS, 블로그, 이메일 같은 분야로 구분된다. 이런 형식의 데이터는 개별적으로 가치를 지닐 뿐만 아니라 대량으로 형성되면 집단지성을 대변하게 되어 그 가치와 의미가 배가된다.

이에 반해 비도큐먼트 데이터는 단일 단위로는 의미를 가지기 어렵고, 군집이 되었을 때 특정 패턴을 통해 숨은 의미를 발견할 수 있는 데이터이다. 예를 들면 소비자의 쇼핑 패턴, 생산라인에서의 센서정보, 위치정보, 로그정보 등이다. 이러한 도큐먼트 데이터를 마이닝하여 비즈니스 인텔리전스를 도출하는 방법으로 자연어 처리를 이용한 의미 분석 기법과 주제추출(topic extraction) 기반 분석 기법이 있다. 의미 분석을 통해서는 집단의 지성 및 감성을 발견할 수 있고 주제추출을 통해서는 분류되지 않은 거대 문서 집합을 비슷한 주제로 군집화할 수 있다.

1.2.4 빅데이터 분석 방법론

방법론(methodology)은 특정한 문제를 해결하기 위해 표준적인 원리가 적용된 문제해결 방법으로 정의할 수 있으며 단계(stage)와 단계별 활동(activity)으로 구성된다(Kettinger, 1997). 빅데이터 분석 역시 이에 필요한 반복적인 과정들이 존재하며 이러한 문제해결 프로세스를 빅데이터 분석 방법론으로 정의할 수 있다.

그러므로 빅데이터 분석 방법론은 분석을 위한 체계적인 절차 및 방법과 도구를 포함해야 하며 이를 통해 분석 활동의 생산성과 품질 향상을 실현해야 한다. 또한 방법론은 분석 전 단계를 설명하고 단계별 연관성을 설명하여 여타 빅데이터 분석에서도 반복적으로 사용 가능해야 한다. [그림 1-8]은 이러한 빅데이터 분석 방법론의 프로세스를 개략적으로 표현하고 있다.

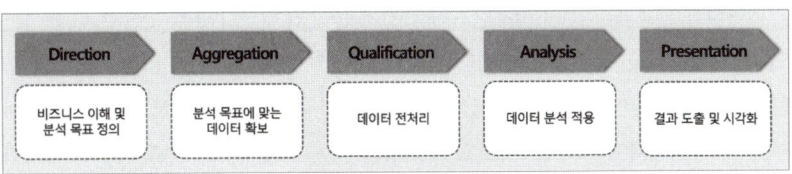

[그림 1-8] 빅데이터 분석 방법론

먼저, 빅데이터를 분석하기 위해서는 분석 대상을 이해하고 목표를 정의한 후 분석에 필요한 데이터를 수집해야 한다. 수집된 데이터는 전처리를 거쳐 분석 데이터 셋으로 전환되고 이를 여러 가지 분석 기법을 이용해 분석하고 최종적으로는 그 결과를 보고서, 표, 그래프 등으로 산출해야 한다.

빅데이터 분석을 위해서는 분석 데이터의 확보가 가장 기본적이면서도 데이터 분석 성패를 좌우하는 결정적인 조건이다. 분석 데이터가 확보되지 못한다면 분석은 시작조차 할 수 없기 때문이다. 그러므로 데이터를 수집하기 위해서는 수집 절차를 설계하고 충분한 테스트를 걸쳐 수집을 진행해야 한다. 데이터 수집이 서비스 품질을 좌우하기 때문에 데이터 수집 절차 중 심각한 문제가 발생하면 분석 프로세스 전체를 다시 설계해야 하는 경우도 발생한다.

데이터 수집을 위해서는 먼저 데이터 소스가 있는 타깃을 선정하고 그로부터 데이터를 어떻게 수집할 것인지 계획을 세우고 실행방안을 마련해야 한다. 제대로 된 데이터 수집이 분석의 품질을 결정할 뿐 아니라 성공 여부, 진행 여부에 영향을 미치는 핵심 업무이기 때문이다. 수집할 데이터를 식별할 수 있는 업무 지식이 있거나 수집 노하우를 보유한 전문가가 수행하는 것이 바람직하지만, 데이터의 목적론적 특성을 이해했다면 전문 기술을 보유하지 않은 사람도 경험을 통해 수행할 수 있다.

이때 데이터의 수집 및 활용 가능성을 검토해야 하는데, 막상 데이터 수집이 불가능하거나 통제 불가능한 속성을 가지고 있다면 분석 대상으로 바람직하지 않다. 또 수집이 아무리 용이하더라도 서비스 활용 측면에서 데이터를 활용하기 위한 전처리와 후처리에 비용이 많이 들어가면 이 또한 좋은 데이터라 할 수 없다. 수집한 데이터의 개인정보보호 혹은 저작권과 관련된 문제, 보안 문제도 검토해야 하며 대상 데이터가 분석 목적에 맞는 세부항목을 모두 포함하고 있는지와 데이터의 정확성도 확인해야 한다.

빅데이터를 확보했다면 데이터 전처리를 거쳐 분석용 데이터 셋을 추출한 후 본격적인 데이터 분석을 실시한다. 데이터 분석 시에는 데이터 형태(정형/비정형), 분석 목적, 분석 결과 활용방안 등에 따라 다양한 기법과 툴이 존재하며 이들 모두 제 나름의 세부 분석 방법론과 알고리즘이 있다. 이러한 빅데이터 분석 프로세스에 따라 빅데이터를 분석하고 분석 결과를 애플리케이션으로 구현하여 서비스하는 빅데이터 분석 및 활용 아키텍처를 다음 그림과 같이 표현할 수 있다.

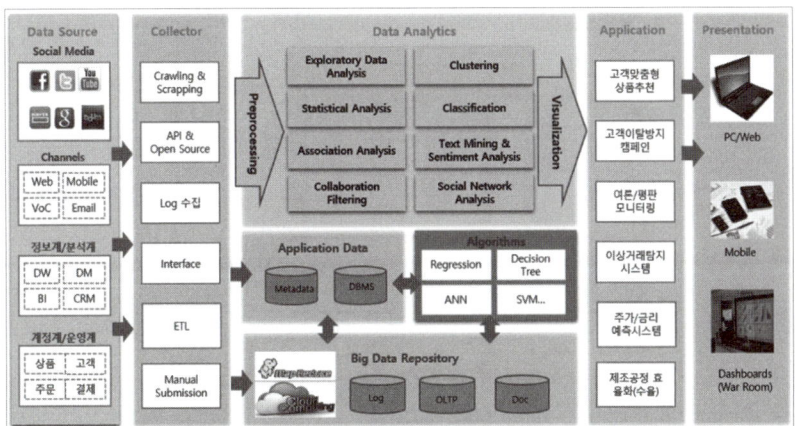

[그림 1-9] 빅데이터 분석 및 활용 아키텍처

가령 기존의 엔터프라이즈 데이터를 주로 다루던 데이터 마이닝과 통계 분석, VoC나 뉴스와 같은 텍스트 콘텐츠를 분석하는 텍스트 마이닝과 감성 분석, 소셜 네트워크 서비스와 같이 개체들의 관계를 분석하는 소셜 네트워크 분석, 온라인 쇼핑몰이나 거래처리 트랜잭션들의 프로세스를 분석하는 프로세스 마이닝 등 다양한 분석 기법들이 존재한다.

이러한 분석을 거쳐 서비스 애플리케이션으로 구현되면 은행, 카드사, 보험사에서 이상거래를 탐지하고 제어하는 이상거래 탐지시스템(Fraud Detection System, FDS)이 되기도 하고 아마존이나 넷플릭스에서 사용하는 상품 추천 시스템이 되기도 하며 기업이나 상품에 대한 고객 평판을 관리하는 소셜 모니터링 시스템이 만들어지기도 한다. 그러므로 빅데이터 분석의 최종 결과물이 무엇인지에 따라 이를 지원할 수 있는 최적의 조합을 선정하고 활용할 수 있는 전문 지식과 기술이 필요하다.

결국 빅데이터를 수집하고 분석하여 활용하기 위한 서비스를 구현하고 이를 사용자에게 제공하는 빅데이터 분석 및 활용 시스템은 [그림 1-10]과 같이 기술 플랫폼과 분석 영역에서 네 가지 레이어가 조화롭게 구현되어야 최종 목표를 달성할 수 있다.

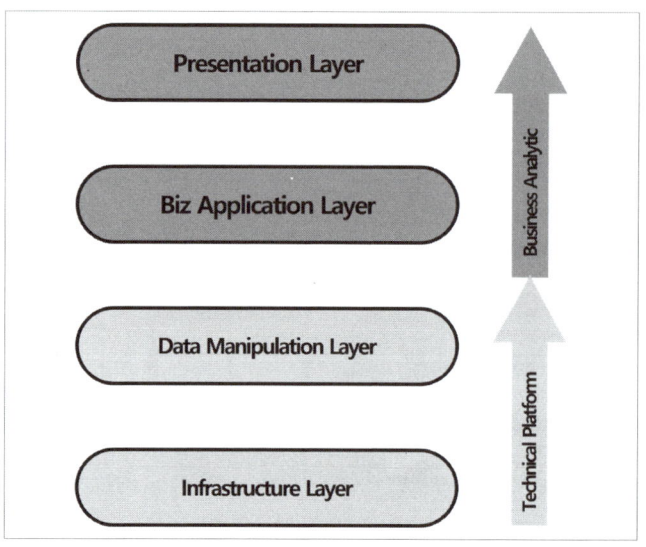

[그림 1-10] 빅데이터 분석 및 활용 시스템

1.2.5 탐색적 데이터 분석

데이터 분석의 첫걸음은 데이터를 이해하는 것이다. 빅데이터를 수집하고 정제하는 것도 어렵지만, 막상 데이터를 확보했다 하더라도 데이터에 담긴 정보와 가치는 쉽게 추출되지 않는다. 고차원적인 통계 기법이나 데이터 분석 기법을 적용하기 위해서는 먼저 확보된 데이터의 구조와 특징을 파악해야 한다. 그러기 위해서는 이론적인 모델이나 틀에 얽매이지 않고 데이터를 있는 그대로 들여다보면서 데이터가 가지고 있는 미지의 특성을 파악하고 구조를 확인하는 것이 중요하다. 때문에 기존의 통계학이 정보의 추출에서 가설 검정 등에 치우쳐 자료가 가지는 본연의 의미를 찾는 데 어려움이 있는 것을 보완하고자, 존 티(John T)라는 미국의 저명한 통계학자가 이러한 방식의 자료분석 방법론을 창안하고 이를 탐색적 데이터 분석(Exploratory Data Analysis, EDA)이라 정의했다.

탐색적 데이터 분석은 데이터 분석 초반에 많이 시도된다. 데이터의 주요 특징들을 기존의 통계 모형에 구애받지 않으면서 자유로이 탐색해가는 데이터 분석 접근방식이 데이터의 형태와 특성 등을 잘 모르는 초기의 어려움을 해결하는 데 도움이 되기 때문이다. 특히 이러한 탐색적 데이터 분석에서는 시각화 기법 등을 적용하여 데이터에 대한 이해도를 높이기도 하는데 대표적인 예로 박스플롯(box plot)을 들 수 있다. 여러 가지 장황한 통계 결과표와 설명보다는 하나의 시각화 결과가 간결하면서도 확실한 인사이트를 제공할 수 있기 때문이다.

이러한 탐색적 데이터 분석을 통해 자료에 대한 충분한 이해를 한 후에 모형 적합 등의 좀 더 정교한 모형을 개발할 수 있으며 때로는 탐색적 데이터 분석만으로도 수많은 분석과제가 저절로 해결되기도 한다. 그러므로 처음부터 고차원적 분석 알고리즘에 매달리기보다는 데이터를 자유롭게 분석해보는 것이 매우 중요한 분석 단계라고 하겠다. 데이터를 탐색하고 이해하는 탐색적 데이터 분석과 시각화를 통해 비즈니스와 데이터 분석의 기본 통찰을 얻을 수 있다.

[그림 1-11]은 탐색적 데이터 분석의 프로세스와 주요 활동을 순차적 흐름으로 표현한 것이다. 먼저 데이터 정제 단계에서는 분석하고자 하는 데이터를 프로그래밍 언어인 R을 사용하거나 태블로(Tableau)와 같은 분석툴로 불러온 후 데이터의 구조와 상태를 점검하여 불용 데이터를 제거한다. 그리고 데이터 전처리와 후처리를 실시한 후 최종 분석 데이터 셋을 생성한다. 다음으로 기초분석에서는 데이터에 담긴 의미들을 찾는 일변량 및 다변량 분석을 실시하고, 마지막으로는 분석의 주제를 선정하여 그에 맞는 데이터 셋 생성과 시각화 등의 복합 분석이 진행된다.

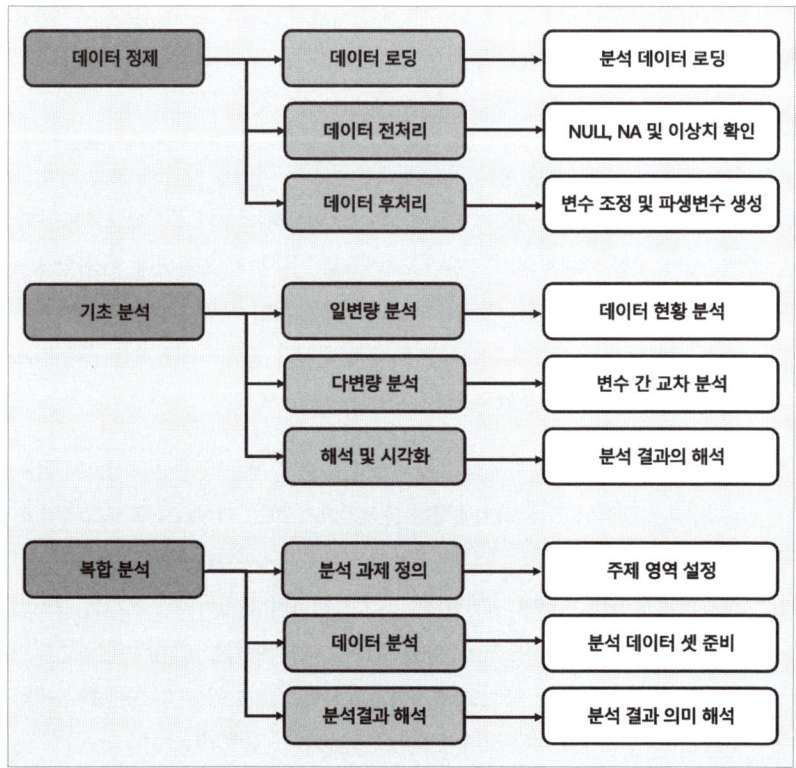

[그림 1-11] 탐색적 데이터 분석 프로세스

1.3 빅데이터 활용 분야

최근 기업에서는 과도한 경쟁과 불확실한 미래를 대비하기 위해 사업성을 높이는 수단으로 빅데이터를 적극적으로 활용하고 있다. 직관과 과거의 경험이 아닌 사실과 분석을 기반으로 한 의사결정을 선택함으로써 방대한 양의 데이터를 활용하여 경제적 가치를 창출한 기업과 그렇지 못한 기업의 차이는 충분히 예상 가능한 일이다.

빅데이터 분석은 유통, 통신, 게임 등의 다양한 산업에서 관심을 갖고 있다. 유가에 미치는 다양한 변수를 수집하여 유가를 예측하거나 수도관의 유량과 수질을 모니터링하여 불필요한 인력 낭비를 줄이는 데 활용하고 있다. 또한 문서 중앙화를 통한 기업 정보를 효율적으로 관리하고 온라인 여론을 분석하여 맞춤형 마케팅을 수행하기도 한다. 이렇듯 다양한 산업의 기업들은 빅데이터를 생산성을 향상하거나 효율성을 높이기 위한 수단으로 활용하기도 하고 의사결정을 빠르고 적절하게 하기 위해 활용하기도 한다.

구글 트렌드나 트위터 데이터를 수집하여 시장 상황을 파악하고 대응하는 데 활용하기도 하고 공공 데이터와 기후 및 실시간 위치정보를 수집하여 맞춤형 상품을 개발할 때 사용할 수도 있다. 또한, 고객의 행동 패턴을 파악할 수 있는 데이터를 수집하여 고객의 숨은 니즈나 행동 변화를 확인하고 이탈을 방어하는 목적으로 활용하기도 한다. 또한, 유통 과정 전반에서 발생하는 데이터를 수집하여 재고 관리 및 실시간 모니터링 정보를 고객에게 제공하는 목적으로 활용할 수도 있다.

산업	기관	내용
공공	서울시	심야 유동인구 데이터를 분석하여 심야 버스노선 제안
	제주도	빅데이터를 활용해 코로나바이러스 감염증 예방 및 방역 실시
	국민권익위원회	민원 데이터 수집 및 분석으로 행정력 낭비 최소화
제조	삼성전자	빅데이터 분석으로 국내외 법인 간 업무 생산성 증대
통신	SK텔레콤	유동인구, 지리정보, 소비업종, 판매현황 데이터로 상권 분석 및 타깃 마케팅을 지원하는 신규 서비스 개발
게임	엔씨소프트	불법적으로 콘텐츠를 이용한 고객을 적발하기 위한 고객 데이터 분석 연구 진행

[표 1-4] 산업별 분석 사례

이처럼 산업군에 관계없이 다양한 목적으로 빅데이터를 활용하고 있는데, 활용 효과는 크게 두 가지[9]로 분류할 수 있다. 먼저 의사결정을 강화하기 위한 전략적 가치 창출과 내부 운영 과정의 불필요한 업무를 최소화하는 운영 효율 향상에 그 방점을 둔다.

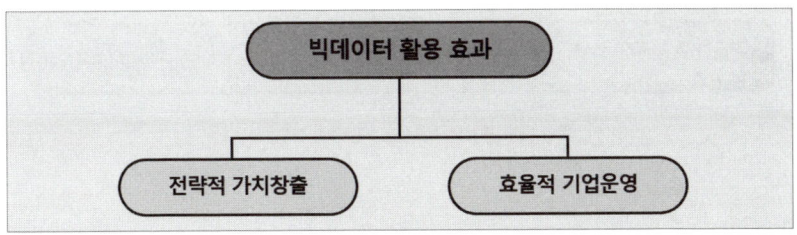

[그림 1-12] 빅데이터 활용 효과

9. 국내외 금융권 빅데이터 활용 사례 및 도입 활성화를 위한 선결과제(김종현, 2013)

금융권 역시 빅데이터의 중요성을 인지하고 이에 대한 관심을 보여왔다. 국내외 금융회사는 자체 분석 역량을 축적하기 위한 조직 신설 및 개편을 추진했다. 이를 바탕으로 좀 더 세부적인 업무 분야로 고도화하여 분석 과제를 발굴 및 추진하고 있다. 국내외 금융업 가치사슬 관점에서 적용한 활용 영역을 살펴보면 마케팅, 상품 개발, 위험 관리의 세 가지 차원으로 분석 주제를 나눌 수 있다.

국내 금융권에서의 활용 사례를 보면 고객 분석과 상품 추천 등 마케팅 분야에서 빅데이터를 활용하고 있다. 특히 고객 관계 관리(Customer Relationship Management, CRM)와 캠페인 관리에서 빅데이터를 주로 활용한다. CRM 활동과 캠페인 수행 이후 사후관리를 위한 위치기반 타깃 마케팅이나 VoC에서도 빅데이터를 활용한다.

국내보다 해외에서 상품 개발을 위한 빅데이터를 비즈니스 전반에 걸쳐 더 활발하게 활용하고 있다. 상품 개발에서는 시장 동향 분석과 고객 세분화를 통해 현재 상황과 고객의 니즈를 파악하는 데 활용하며, 서비스 이용에 대한 만족도 또한 분석에 사용한다.

또한, 최근에는 위험 관리에까지 빅데이터 분석의 활용이 확장하고 있다. 고객의 데이터를 활용하여 대출 서비스 제공 전에 신용 평가에 반영하기도 하고 금융 거래 사기를 방지하기도 한다.

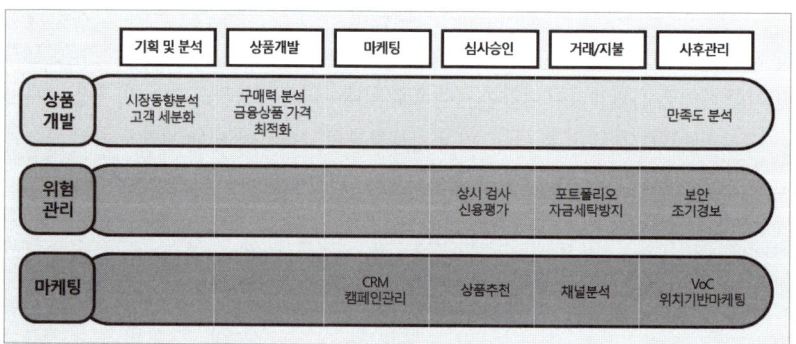

[그림 1-13] 금융권 빅데이터 활용 영역

1.3.1 해외 빅데이터 활용 사례

해외 금융회사에서는 2010년대 초반부터 빅데이터 분석을 마케팅, 리스크 관리, 신용평가, 업무 효율화 등 금융산업의 가치사슬 전반에 걸쳐 활용하고 있었다. 단순히 고객정보를 기반으로 상품을 제공하는 것이 아니라 고객의 특정 행위나 시장 동향을 파악하고 고객 행동을 기반으로 한 상품을 기획하고 이를 바탕으로 수익성을 재고했다.

금융회사의 운영이나 신규 상품 기획에서만 사용하는 것이 아니라 사내에 축적된 데이터를 분석하고 외부에 제공하여 새로운 수입 창출의 기회로 삼는다. [표 1-5]와 같이 은행, 보험, 카드, 자산운용사 등의 금융업 전반에 걸쳐 빅데이터를 활용한 비즈니스 모델을 구축하고 있다.

금융회사	내용
시티은행(Citibank)	기존 신용평가 모델을 보완하여 연체여부, 연체기간, 거래내역, 패턴분석 등 고객 계좌에 대한 심층 분석 실시
뱅크 오브 아메리카(BOA)	신용리스크 모델을 고도화해 신용리스크에 대한 조기경보체계를 강화하고 비정형 텍스트 분석을 통해 신용관리와 손실 예측 처리시간 단축시킴
웰스 파고(Wells Fargo)	콜센터, 지점, ATM, 창구직원, 이메일 등 다양한 채널 데이터를 분석하여 고객 이탈확률 및 추가상품 가입확률 파악
JP모건 체이스(J.P.Morgan)	신용카드 사업을 통해 수집한 고객 거래내역과 경제지표를 활용하여 소비동향 분석 보고서 작성
프로그레시브(Progressive)	고객의 차량 내부에 있는 운행기록장치를 활용하여 운전습관을 파악하고 사고 예측 및 보험료 산정에 활용
비자(VISA)	카드사용현황을 실시간으로 파악하고 과거 구매이력 정보를 바탕으로 실시간 타깃 마케팅 실시
아메리칸 익스프레스(American Express)	SNS 고객 계정을 자사 카드와 연동하여 고객의 거래 성향을 파악하는 데 도움이 될 데이터를 확보하고 위치기반의 실시간 고객 맞춤형 프로모션 실시
뱅가드 그룹(Vanguard)	인공지능 기술을 도입하여 투자자 니즈를 파악하고 개인투자자의 맞춤형 포트폴리오 제공

[표 1-5] 해외 빅데이터 활용 사례

1.3.2 국내 빅데이터 활용 사례

2000년대부터 계속 발생해왔던 고객정보 유출 때문에 개인정보를 보호하기 위한 조치가 강화되면서 금융산업에서 빅데이터 활용이 조심스러워졌다. 다만, 2016년 '개인정보 비식별조치 가이드라인'의 발표와 4차 산업혁명의 새로운 트렌드가 도래함에 따라 국가 차원에서 빅데이터 분석의 활용을 적극 모색하고 있다.

우선 여러 은행 내부에 빅데이터를 활용하기 위한 조직 개편이 확대되었다. 신한은행은 마케팅 부서 산하에 있던 빅데이터 관련 조직을 빅데이터 센터로 분할하여 데이터를 활용한 신규 수익 모델을 발굴하는 역할을 담당하게 되었다. 우리은행 역시 조직개편을 통한 빅데이터 추진팀을 신설하여, 빅데이터 정보 분석과 함께 인공지능 개발 등의 업무를 담당하게 되었다. 뿐만 아니라 부산은행은 빅데이터 시스템 구축 및 고객 분석팀을 신설하는 등 빅데이터 활용을 위한 조직을 강화했다.

카드사 역시 미래 사업을 선정하고 관련 조직을 신설하거나 개편했다. 특히 신한카드는 업계 최초로 빅데이터 트렌드 연구소를 설립했으며 이를 통해 고객에게 시간, 장소, 상황에 맞는 정보를 제공하고 양질의 서비스를 제공하기 위한 환경을 구성했다. KB국민카드는 데이터 기반의 경영을 위한 역량 결집을 위해 빅데이터 업무 전담 조직을 신설했다.

금융회사	내용
IBK기업은행	온라인 상에 남긴 고객 반응 수집 및 감성분석하여 상품 출시 후 시장 반응 및 마케팅 효율성 측정
KB국민은행	통합거래 로그분석과 고객·상품 유사도 분석, 상품 가입 영향변수에 대한 머신러닝 적용 등을 통해 가입확률이 높은 상품 추천
신한카드	2013년 카드 이용 고객의 소비 패턴과 선호 트렌드 분석, 고객군 유형화에 기반한 코드나인(Code 9) 카드 시리즈를 출시하여 타깃 마케팅 수행
삼성카드	가맹점 대상 맞춤형 빅데이터 분석 및 컨설팅, 가맹점 이용 고객 의견 실시간 수집 및 가공, 타깃 고객을 대상으로 가맹점 혜택을 제공하는 가맹점 지원 통합 서비스 제공

금융회사	내용
국민카드	콜센터에서 처리하는 민원 녹취를 텍스트로 변환 후 분석하여 고객 이슈 정확히 파악
비씨카드	금융권 회원사들을 대상으로 상품 분석과 마케팅을 지원하여 대기업과 카드 가맹점을 대상으로 사업 컨설팅 수행

[표 1-6] 국내 은행 및 카드사 빅데이터 활용 사례

보험사에서는 보험상품을 담보로 하는 신용대출 상품을 출시하면서 빅데이터를 활용한 신용평가 모형을 도입했으며, 생명보험사 가치사슬 전반에 걸친 빅데이터 분석 모델까지 확장하여 자체 분석이 어려운 작은 보험사에서도 분석 모델을 활용할 수 있게 되었다.

P2P 대출 플랫폼에서는 금융기관을 통하지 않고 직접 투자나 직접 대출이 가능해짐에 따라 빅데이터를 활용한 신용평가 모형을 적극적으로 도입했다. 특히 2014년 미국의 나스닥에 상장한 렌딩클럽(Lending Club)의 빅데이터 분석 기반 신용평가 모델을 적극 도입하고 있는 상황이다.

금융회사	내용
한화생명	SNS 데이터 분석을 포함한 빅데이터 기반의 신용평가 모형을 개발했으며 이를 바탕으로 신용대출 상품까지 출시
알리안츠생명	'추가 가입', '신규 가입', '고객 이탈 방지'의 예측 모델로 고객 유형을 세분화하고 타깃을 설정하여 영업 활동에 활용
ING생명	생명보험 빅데이터 전략 모델 개발 및 확산 사업을 진행하여 2016년 말에 보험업 가치사슬 기반 빅데이터 분석 모델을 완료하고 이를 중소보험사에서 활용
8퍼센트	챗봇 상담을 통해 대출신청자의 기본 정보를 수집하고 대화 내용을 신용 평가 모형에 반영
렌딧	SNS 데이터를 포함한 신용평가 모형을 개발했으며, 신용평가와 함께 대출사기 방지 프로세스도 함께 심사
어니스트펀드	상황과 관련된 심리 특질, 행동 패턴, 성격 등의 심리 검사 데이터를 반영한 행동과학 기반 신용평가 모형 개발

[표 1-7] 국내 보험사 및 P2P 플랫폼 빅데이터 활용 사례

1.3.3 금융산업에서의 빅데이터 활용 사례

필자는 2016년 공공 빅데이터 분석을 시작으로 금융, 물류, 에너지 등 다양한 도메인의 데이터를 분석하고 분석 결과를 활용하는 과정까지 컨설팅을 수행했다. 최근 3개년간 수행한 사업을 살펴보면 금융산업에 집중하고 있다.

2019년 하나은행과 국민은행의 데이터 분석 사업을 수행하는 과정에서 일부 과제를 담당했다. 이후 빅데이터를 활용한 분석 서비스 구축, 로그 데이터 및 마케팅 데이터 분석을 통한 대시보드 구축, 음성봇[10] 모델 개발 등의 사업을 수행했다.

이 과정에서 금융산업의 도메인에 대한 이해를 축적함과 동시에 금융업에서 관리하는 데이터의 분석을 통해 도출된 인사이트를 바탕으로 금융 빅데이터의 전문성을 높이고 있다.

연도	기관	내용
2019	KEB하나은행	빅데이터 분석 플랫폼 구축의 세 개 과제 수행(점포 통합, 기업부실 예측, 고객 VoC)
	KB국민은행	수출입 신용장 텍스트 분석을 인공지능 기반 수출입심사 자동화 시스템으로 구축
2020	금융결제원	VAN 사업 경쟁력 강화를 위한 빅데이터 서비스 구축
	KB국민은행	정보계 로그 분석 대시보드 구축
2021	신한은행	고객센터 인공지능 음성봇 모델 개발 컨설팅
	신한은행	영업지원 마케팅 대시보드

[표 1-8] 프로젝트 사례

---

10. 기존에 있던 챗봇의 발전된 형태로 음성을 이용하여 사용자와 소통하는 봇을 의미한다. 사용자의 발화를 분석하여 알고리즘에 의해 적절한 답변을 송출한다.

금융산업 전반의 가치사슬 내에서 빅데이터를 어떻게 분석하여 활용하는지 이해하고 다수의 기업에서 활용하고 있는 빅데이터 분석 과제 선정 방법론에 대해 살펴보도록 한다.

분석 과제를 위한 준비

2장 금융 빅데이터 사전컨설팅

금융 빅데이터 사전컨설팅

2장

2.1 빅데이터 분석 과제 선정

최고의 바둑 인공지능 소프트웨어 알파고(AlphaGo)와 최고 인간 실력자 이세돌 프로 기사가 2016년 3월 9일부터 15일까지 총 5회에 걸쳐 대국을 펼쳤다. 세기의 바둑 대결에서 모두의 예상을 뒤엎고 알파고가 4승1패로 이세돌 기사에게 완벽한 승리를 쟁취한 이후 온 세상이 빅데이터와 인공지능으로 도배되기 시작했다. 거의 모든 산업에서 미래를 선도할 핵심 기술로 인공지능과 빅데이터를 거론하기 시작했고 이를 도입하기 위해 많은 예산과 노력이 투입되었다. 물론 도입 초기에는 상당기간 동안 빅데이터 인공지능에 대한 정확한 이해 없이 막연한 환상과 성급한 성과 만들기로 수많은 시행착오를 겪어야만 했다. 하지만 10여 년에 가까운 시간이 지나면서 지금은 모두가 일정 수준 이상의 공감대와 기술 스키마를 형성했고 각각의 사용처에 맞는 활용 사례들이 나타나기 시작했다.

2.1.1 금융산업에서의 빅데이터 분석 및 활용 현황

은행, 카드, 보험 등 신기술 도입이 활발한 금융산업에서도 이러한 빅데이터 분석 및 활용 사례들이 급격히 증가했다. 조직 내에서도 빅데이터 전담 부서가 신설되고 점점 확대되는 모습과 이를 뒷받침하는 빅데이터 관련 사업 및 프로젝트들이 점차 전사적으로 확산됨을 통해 빅데이터의 역할이 강화되고 있음을 알 수 있다. [그림 2-1]은 빅데이터 도입 초창기인 2013년부터 최근까지 주요 은행에서 추진된 빅데이터 관련 사업들과 담당 조직의 변화를 타임 테이블로 정리한 것이다. 가장 최근의 사업들을 통해 전사 관점의 빅데이터 플랫폼을 고도화하고 분석 과제를 확대해가고 있음을 알 수 있다.

	2013년	2014년	2015년	2016년	2017년	2018년	2019~2021
IBK 기업은행		1차 서비스 개발 활용체계 구현	2차 서비스 개발	추가 서비스 개발 (5개)		추가 서비스 개발 (4개)	빅데이터 플랫폼 고도화추진(21)
			빅데이터 전담 시장분석팀 신설		미래재난그룹 산설 /서금대 협약	디지털 혁신 본부로 격상(그룹 산하)	ML 분석환경 확대 언어라 확산 등
신한은행			1차 서비스 개발	추가 서비스 개발 (5개)	추가 서비스 개발 (4개)	추가 서비스 개발 (7개)	금융지주 내 계열사 간 데이터 결합 서비스(20)
			빅데이터팀 신설 (최계팀본부)	빅데이터센터 격상 /KAIST 산학협동	예시항 조직 재편 (4개 LAB)		빅데이터 전문가 1천명 육성 프로젝트(21)
우리은행			1차 서비스 개발 시범사업(2개)	추가 서비스 개발 (5개)	추가 서비스 개발 (4개)	추가 서비스 개발 (7개)	AI기반 개인화 마케팅 시스템 가동(21)
			빅데이터추진팀 신설(AI-차사업)	빅데이터전략부 신설 (디지털금융본부)	빅데이터센터로 승격		디지털그룹 DI추진단 내 D&A 플랫폼부 신설
NH 농협은행				1차2차 서비스 개발	추가 서비스 개발 (3개)	빅데이터플랫폼 구축 및 추가 서비스 개발	BDP 고도화(19) 분석모델 통합관리체계(21)
				빅데이터 TF 구성	빅데이터팀(1차) 신설	CDO 산설, 데이터사업부 출범	디지털플랫폼부 산하 디지털플랫폼단, 디지털채널단 구설
KB 국민은행		1차 서비스 개발	2차 서비스 개발		추가 서비스 개발 (4개)	추가 서비스 개발 (5개)	AI분석서비스품 가동(20), 활용모델 고도화 및 확대
		고객가치분석본부내 빅데이터 담당			데이터분석부 신설(현 내부명)	전략기술본부 및 데이터전략그룹 신설	21년 대1그룹(디지털금융그룹·IT그룹·데이터전략그룹)신설
KEB 하나은행		1차 서비스 개발	2차 서비스 개발 (공동사업)		추가 서비스 개발 (3개)	추가 서비스 개발 (7개)	빅데이터분석플랫폼 구축 및 5개 분석과제 구현(19)
		고객관리업무 신설		핀테크 스타트업 멘토 링센터 설립	빅데이터분석센터신설(현부 소속)	구축센터(현 분석부)	비즈하나그룹체와 기반 신사업, 플랫폼 소식 도입

[그림 2-1] 주요 금융권의 빅데이터 관련 사업

금융권에 빅데이터가 도입되던 초기에는 그 효용을 파악하고자 파일럿 형태로 빅데이터 분석을 시도했다. 때문에 계정계나 정보계 같은 내부 운영시스템과 데이터에 영향을 주지 않고 가볍게 시도해볼 수 있는 SNS에서의 기업평판 분석이나 VoC 등과 같은 비정형 텍스트 분석이 많았다.

하지만 시간이 흘러 점차 빅데이터 분석에 대한 이해도와 관련 기술에 대한 숙련도가 높아지고 기반 시설 인프라도 갖춰지기 시작하면서 빅데이터 분석 및 활용에 대한 내부와 외부의 니즈 또한 강해졌다. 그러면서 빅데이터를 조직의 경쟁력 강화 수단으로 활용해보고 싶은 경영층의 요구와 이를 실행하고자 하는 단위부서들의 개별 니즈들이 수면 위로 올라오면서 때로는 상충되는 요구사항이 충돌되기도 하고 이를 구현하기 위한 시간과 비용 측면의 어려움도 발생하기 시작했다. 이를 해결하기 위해 좀 더 효과적이고 효율적인 빅데이터 도입 방안을 모색하기 시작했고 곧 빅데이터 분석 과제 선정을 위한 나름의 기준과 프로세스, 즉 방법론이 필요하게 되었다.

빅데이터 분석 과제를 선정하기 위해서는 먼저 빅데이터를 어떻게 도입하고 활용할 수 있을지에 대한 고민이 선행되어야 한다. 이를 지원하기 위한 프레임으로 경영 전략 분야에서 오래전부터 활용되어온 가치사슬이 금융권에서도 회자되었다. [그림

2-2]는 금융업의 가치사슬을 도식화한 것으로 금융서비스를 제공하는 공급자, 즉 금융기관이 이를 이용하는 고객에게 어떻게 가치를 만들어가는지 보여주고 있다.

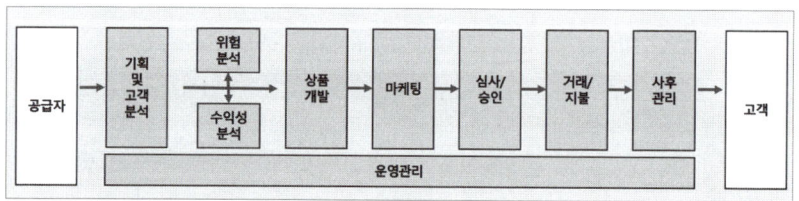

[그림 2-2] 금융권의 가치사슬

금융 비즈니스의 가치사슬은 주 고객을 분석하고 수익을 예측하며 발생할 수 있는 위험 요소들을 식별하여 사업의 방향과 전략을 수립하는 것으로 시작된다. 금융업은 제조업 등과 달리 원자재 또는 부품의 조달이나 적재 및 보관이 필요하지 않고, 금전을 이용한 상품 개발과 판매 및 환수를 주력으로 한다. 이는 은행과 같은 제1금융권을 비롯하여 카드사, 보험사와 같은 제2금융권 그리고 캐피털, 저축은행, 리스와 같은 제3금융권에 이르기까지 대동소이하다.

이후 금융상품은 개발 및 출시, 판매 및 마케팅을 거쳐 고객에게 전달된다. 이때, 이를 집행하는 거래와 지불 과정이 있으며 집행된 금융상품에 대한 지속적인 사후관리를 통해 고객에게 그 가치가 전가된다. 이러한 전반의 과정은 운영 관리를 통해 모니터링된다. 이런 관점에서 금융산업의 빅데이터 활용 영역은 상품 개발, 위험 관리, 마케팅 이렇게 크게 세 가지 부문으로 구분된다. 이때 위험 관리는 다시 신용위험 관리, 시장위험 관리, 운영위험 관리로 세분화할 수 있다.

빅데이터 활용 영역	내용
상품 개발	• 금융상품 개발의 제반활동으로 은행의 여신 또는 수신 상품, 펀드, 방카슈랑스 등을 포함한 카드사의 신규 카드상품, 보험사의 보험상품 개발 등이 있음 • 최근에는 인스타그램, 페이스북, 트위터, 블로그와 같은 SNS로부터 사회이슈, 고객 관심사를 파악하고 이를 상품에 반영하거나 고객 불만, 서비스 개선 의견, 신상품 아이디어를 추출하여 활용함

빅데이터 활용 영역		내용
위험 관리	신용위험 관리	• 채무불이행 같은 금융기관의 경우 중요 관리 대상 리스크, 대출 및 카드 발급 등과 관련된 신용평가모형 개발 • 개인 또는 기업의 재무 정보 중심의 채무불이행 위험 평가뿐만 아니라 금융 거래내역과 이용 행태 등 다각적이고 포괄적으로 데이터를 활용한 H 은행의 기업여신위험 예측 시스템 등
	시장위험 관리	• 대외 시장 변수인 금리, 환율, 주가, 원자재 등의 움직임뿐 아니라 정치·사회·경제 이슈와 국제 정세 변화까지 금융시장에 영향을 미칠 수 있는 제반 상황 분석 • 예상치 못한 손실 발생 가능성을 사전에 인지하고 예방할 수 있는 수단을 강구하고 자산 포트폴리오를 조정한 S 은행의 보물섬 프로젝트 등
	운영위험 관리	• 금융기관 내부에서 발생 가능한 모든 위험으로 직원에 의한 횡령, 보험 사기 및 신용카드 도용, 자금 세탁과 같은 이상거래를 탐지하고 예방하기 위한 관리 활동 • K 은행, W 은행의 수출입심사자동화 AI 등
마케팅		• 내·외부 데이터를 통합적으로 활용하여 고객을 분석하고 이를 통해 신규고객을 발굴하며 최적의 타깃 그룹을 설정해 상품을 추천하고 고객 관리를 수행 • 금융상품 구매 및 해지 데이터와 인터넷뱅킹, 스마트뱅킹, ATM/CD 기기의 채널 서비스 이용 내역 등 고객의 선호도, 금융상품 거래 행태를 다각적으로 분석하여 유사 고객 추천, 업 세일 추천, 교차판매 추천 등 다양한 마케팅 활동에 이용하고 상품 해지나 이탈 고객 방지 등 사후관리에 심도 있게 활용

[표 2-1] 금융업에 적용한 빅데이터 과제

금융상품 개발은 금융 본업의 서비스 상품을 개발하기 위한 제반 활동으로, 은행의 경우 고객의 자금을 예탁하는 예금 또는 적금 수신 상품과 고객에게 돈을 빌려주는 여신상품, 방카슈랑스와 펀드 등의 금융상품이 있다. 카드사는 고객의 특성과 이용 행태를 고려하여 다양한 유형의 혜택과 옵션을 가미한 카드 상품을 개발하고, 보험사는 사회적 변화와 보장에 대한 고객의 니즈를 분석한 보험 상품을 개발한다.

이렇게 금융기관은 각 사업 목적에 맞는 금융상품을 개발하기 위해 전통적으로 고객 인터뷰, 시장 조사, 벤치마킹 등 다양한 방법을 사용하고 있으며 최근에는 빅데이터를 활용하는 사례도 점차 늘고 있다. 인스타그램, 페이스북, 트위터, 블로그와 같은 SNS로부터 사회적으로 이슈가 되는 주요 뉴스나 이벤트 등을 추적하고 고객 또는 잠재고객의 관심사를 파악하며 이를 상품에 반영한다. 또한 SNS나 고객센터(콜센터)의 VoC 등에 나타나는 고객 불만, 서비스의 개선 의견, 신상품 아이디어를 추출하여 빅데이터 분석에 활용하기도 한다.

위험 관리에서의 빅데이터 활용은 신용위험 관리, 시장위험 관리, 운영위험 관리 이렇게 세 가지 영역으로 구분할 수 있다. 먼저, 신용위험은 채무자가 제때 채무를 상환하지 못해 계약조건을 불이행하는 위험이다. 은행에서는 고객이 빌려간 돈을 제때 갚지 못하는 여신불이행, 카드사의 경우는 대금 미납 등의 상황으로 가장 중요한 관리 대상이다. 때문에 대출 및 카드 발급 등과 관련하여 개인 또는 기업에 대한 정확한 신용도 평가를 지원하는 신용평가모형을 개발하여 여신상품 계약 이전부터 채무불이행 가능성을 미리 검토하고 집행 여부를 판단하는 데 빅데이터와 인공지능 모델이 활용되고 있다. 또한 여신상품이 판매되었다면 이를 이용하는 개인 또는 기업의 채무불이행 가능성, 즉 여신위험도를 고객의 재무 정보뿐만 아니라 금융 거래내역, 이용 행태 등 다양한 형태의 비정형 정보를 포함하여 포괄적으로 분석하고 활용하는 방식으로 진화되고 있다.

시장위험 관리는 시장을 둘러싸고 있는 대외 시장 변수 즉 금리, 환율, 주가, 원자재 등의 움직임뿐만 아니라 정치·사회·경제 이슈와 국제 정세의 변화까지 금융시장에 영향을 미칠 수 있는 제반 상황을 모두 살펴보고자 한다. 이러한 시장위험 요소를 분석하여 금융기관의 자산이나 부채 등에 예상하지 못한 손실이 발생할 가능성을 사전에 인지하고 예방한다. 또한, 반대로 향후 투자 방향에 대한 가이드로도 활용하여 자산 포트폴리오의 조정 등에 활용할 수도 있다. S 은행에서 보물섬 프로젝트라는 이름으로 진행된 빅데이터 분석 사업을 대표적인 시장위험 관리 사례로 볼 수 있다.

마지막으로, 운영위험 관리는 금융기관 내부에서 발생할 수 있는 모든 위험을 관리하는 것이다. 직원에 의한 횡령 및 부실 감지, 보험 사기 및 신용카드 도용 등 부정 적발, 자금세탁 방지 등 이상거래를 탐지하고 예방하기 위한 각종 운영위험 분석 모델로 활용될 수 있다. 얼마 전 모 은행의 수출입 외환 거래에서 국제 금융 거래 제재 대상 인물, 기업, 국가 등이 제대로 걸러지지 않아 이에 대한 막대한 벌금이 부과된 사례가 발생했다. 이로 인해 은행권 전반에서 이러한 제재사항을 빅데이터 분석을 통해 실시간 인지하고 방어할 수 있도록 수출입심사 자동화 AI 시스템을 구축했는데, 이와 같은 경우를 대표적인 운영관리 위험의 사례라고 할 수 있다.

마케팅에서의 빅데이터 활용은 개발된 금융상품을 어떻게 시장에 런칭하고 판매를 증진시킬 것인가에 집중되어 있다. 금융기관 내부에 축적된 다양한 고객정보와 SNS, VoC, 홈페이지 등의 고객 의견 등 가용한 내·외부 데이터를 통합적으로 활용하여 고객을 분석하고 이를 통해 신규고객을 발굴한다. 또한, 이를 통해 최적의 타깃 그룹을 설정하여 상품을 추천하고 고객 관리를 수행한다. 특히 상품 추천에 있어서는 금융상품 구매 및 해지 내역, 거래내역과 인터넷뱅킹, 스마트뱅킹, ATM/CD 기기의 채널 서비스 이용 내역 등 고객의 선호, 금융상품 거래 행태를 다각적으로 분석하여 유사고객 추천, 업 세일(Up-Sales) 추천, 교차판매(Cross-Sales) 추천 등 마케팅 활동에 이용한다. 뿐만 아니라 이러한 데이터는 상품 해지나 이탈 고객 방지 등 사후관리에 이르기까지 매우 심도 있게 활용되고 있다.

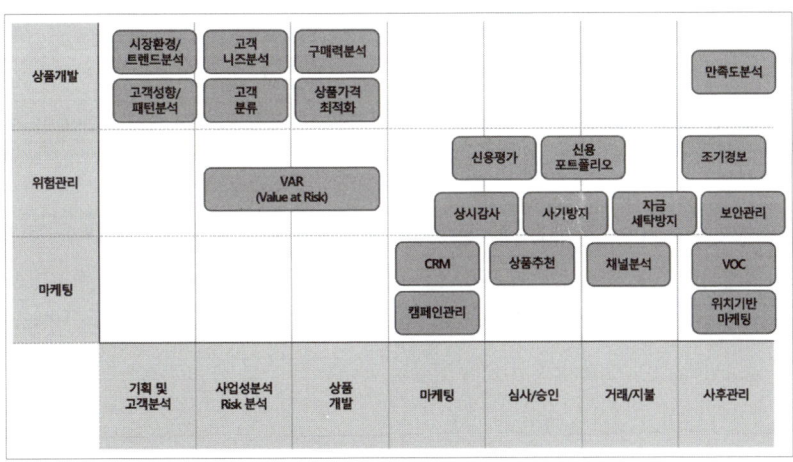

[그림 2-3] 금융권의 빅데이터 활용 영역

2.1.2 빅데이터 분석 과제 선정 방법론

금융기관의 빅데이터 과제 선정을 위해 최신 빅데이터 분석 트렌드를 고려하여 [그림 2-4]와 같은 접근법(approach)을 사용하고 있다. 또한 분석 시스템을 사용할 예상 사용자들의 니즈를 인터뷰하거나 임직원을 인터뷰하기도 한다. 그리고 내부 또는 외부 데이터 중에서 현재 분석이 가능한 과제들이 존재하는지 검토하여 다양한 분석 과제를 도출한다.

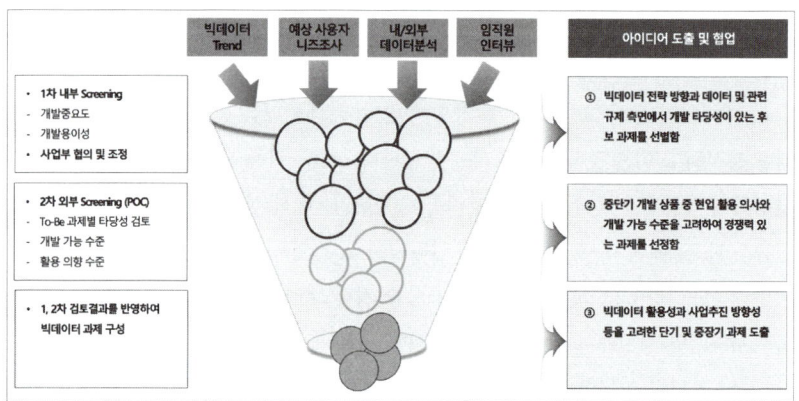

[그림 2-4] 빅데이터 과제 선정 접근법

다양한 아이디어를 통해 수집한 빅데이터 분석 과제는 1차 내부 스크리닝(screening)을 통해 개발이 용이한지 중요도가 높은지에 따라 선별하게 된다. 이때 사업부 간에 업무 협의를 진행하면서 사내 빅데이터 전략 방향과 데이터 및 관련 규제 차원에서 개발 타당성이 있는 후보 과제를 선별한다.

2차 외부 스크리닝에서는 PoC를 진행하며, To-Be 과제별 타당성을 검토한다. 중단기 빅데이터 분석 과제 중에서 현업 활용의사가 있으면서 개발 가능한 수준을 고려하여 경쟁력 있는 과제를 선정하게 된다. 이렇게 두 차례의 검토를 바탕으로 빅데이터 활용성과 사업 추진 방향성 등의 전반을 고려한 단기 및 중장기 과제를 도출하여 빅데이터 분석 과제를 구성하게 된다.

P사 또한 이와 유사한 형태로 프로세스를 진행한다. [그림 2-5]는 P사에서 사용하는 빅데이터 분석 과제 발굴 프로세스다. 먼저 사업 방향을 선정하고 분석과 관련된 일반적인 현황을 파악한다. P사가 추진하고자 하는 사업 방향에 맞춰서 분석 프로세스를 진행하는데 해당 시기의 금융 분석 트렌드를 반영한다.

비즈니스 가치사슬 전반에 걸쳐 현업 담당자와 인터뷰를 하고 성공 가능한 과제를 도출하게 된다. 특히 계열사나 지주사에서 필요로 하는 다양한 빅데이터 분석을 발굴하게 된다. 기존에 수행했던 타사 사례 역시 분석 기회를 발굴하는 데 중요한 역할을 한다.

분석 과제에 대한 설계를 진행하며 빅데이터 분석 과제에 대한 정의를 하나씩 진행한다. 이때 사내 데이터를 확보하여 활용 가능한지 판단하게 된다. 필요에 따라서 외부 데이터를 연계해서 분석에 활용할 수 있다. 정의된 분석 과제를 대상으로 수행 가능한 형태의 인프라나 인력과 같은 영향을 판단하고 실행 계획을 수립한다. 이때 추진하게 될 과제에 우선순위를 선정하고 이에 맞춰 사업을 진행하게 된다.

분석 및 분석 기반 추진 과제를 선별하여 사례 기반으로 순서를 조정한다. 이때 중장기 로드맵(roadmap)과 단기 빅데이터 분석 과제에 대한 실행 계획을 수립하면서 빅데이터 분석 과제를 선정하게 된다.

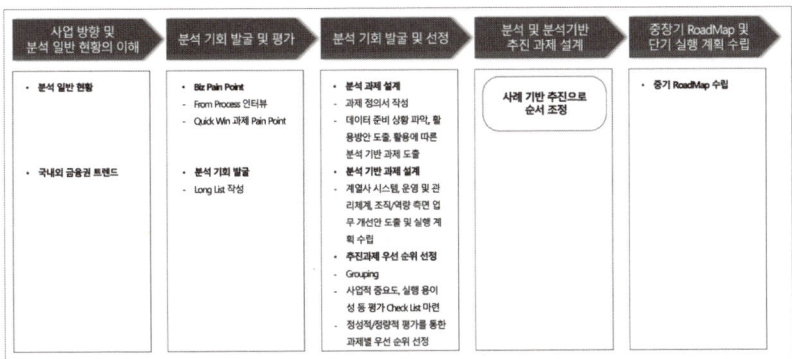

[그림 2-5] 빅데이터 분석 과제 발굴 프로세스

은행 내부 데이터를 수집하여 고객이 어떻게 구성되는지, 어떤 상품을 많이 이용하는지에 대한 특성을 파악한다. 또한 우수고객과 이탈고객을 분석하여 잠재 이탈고객의 이탈 방지를 위한 정책을 수행한다. 마지막으로, 내부 고객의 다양한 목소리를 분석하여 고객을 심층적으로 이해한다.

고객 분석

3장 통합 고객 다차원 분석 및 고객 세분화
4장 우수고객 및 고객 이탈 분석
5장 VoC 민원 분석 및 위험민원 예측

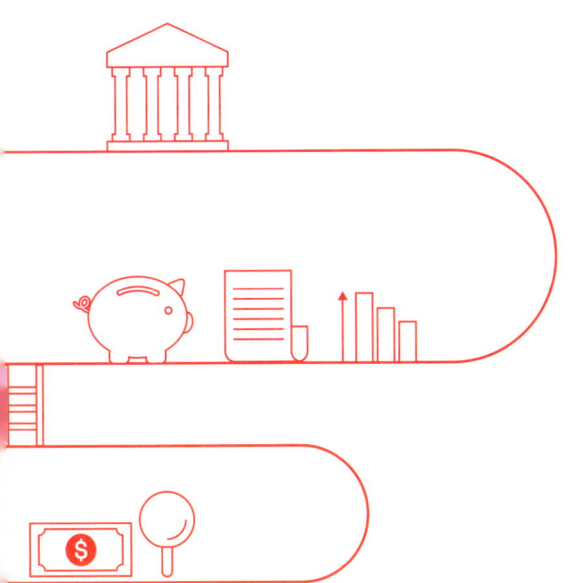

통합 고객 다차원 분석 및 고객 세분화

3장

3.1 개요

산업군을 막론하고 고객의 요구를 정확하게 파악하여 충족시키는 것은 가장 중요한 기업목표이다. 고객의 요구를 정확하게 파악하기 위해 비즈니스 가치사슬 전반에서 확보할 수 있는 데이터를 수집하고 고객의 로열티를 높여 자사 기업을 지속적으로 이용할 고객을 확보하려고 한다. 오랜 기간 동안 기업에서는 '기업 성과 창출에 유리한 고객이 누구'이고 '어떤 상품을 통해 고객 가치를 실현할 수 있는지' 또는 '형성된 고객 관계를 어떻게 지속적으로 유지할 것인지' 등에 대해 고민해왔다.

이 과제는 고객 분석을 통해 인구통계학적 특성과 고객 유형별 특징을 살펴보고, 이를 통해 고객 세분화 및 고객 프로파일링을 진행하여 효율적인 마케팅을 수행할 수 있도록 정보 분석 기능 구현을 목표로 했다.

통합 고객 다차원 분석은 인구통계학 정보, 상품 가입 및 거래내역 정보 등을 활용하여 금융 고객을 이해하는 분석 과정이다. 통합 고객 다차원 분석을 통해 금융 고객을 이해한 뒤 유사한 특성을 가진 고객들을 여러 개의 집단으로 분류한다. 이러한 분류는 차별화된 마케팅 서비스를 제공하는 동시에 기업 이익을 극대화하는 데 중요한 역할을 한다. 따라서 다양한 욕구를 가진 전체 고객을 가치, 성향, 특성 등의 일정한 기준에 따라 동질적인 고객 집단으로 분류하고 해당 집단마다 페르소나(persona)를 정의하는 일련의 과정을 소개하도록 하겠다.

3.1.1 고객 분석의 배경 및 목적

본격적인 분석에 앞서 최근 금융권이 빅데이터를 활용한 고객 다차원 분석과 고객 세분화와 같은 분석 모델 개발에 뜨거운 관심을 보이는 몇 가지 이유를 짚고 넘어가자.

가장 먼저, 디지털 사회로의 변화가 가속화되면서 인터넷 전문은행[11], 핀테크[12] 기업 등이 기존의 금융산업에 뛰어들어 고객 유치 경쟁이 심화되고 있는 상황이다. 저출산으로 인구가 감소하면서 금융 서비스를 이용할 신규 고객이 줄고 있다. 카카오뱅크, 토스뱅크, 케이뱅크와 같은 인터넷 전문 은행들이 금융시장에 진출하면서 고객관계 관리가 그 어느 때보다도 중요해졌다. 게다가 세계적인 코로나바이러스 감염증의 장기화로 사람들이 비대면 거래를 선호하게 되면서 은행을 직접 방문하는 것보다 인터넷 전문은행을 이용하는 빈도가 증가했다.

그리고 인터넷 전문은행이 고객의 빅데이터 정보를 분석하고 맞춤 서비스를 제공하는 데 상대적으로 적합한 인프라를 구축하고 있어 비대면 서비스에 상대적 우위를 점하고 있는 것도 기존 금융권의 악재로 작용할 가능성이 크다. 이로 인해 시중은행도 머신러닝을 활용한 고객 관리 및 유치 경쟁에 많은 자금을 투자하고 있는 상황이며, 기존 고객의 활성화에 초점을 맞추어 체계적이고 분석적인 접근을 통한 고객 충성도 제고에 노력을 기울이고 있다.

이런 상황에서 고객 다차원 분석 및 고객 세분화에 대한 금융사의 요구사항은 매우 당연하다고 볼 수 있다. 앞서 언급했듯 고객을 분석하고 세분화한다는 것 자체가 고객을 이해하려는 시도이기 때문이다. 특히 고객 세분화는 상품 추천을 비롯한 기업의 마케팅 활동에 비용 절감과 효율성을 가져다줄 수 있다. 왜냐하면 수천만 명에 이르는 고객 한 사람 한 사람을 모두 이해하고 각각 대응하려면 많은 비용과 시간이 낭비되기 때문이다. 따라서 고객을 몇 개의 작은 집단으로 나누어 집단별 맞춤 서비스를 제공하는 것이 비용을 최소화하고 만족도를 극대화하여 더 효율적이라고 볼 수 있다.

특정 시기에 기업에서 가장 가치 있는 고객이 누구인지, 마케팅 역량을 집중해야 할 대상 집단이 무엇인지, 높은 구매력을 보이는 집단이 어느 집단인지 등을 파악하고

---

[11]. 오프라인 점포를 운영하지 않고 온라인에서 영업을 하는 은행을 말한다. 인터넷 전문은행에는 카카오뱅크, 토스뱅크, 케이뱅크 등이 있다.
[12]. 금융(finance)과 기술(technology)이 결합한 서비스나 서비스를 운영하는 회사를 말한다.

고객을 이해하려는 노력이 수반되어야 치열한 경쟁 속에서 고객 유치와 높은 충성도를 기대할 수 있을 것이다.

이번 분석 과제도 시장의 변화와 치열한 경쟁의 일환으로 비롯된 것이며 향후에도 빅데이터를 활용한 고객 분석, 상품 추천, 신용 평가, 이상 탐지 등의 모델을 구축하고 보완하기 위한 금융사들의 움직임이 매우 활발해질 것으로 예상된다. 이어서 과거부터 지금까지 금융권에서 수행해온 고객 마케팅 사례에 대해 소개하겠다.

3.1.2 금융산업에서의 고객 세분화 사례

금융산업에서 고객 세분화를 어떻게 활용하고 있는지 살펴보면, 특정 집단에 집중하고 있는 것을 알 수 있다. 소비자들의 라이프스타일이 빠른 속도로 다양화되고 개인화되는 성향이 강해지고 있다. 따라서 국내 은행들도 고객을 세분화하는 데 역량을 집중하고 있다. 은행이 보유한 모든 고객을 대상으로 마케팅을 수행하는 것이 아니라 특정 집단을 선정하여 마케팅 효과를 극대화하는 타깃 마케팅 사례가 있다.

S20클럽, 락스타, 우리스페이스 등은 한 번쯤 들어본 은행에서 제공하고 있는 서비스이다. 대학생과 20대 고객 유치를 위한 마케팅 활동이라고 볼 수 있는데, 이는 금융권에서 20대를 경제 주체로 인정하기 시작했다는 상징적 의미가 있다. 성인이 된 이후 본격적으로 첫 거래를 한 은행을 직장인이 된 후에도 계속 사용할 가능성이 높다고 본 것이다.

은행명	상품 및 서비스명	특징
신한은행	S20클럽	20대 고객 대상 우대 서비스
국민은행	락(樂) STAR	대학생 전용 점포 및 공연 서비스
우리은행	우리스페이스	대학생 및 20대 대상 웹사이트 운영
하나은행	나의 소원적금	소원별 제휴업체 쿠폰 등 제공
기업은행	서민섬김통장	소년소녀가장, 기초생활수급자 대상 우대금리

[표 3-1] 주요 은행별 고객 세분화 분석 사례

최근 금융권에서는 20대뿐 아니라 밀레니엄 세대와 Z세대를 합쳐 부르는 MZ세대에 대한 분석에도 열을 올리고 있는 추세이다. MZ세대는 1981년부터 2010년대에 출생한 세대로 디지털 기기를 이용하고 디지털 문화를 향유하며 자신만의 개성을 중시하는 성향이 있는 세대로 분류된다. 이러한 MZ세대가 디지털 금융이 급속도로 보급된 가운데 주요 고객군으로 급부상했기 때문이다.

금융사들은 MZ세대의 금융 거래 패턴을 분석하여 이에 특화된 마케팅과 상품들을 제공하며 그들을 유인하려는 방안을 강구하고 있다. 그 예로 신한라이프는 MZ세대 취향을 고려한 가상인간 로지를 광고 모델로 기용했으며, NH농협에서는 MZ세대 직원의 얼굴을 합성한 AI 은행원을 신입 행원으로 채용하기도 했다.

카카오뱅크의 10대 청소년 전용 플랫폼 서비스인 미니(mini)가 출시되고 나서 누적 가입자수가 124만 명을 넘어섰으며, 제2금융권에서도 MZ세대의 특성을 노려 고금리상품을 출시하거나 눈높이를 고려한 'ㅋㅋㅋ332정기예금', '뱅뱅뱅 정기예금' 등의 상품을 출시하여 가입자를 유치하고 있다.

그런 가운데 우리은행에서는 고객 세분화에 드는 시간과 비용도 절감하기 위해 'WON맵시'라고 하는 인공지능 고객 세분화 모델을 출시했다. 데이터 분석가와 마케팅 담당자가 많은 시간을 소요했던 기존의 고객 세분화 방식에서 벗어나 인공지능 모델에 기반하여 고객을 분류할 수 있게 한 것이다. 이를 통해 마케팅 담당자는 인공지능이 추천한 고객을 대상으로 선정하고 빠르게 마케팅을 추진할 수 있게 되었다. 이렇듯 금융권에서는 MZ세대처럼 특정 고객 집단을 지정하고 맞춤 서비스를 제공하여 고객을 유치하려는 많은 시도들이 이루어지고 있다.

3.1.3 분석 모형 프로세스

금융사의 고객을 분석하고 세분화하기 위한 연구 모형을 구성했다. 연구방법론이자 연구 프로세스라고도 할 수 있다. 다시 말하면 문제(과제) 해결을 위해 어떤 방법으로 접근할 것인가에 대한 고민을 연구 모형으로 나타낸 것이다.

빅데이터 분석 모형은 데이터 수집, 탐색, 모델 개발, 시각화 단계로 크게 나뉘며 각 단계마다 어떤 데이터를 활용해서 분석 모형을 만들고 시각화할 것인지는 과제의 목적과 성격에 따라 달라진다. 단, 분석 모형은 한 번에 완성되지 않는다. 큰 틀은 변하지 않지만 애초에 목표로 했던 데이터가 존재하지 않거나 있다고 하더라도 관리되지 않았다면 활용 여부를 검토하고 대안을 마련해야 한다. 따라서 프로젝트를 수행하는 과정에서 분석 모형은 지속적으로 변한다.

경우에 따라 고객과의 협의 과정에서 우리들의 분석 결과가 타당하지 않거나 만족스러운 결론에 도달하지 않는다면 원점으로 돌아가 다시금 지난한 토론의 과정을 거쳐 새로운 방법론을 만들어나가야 한다. 그래서 방법론은 시간이 지남에 따라 더욱 구체화되고 군더더기 없이 명료화된다. 프로젝트가 종료할 때까지 이러한 과정을 통해 고객 다차원 분석 및 세분화를 위한 분석 모형을 [그림 3-1]과 같이 구성하게 되었다.

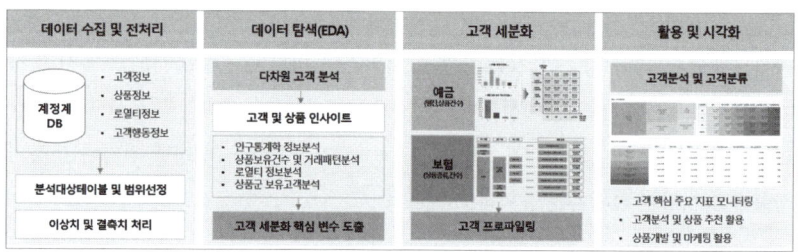

[그림 3-1] 통합 고객 분석 및 고객 세분화 분석 모형

먼저 데이터 수집 및 전처리 단계이다. 데이터를 수집하기 위해서는 어느 테이블이 있는지를 먼저 알아야 한다. 분석 대상 테이블을 선정하기 위해 은행 내부의 계정계 데이터베이스(Database, DB)를 먼저 들여다보는 작업부터 진행해야 했다. 해당 과정이 복잡하지만 분석 과정에서 가장 중요하기 때문에 별도로 다루겠다.

수집 단계는 이번 과제와 관련이 있는 데이터를 선정하고 실제로 수집하는 단계이다. 각 테이블마다 실제 데이터가 존재하는지, 관리되고 있는지 확인하고 테이블 내의 이상치나 결측치 등을 처리하며 활용성을 고민하는 단계라고 볼 수 있다. 추가적으로 전처리와 동시에 분석 대상을 정의하게 되는데, EDA 기초 분석이 충분히 수행된 후에나 확정될 만큼 의사결정이 쉽지 않고 변동성이 큰 작업이므로 집중이 요구된다.

다음은 데이터 탐색 단계이다. EDA라 불리는 탐색적 데이터 분석의 과정이며 수집한 데이터가 어떤 의미인지 파악하고 인사이트를 발굴하는 단계이다. 고객이 몇 명인지, 남성과 여성의 비율이 어떻게 되는지, 고객의 등급이 어떻게 나누어지는지 등 금융 고객을 심도 있게 이해하는 과정이기 때문에 매우 중요한 단계라고 볼 수 있다. 그리고 고객 다차원 분석을 위해 핵심 지표를 선정하고 고객 세분화 모델에 활용할 변수를 추려내는 과정이라고 보면 된다.

셋째로, 고객 세분화 단계이다. EDA 단계에서 도출한 핵심 변수를 활용하여 예금 및 보험고객을 세분화했다. 그리고 세분화의 과정을 통해 도출된 고객 그룹들을 유사한 그룹으로 재편성하여 페르소나를 정의하는 고객 프로파일링 단계를 거쳤다.

마지막으로, 활용 및 시각화 단계는 크게 두 가지로 구분된다. '고객 분석'과 '고객 분류'이다. 고객 분석은 EDA를 수행하며 해당 은행의 주요 지표로 활용될 만한 변수들을 추려내 현업에서 항시 모니터링할 수 있도록 대시보드화한 것을 말한다. 고객 분류는 세분화와 프로파일링 결과를 대시보드로 구성하여 마케팅 담당자들이 활용할 수 있도록 빅데이터 포털에 게시한 것을 말한다.

대시보드 구성은 태블로라고 하는 비즈니스 인텔리전스(Business Intelligence, BI) 툴을 활용했으며 세분화뿐만 아니라 민원, 상품 추천 등 모든 분석 과제를 현업 담당자들이 월/주별로 언제든 확인할 수 있도록 개발했다. 이러한 결과물들은 향후 상품 개발 및 고객 마케팅에 활용될 것이며 기타 분석 모델을 구성하는 데 기본 자료로 활용될 것으로 기대한다.

3.2 통합 고객 다차원 분석

해당 분석 과제를 수행하기 위해 어떤 데이터가 있는지 먼저 확인하는 작업이 필요하다. 금융업 대부분은 보유하고 있는 테이블에 대한 메타 관리 시스템이 존재한다. 메타 시스템에 접속하면 테이블 목록과 데이터 정의서 등 상세 정보를 확인할 수 있다.

3.2.1 분석 대상 테이블 선정

먼저 계정계 DB에 얼마나 많은 테이블이 존재하는지 확인하기 위해 전체 목록을 다운로드했다. 약 1만 개의 테이블 목록이 조회되었다.

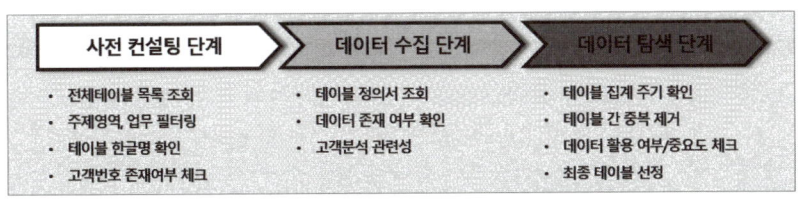

[그림 3-2] 단계별 수집 대상 선정

프로젝트를 진행하는 각 단계마다 분석 대상 테이블을 선정하기 위해 수행한 작업들을 [그림 3-2]에 나열했다. 표준화된 방법은 아니다. 프로젝트 시작 단계부터 현업이 주요 테이블을 선정해주면 아래와 같은 단계가 필요 없었을 것이다. 하지만 프로젝트를 수행하다 보면 분석가가 대부분 알아서 처리해야 하고 주요 의사결정을 제외한 소소한 결정은 주관적 경험을 바탕으로 내려야 한다.

사전 컨설팅 단계에 전체 테이블 목록을 다운로드한 후 테이블의 업무영역, 주제, 시스템 등을 확인해 관련이 없는 테이블은 배제했다. 그럼에도 너무 많은 테이블이 존재했기에 다른 금융사의 분석 경험을 바탕으로 한글 테이블명을 보고 필요한 테이블을 선택했다.

300여 개의 선정된 테이블에 대한 테이블 정의서를 다운로드해서 다시 한번 분석 대상 테이블을 선정했다. 고객을 기준으로 상품 추천을 하거나 특성을 분석하기 때문에 고객번호를 기준으로 집계된 테이블인지를 1차로 식별했다. 여기에 필요한 칼럼 정보가 있는지, 코드값이 관리되고 있는지 일일이 확인했다.

데이터 수집 단계에서는 테이블 정의서의 칼럼들이 존재하는지 쿼리로 조회해보면서 실제 값들을 확인했다. 필요한 칼럼의 값들이 Null이거나 관리되고 있지 않은 값은 분석 대상에서 제외했다. 추가적으로 과제와의 연관성을 고려하여 불필요해 보이는 테이블은 추가로 정제했다.

데이터 탐색 단계에서는 실제로 기초통계량을 확인하는 작업을 진행하며 테이블의 활용 여부를 판단했다. 동일한 칼럼을 갖고 있는 데이터이지만 집계 주기가 다른 테이블들이 있었는데 대부분 월 단위 집계 테이블을 활용하기로 결정했다.

기초 분석을 하면서 과제에서의 활용 여부와 중요도를 체크했다. 예금 기본, 보험 기본과 같은 상품 거래 테이블에는 데이터가 코드값으로 입력되어 있다. 원활한 분석을 수행하기 위해 코드값으로 입력된 데이터를 매핑하기 위한 별도의 상품코드 테이블 등을 찾아와 결합하여 분석을 진행했다. 또한 분석 모델을 만들 때에도 테이블의 중요도를 평가하여 상/중/하로 구분했다. 테이블의 중요도를 평가하는 기준으로는 테이블의 가용성을 활용했다. 따라서 향후 모델을 구성하는 데 해당 테이블이 필요한지 판단하고 중요도가 낮은 테이블은 사용하지 않는 등 분석 테이블 선정의 과정이 지속적으로 반복되었다.

분석 모형을 보면 각 단계가 순차적으로 진행되는 것 같지만 절대 그럴 수 없다는 것을 이해할 수 있게 된다. 게다가 계정계, 정보계 DB시스템을 사이베이스(Sybase)에서 오라클(Oracle)로 이관하는 작업과 병렬적으로 진행하다 보니 원하는 테이블이 미처 준비되어 있지 않거나 일부 샘플 데이터만 확인할 수 있는 제약사항이 있었다. 따라서 테이블의 값은 비어 있지만 향후에 들어올 예정인 테이블도 아예 배제할 수 없는 상황이라 분석 과제를 수행하는 데 많은 어려움이 있었다.

빅데이터 분석 프로젝트를 염두에 두고 있는 담당자는 어떤 분석을 할 것인지 분석 목표를 결정하는 것만큼 양질의 데이터 확보가 중요하다는 점을 기억하기 바란다. 빅데이터 분석 프로젝트를 발주해서 데이터를 확보하더라도 전처리부터 분석 결과를 내는 과정에서 소요하는 시간이 짧지 않다. 한정된 시간 내에 프로젝트를 수행해야 하기 때문에 사전에 데이터를 준비하는 것만큼은 강조해도 지나치지 않다.

3.2.2 분석 대상 고객 선정

분석을 하기에 앞서 어느 고객을 대상으로 분석할지 의사결정을 해야 했다. 모든 고객의 인구통계 정보뿐만 아니라 금융 거래내역, 가입내역 등의 다양한 정보를 분산된 여러 테이블로부터 찾아야 했다. 여러 테이블을 대상으로 통합한 고객정보를 이용하여 분석 대상이 되는 고객을 선정하고자 한다.

고객번호를 기준으로 서로 다른 정보가 담긴 테이블을 병합하여 사용했는데, 이때 사용한 주요 칼럼은 [표 3-2]와 같다. 금융 거래가 발생했던 고객의 인구통계 정보에서 성별, 연령, 거주지 등의 정보를 수집할 수 있었다. 로열티 정보에서는 오랜 기간 동안 거래하는 과정에서 고객에게 로열티를 제공하기 위한 금융 서비스의 활용 여부를 수집할 수 있었다.

현재 금융 서비스를 이용하는 고객의 경우 고객에게 제공하는 로열티에 차등을 주기 위해 예금 및 보험 등급을 관리하고 있다. 이러한 등급 정보 역시 분석에 활용해야 하기 때문에 분석 대상 고객 선정 과정에서 수집하여 확인했다.

No	구분	한글명	기본값	해석
1	인구통계 정보	고객번호	109999990	109999990
2		거주지 우편번호	39213	경북 구미
3		직종코드	B1102	공무원
4		생년월일	19971101	19971101
5		고객연령	25	25세
6		성별코드	2	여성
7		고객 구분코드	01	개인 고객
8	로열티 정보	자동이체 약정 여부	N	미동의
9		급여이체 여부	N	미동의
10		인터넷뱅킹 약정 여부	Y	동의
11		체크카드 발급 유무	N	미동의
12		최초 거래일자	20010101	2001년 1월 1일
13		최종 거래일자	20200101	2020년 1월 1일
14	등급 정보	예금고객 등급코드	01	최상위 등급
15		보험고객 등급코드	99	보험고객 아님

[표 3-2] 통합 고객정보 기준 테이블

분석 대상 고객을 선정하기 위해 병합한 데이터에 있는 코드 차원 값을 확인하기 위해 코드 차원 매핑 테이블을 병합하여 정보를 확인했다. 코드 차원 매핑 테이블을 병합한 이후에 결측치가 있는지 확인했다. 이후 [그림 3-3]과 같이 고객 유형을 구분하고 이상치(outlier)를 제거했다. 여기에서 활성화 고객을 도출하고 항상 최신성을 고려할 수 있도록 설정했다. 각 단계별 전처리 과정을 상세하게 풀어보았다.

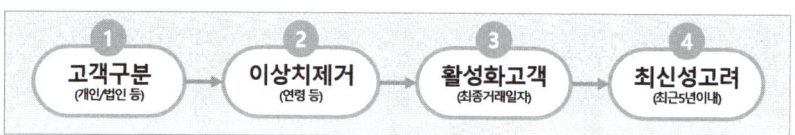

[그림 3-3] 분석 대상 선정 과정

■ 개인 고객 구분

통합 고객정보에 존재하는 전체 고객수는 약 3천만 명인 것으로 나타났다. 그중 개인 고객은 약 97.45%를 차지하고 있다. 분석 과제 특성상 개인 고객에게 상품을 추천하고 고객 이탈을 분석하는 등 개인 고객에게 좀 더 적합하다고 판단했다. 또한 법인 및 단체 고객은 개인 고객의 거래 금액과 패턴과 큰 차이가 있어 별도로 관리해야 할 필요가 있기 때문에 이번 사업에서는 개인 고객만을 대상으로 분석하기로 결정했다.

고객 구분명	고객 구분코드	비율
개인	01	97.45%
개인 사업자	02	0.64%
개인 임의단체	03	1.27%
법인 사업자	04	0.00%
단체	05	0.64%
기타 단체	06	0.00%
미식별	99	0.00%
계		100%

[표 3-3] 고객 구분

■ 연령 이상치 제거

전체 고객 중에서 첫 번째 분석 대상인 개인 고객의 이상치를 확인했다. [표 3-4]를 살펴보면 고객연령 변수에 '999'로 표기된 고객이 있다. 이는 고객연령을 식별할 수 없기 때문에 분석에 활용할 수 없는 고객이다. 따라서 해당 고객 역시 분석 대상에서 제거했다.

고객 번호	고객 구분코드	성별 코드	고객 연령	생년월일	연령 구분코드	예금고객 등급코드	보험고객 등급코드	최초 거래일자	최종 거래일자
01	01	1	999	19990101	99	99	99		
02	01	2	999	19990101	99	99	99		
03	01	2	999	19990101	99	99	99		
04	01	2	999	19990101	99	99	99		
05	01	2	999	19990101	99	99	99		

고객 번호	고객 구분코드	성별 코드	고객 연령	생년월일	연령 구분코드	예금고객 등급코드	보험고객 등급코드	최초 거래일자	최종 거래일자
06	01	1	999	19990101	99	99	99		
07	01	2	999	19990101	99	99	99		
08	01	2	999	19990101	99	99	99		
09	01	1	999	19990101	99	99	99		
10	01	1	999	19990101	99	99	99		
11	01	1	999	19990101	99	99	99		
12	01	2	999	19990101	99	99	99		
13	01	2	999	19990101	99	99	99		
14	01	2	999	19990101	99	99	99		
15	01	2	999	19990101	99	99	99		
16	01	1	999	19990101	99	99	99		
17	01	1	999	19990101	99	99	99		
18	01	1	999	19990101	99	99	99		
19	01	2	999	19990101	99	99	99		
20	01	1	999	19990101	99	99	99		
21	01	1	999	19990101	99	99	99		

[표 3-4] 통합 고객의 연령을 확인할 수 없는 데이터 샘플

■ 활성화 고객

개인 고객이면서 연령이 식별되는 고객을 대상으로 활성화 고객인지 확인했다. [표 3-5]를 살펴보면 최초 거래일자는 채워져 있는데 최종 거래일자가 비어 있는 것을 확인할 수 있다. 물론 최근에 금융 거래가 언제 발생했는지 파악할 수 없는 고객은 분석에 활용할 수 없기 때문에 이들을 제외했다. 따라서 최종 거래일자가 존재하지 않는 대상을 제외하고 남은 고객을 계속해서 탐색했다.

고객 번호	고객 구분 코드	성별 코드	고객 연령	생년월일	연령 구분 코드	예금고객 등급코드	보험고객 등급코드	최초 거래일자	최종 거래일자
01	01	1	999	19990101	99	99	99	20000128	
02	01	2	999	19990101	99	99	99	20000504	

고객번호	고객구분코드	성별코드	고객연령	생년월일	연령구분코드	예금고객등급코드	보험고객등급코드	최초거래일자	최종거래일자
03	01	2	999	19990101	99	99	99	20000504	
04	01	2	999	19990101	99	99	99	20010206	
05	01	2	999	19990101	99	99	99	20000503	
06	01	1	999	19990101	99	99	99	20000124	
07	01	2	999	19990101	99	99	99	20000218	
08	01	2	999	19990101	99	99	99	20000318	
09	01	1	999	19990101	99	99	99	20000129	
10	01	1	999	19990101	99	99	99	20000218	
11	01	1	999	19990101	99	99	99	20121109	
12	01	2	999	19990101	99	99	99	20000512	
13	01	2	999	19990101	99	99	99	20010120	
14	01	2	999	19990101	99	99	99	20000125	
15	01	2	999	19990101	99	99	99		
16	01	1	999	19990101	99	99	99	20000131	
17	01	1	999	19990101	99	99	99	20000425	
18	01	1	999	19990101	99	99	99		
19	01	2	999	19990101	99	99	99		
20	01	1	999	19990101	99	99	99		
21	01	1	999	19990101	99	99	99	20000331	

[표 3-5] 통합 고객의 최종 거래일자가 누락된 데이터 샘플

■ **최신성 고려**

최종 거래일자는 각 고객별로 최근 거래를 언제 마지막으로 했는지 확인할 수 있는 변수이다. 이 최종 거래일자에는 1980년부터 2022년까지의 데이터가 존재한다. 다만, 2022년에 최종 거래가 있었던 고객이 소수이기 때문에 2021년까지 금융 거래가 있었던 고객으로 한정했다.

최종 거래일자가 오래되어 더 이상 거래하지 않을 것으로 판단되는 고객을 우선 정의해야 한다. 보통의 금융상품 만기 중 긴 것이 3년인 것을 감안했으며, 해당사의 특

성상 고령 인구가 많이 활용한다는 점도 고려하여 최종 거래일자가 오래되어도 계좌를 유지하고 있겠다고 판단했다. 따라서 최근 5년 내 거래가 있는 고객을 선정했다.

최초 고객정보를 수집하여 분석했던 고객의 수는 약 10만 명이었으나 분석 과정에서 모수가 계속해서 변했다. 고객 성향을 파악하여 상품을 추천하거나 고객 모델을 개발하기 위해서는 최신성을 반영해야 하기 때문이다. 시간이 흐름에 따라 고객이 이탈하기도 하고 신규 고객이 가입할 수도 있다. 따라서 이를 고려한 분석이 필요하다.

최종 거래연도	고객수	최종 거래연도	고객수	최종 거래연도	고객수
2000년	775,000명	2010년	975,000명	2020년	1,049,000명
2001년	645,000명	2011년	895,000명	2021년	6,847,000명
2002년	655,000명	2012년	1,000,000명		
2003년	770,000명	2013년	1,062,000명		
2004년	718,000명	2014년	838,000명		
2005년	810,000명	2015년	764,000명		
2006년	760,000명	2016년	675,000명		
2007년	945,000명	2017년	731,000명		
2008년	1,040,000명	2018년	713,000명		
2009년	945,000명	2019년	860,000명		

[표 3-6] 연도별 최종 거래 고객수

고객을 식별하고 데이터의 이상치를 제거하고 최종 거래가 활발하게 이루어지고 있는 고객을 분류하는 과정을 진행하며 분석 대상이 되는 고객을 선정하는 작업을 선행했다. 법인 고객을 제외한 개인 고객이 분석 대상이 되었으며 최근 5년 내에 거래한 이력이 있는 활성화된 고객, 연령이 100세가 넘거나 생사 여부가 파악되지 않을 만큼 높은 이상치를 보이는 고객을 제외하는 등의 작업을 거쳤다.

분석 대상이 되는 고객의 모수를 산정하는 작업은 프로젝트 중반까지 이어질 만큼 상당히 쉽지 않은 의사결정의 연속이었다. 모수를 산정하는 과정에서 확인이 필요한 데이터를 바로 확인할 수 있었으면 진행하는 데 편했을 것이다. 다만, 다른 연계 시스템이 동시에 개발되고 있었기 때문에 한정된 정보를 활용해서 분석할 수밖에 없었다.

분석 대상의 모수가 바뀔 때마다 우리가 충분히 이해했다고 생각한 고객의 특성이 시시각각 변했다. 따라서 바뀔 때마다 고객의 특성을 파악하기 위한 탐색적 데이터 분석을 다시 하며 바뀐 분석 대상을 파악해야만 했다.

분석 대상을 정의하는 단계에서는 모든 분석가들이 머리를 맞대고 치열한 토론을 통해 해당 도메인을 이해하고 분석 대상에 대한 합의를 도출해내는 집중의 시간이 필요하다. 이 시간만큼은 짧지 않을 것이다. 오래 걸리더라도 분석에 참여한 분석가들이 분석 대상을 이해하고 분석 방향을 팀원들과 동기화하는 것만큼 중요한 것이 없다. 여기에 하나 더 놓치면 안 되는 것이 있다. 결국 분석가들이 분석해야 하는 과제는 목표가 선정되어 있기 때문에 현업의 목소리를 경청하여 최대한 요구사항을 반영할 수 있도록 방향성을 잃지 않는 것이다.

빅데이터 분석 사업을 준비하는 담당자는 분석 대상을 이해하는 과정이 짧지 않으며 실무자에 비해 이해도가 낮을 수 있기 때문에 충분한 시간과 명확한 요구사항을 제공하는 것이 반드시 필요하다. 반면 빅데이터 분석을 진행하는 분석가는 요구사항을 명확하게 하기 위해 담당자와 충분히 대화하고 도메인에 대해 이해해야 한다.

3.2.3 분석 대상 테이블 탐색

'3.2.2 분석 대상 고객 선정' 단계에서 도출된 고객을 대상으로 금융 서비스를 얼마나 잘 활용하고 있는지에 대한 분석을 하기에 앞서 활용 가능한 테이블이 무엇인지 확인해야 한다. 이곳에서 제공하고 있는 금융 서비스에는 예금, 보험, 체크카드, 펀드가 있다. 따라서 각 상품의 가입 상태 정보와 계좌의 거래정보를 확인할 필요가 있다.

다만, 각 상품에 대한 이력 정보는 다른 테이블로 관리하고 있다. 각 테이블의 특성을 파악하고 고객 세분화 분석을 위해 필요한 정보를 도출할 필요가 있다. 특히 현재 정상적으로 유지되고 있는 계좌를 대상으로 분석을 진행해야 한다.

먼저, 예금을 관리하는 데 있어서 가장 중요하게 생각하는 지표로는 유지 잔액과 월/3개월/연평잔 등이 있다. 보통은 월별 값의 편차를 고려하여 3개월 혹은 1년 단위의 평균 잔액을 계산하여 고객을 판단하는 데 활용하곤 한다. 그리고 고객의 예금 거래 실적 및 거래 패턴을 확인할 때는 잔액뿐 아니라 입금 및 출금 건수와 금액이 매우 중요한 지표라고 볼 수 있다.

■ 예금

1. 예금상품 가입 및 해지 정보

예금상품 가입 및 해지 정보에는 특정 고객이 예금 서비스를 이용하면서 가입하거나 해지했던 이력이 담겨 있다. 해당 정보에서는 어떤 상품을 언제 가입하고 어떤 상품을 언제 해지했는지 확인할 수 있다.

칼럼명	설명	비고
기준연월	계좌상태를 최종 업데이트한 기준값으로 데이터 업데이트 주기가 매월이므로 기준값은 기준연월	PK[13]
계좌번호	고객별로 개설할 때마다 독립적인 계좌임을 식별할 수 있는 고유번호	PK
고객번호	고객을 식별할 수 있는 고유번호	PK
상품코드	가입한 계좌의 상품이 어떤 예금상품인지 식별할 수 있는 코드	
요구불저축성 구분	요구불 저축 여부를 구분하는 코드	
계좌상태	계좌가 거래되고 있는지, 만기 전 해약한 계좌인지, 만기 후 해약한 계좌인지 파악할 수 있는 상태 코드값	
가입일자	해당 계좌를 가입한 날짜	
계좌 해지일자	해당 계좌를 해지한 날짜	

[표 3-7] 예금상품 가입 및 해지 정보

2. 예금상품 거래내역 정보

상품 거래내역 정보에는 특정 계좌를 발급하여 타 계좌에서 본 계좌로 입금하거나 본 계좌에서 타 계좌로 출금한 이력을 관리한다. 이 정보에서는 본 계좌로 얼마나 많은 금액이 입금되었는지, 타 계좌로 얼마나 많은 금액이 출금되었는지 알 수 있다. 또한 해당 계좌에 얼마나 많은 금액이 유지되고 있는지 확인할 수 있다.

칼럼명	설명	비고
기준연월	계좌상태를 최종 업데이트한 기준값으로 데이터 업데이트 주기가 매월이므로 기준값은 기준연월	PK

---

[13] 기본키(Primary Key, PK)는 관계형 데이터베이스에서 식별자로 이용하기에 적합한 집합을 말한다.

칼럼명	설명	비고
계좌번호	고객별로 개설할 때마다 독립적인 계좌임을 식별할 수 있는 고유번호	PK
입금건수	특정 기준연월에 해당 계좌에 입금되었던 횟수	PK
입금금액	특정 기준연월에 해당 계좌에 입금되었던 금액의 합	
출금건수	특정 기준연월에 해당 계좌에 출금되었던 횟수	
출금금액	특정 기준연월에 해당 계좌에 출금되었던 금액의 합	
유지잔액	특정 기준연월에 해당 계좌에 유지되어 있는 잔액의 합	
당월평잔	특정 기준연월에 해당 계좌에 유지되어 있는 잔액의 평균	
3개월평잔	특정 기준연월의 3개월 동안 해당 계좌에 유지되어 있는 잔액의 평균	
연간평잔	특정 기준연월의 1년 동안 해당 계좌에 유지되어 있는 잔액의 평균	

[표 3-8] 예금상품 거래내역 정보

3. 예금상품 관리지점 정보

예금상품 관리지점 정보는 각 계좌를 개설하거나 카드를 발급하기 위해 가입을 진행했던 가입지점과 해당 계좌를 관리하고 있는 지점을 식별하기 위한 정보이다. 경우에 따라 가입지점과 계좌를 관리하는 지점이 다를 수 있다.

칼럼명	설명	비고
기준연월	계좌상태를 최종 업데이트한 기준값으로 데이터 업데이트 주기가 매월이므로 기준값은 기준연월	PK
계좌번호	고객별 계좌 개설 시 독립적인 계좌임을 식별할 수 있는 고유번호	PK
관리지점 코드	개설된 계좌나 발급한 카드를 관리하는 지점의 코드번호	
가입지점 코드	계좌를 개설하거나 카드를 발급하기 위해 가입을 진행한 지점의 코드번호	

[표 3-9] 예금상품 관리지점 정보

다음은 보험을 관리하는 데 가장 중요한 지표인 보험료, 납입기간, 갱신횟수 등으로 고객을 판단할 때 주로 활용한다. 그리고 고객의 보험 거래 실적 및 거래 패턴을 확인하기 위해서는 보험료뿐만 아니라 보험기간이나 최종 납입회차 등이 매우 중요한 지표라고 볼 수 있다.

■ 보험

1. 보험상품 가입 및 해지 정보

보험상품 가입 및 해지 정보에서는 고객이 가입한 보험이 어떤 보험인지 확인할 수 있다. 여기에서 가입한 각 보험마다 현재 계약이 유지되어 보장을 받고 있는지, 계약기간이 만료되어 갱신되었는지 알 수 있다. 보험은 이러한 계좌상태를 좀 더 상세하게 기록한다. 예를 들어, 해지하거나 해약한 경우에 정상적으로 해약했는지 아니면 사유가 있어서 해약한 것인지 상세하게 구분한다.

칼럼명	설명	비고
기준연월	계좌상태를 최종 업데이트한 기준값으로 데이터 업데이트 주기가 매월이므로 기준값은 기준연월	PK
증서번호	고객별 보험 가입 시 독립적인 보험증서임을 식별할 수 있는 고유번호	PK
상품 구분코드	가입한 보험상품의 상위 레벨 상품군이 무엇인지 식별할 수 있는 코드	PK
상품코드	가입한 보험상품이 어떤 보험상품인지 식별할 수 있는 코드	
계약상태	계약한 보험이 정상적으로 보장을 받고 있는지, 해약이나 해지되어 있는지 등 계좌상태를 나타내는 상태 코드값	
계약 상세상태	계약한 보험의 상태별로 상세한 내용을 나타내는 상세 코드값	
계약일자	해당 보험을 가입한 날짜	
만기일자	해당 보험의 효력이 만기된 날짜	
소멸일자	해당 보험이 소멸한 날짜	

[표 3-10] 보험상품 가입 및 해지 정보

2. 보험상품 거래내역 정보

보험상품 거래내역 정보는 보험을 거래한 이력에 대해 자세하게 다룬다. 가입한 보험의 보험료를 정상적으로 납입하고 있는지, 갱신형 보험의 갱신횟수가 얼마나 되는지, 최근에 언제 보험을 납입했는지 등을 알 수 있다.

칼럼명	설명	비고
기준연월	계좌상태를 최종 업데이트한 기준값으로 데이터 업데이트 주기가 매월이므로 기준값은 기준연월	PK
증서번호	고객별 보험을 가입 시 독립적인 보험증서임을 식별할 수 있는 고유번호	PK
보험료	특정 기준연월에 해당 계좌에 입금되었던 횟수	
납입기간	가입한 보험의 보험료 납입기간 값	
최종 납입연월	가입한 보험의 보험료를 최근에 납입한 기간으로 연도와 월까지 표기	
최종 납입회차	가입한 보험의 보험료를 최종 몇 회 납입했는지 회차 정보를 표기	
갱신횟수	갱신형 보험의 갱신횟수를 표기	

[표 3-11] 보험상품 거래내역 정보

마지막으로, 가입한 펀드가 언제 가입한 것인지 혹은 발급한 체크카드가 언제 발급되었는지 확인할 필요가 있다. 가입한 펀드가 만기까지 정상적으로 유지되었는지 아니면 중도 해지되었는지도 중요한 정보이다. 카드 발급 역시 정상적으로 발급해서 사용하고 있는 카드인지 파악할 필요가 있다.

■ 펀드

1. 펀드상품 가입 및 해지 정보

펀드상품 가입 및 해지 정보에서는 고객이 가입한 펀드가 어떤 펀드인지 확인할 수 있다. 가입한 개별 펀드마다 계속 펀드를 추가로 매입하는지 혹은 보유하고 있는 펀드를 환매했는지 자세하게 확인할 수 있다.

칼럼명	설명	비고
기준연월	계좌상태를 최종 업데이트한 기준값으로 데이터 업데이트 주기가 매월이므로 기준값은 기준연월	PK
펀드 계좌번호	펀드 가입 시 독립적인 펀드임을 식별할 수 있는 고유번호	PK
고객번호	고객을 식별할 수 있는 고유번호	PK
상품코드	가입한 펀드상품이 어떤 상품인지 식별할 수 있는 코드	PK
펀드 해지코드	가입한 펀드상품을 해지한 사유를 식별할 수 있는 코드	

칼럼명	설명	비고
신규일자	가입한 펀드상품을 신규 거래한 일자	
해지일자	가입한 펀드상품을 해지한 일자	
수탁 만기일자	가입한 펀드상품의 계약이 만기되는 일자	
최종 매입일자	가입한 펀드상품을 추가로 매입한 가장 최근 날짜	
최종 환매일자	가입한 펀드상품을 환매한 가장 최근 날짜	

[표 3-12] 펀드상품 가입 및 해지 정보

2. 카드상품 가입 및 해지 정보

카드상품 가입 및 해지 정보에서는 고객이 가입한 카드가 어떤 카드인지 확인할 수 있다. 발급한 개별 카드마다 현재 유효한 카드인지 아니면 분실 등의 사유로 카드 사용을 중단하고 재발급했는지 여부를 자세하게 확인할 수 있다.

칼럼명	설명	비고
기준연월	계좌상태를 최종 업데이트한 기준값으로 데이터 업데이트 주기가 매월이므로 기준값은 기준연월	PK
카드번호	카드 발급 시 독립적인 카드임을 식별할 수 있는 고유번호	PK
카드상품 코드	어떤 카드를 발급했는지 확인하기 위한 코드값	
신청발급 코드	카드를 발급하는 과정에서 신규로 발급한 것인지 아니면 재발급한 것인지, 갱신한 것인지를 나타내는 코드값	
신청일자	고객이 카드상품을 발급하기 위해 신청한 날짜	
발급일자	카드상품을 발급하기 위해 신청한 이후에 정상적으로 발급이 완료된 날짜	
수령일자	발급한 카드를 고객이 수령한 날짜	
해지일자	발급한 카드가 만기로 해지되거나 분실 등의 사유로 해지된 날짜	

[표 3-13] 카드상품 가입 및 해지 정보

3.2.4 데이터 탐색 및 인사이트 발견

고객을 분류하기 위한 핵심 변수를 찾기 위해 분석 및 해석의 과정이 필요했다. 바로 데이터 탐색 과정인데, 이는 분석의 꽃이라고도 볼 수 있을 만큼 분석 과제 해결의 실마리를 제공해주는 단계다. 테이블을 수집하고 분석 대상을 정의하면서 고객의 특성과 고객이 가입한 상품정보를 파악하기 위해 많은 노력을 기울였다. 그리고 매주 분석 결과를 공유하고 토론하며 분석의 방향성을 구체화시켜 나갔다.

먼저 금융기관들의 고객 연령대 비교 분석을 해보았다. 은행의 내부 자료만 분석하다 보면 타 기관과의 상대적 비교가 필요할 때가 있다. P사의 고객 연령을 타 은행들과 비교해보았다. [그림 3-4]를 살펴보면 인터넷 전문은행은 20대, 저축은행은 30대에서 이용 고객이 정점을 찍었다.

그러나 시중은행은 20대부터 40대까지 연령층이 주요 고객으로 나타났으며, P사는 50대가 23%로 가장 많은 것으로 확인되었다. 또한 50대 이상의 연령대가 전체 고객의 61%로 상당히 높은 비율을 차지함으로써 타 금융권에 비해 고객의 평균 연령이 높다는 것을 알 수 있었다. 이런 경우 젊은 고객층을 유치하는 데 집중할지, 50대 이상의 고객층에 더 집중할지에 대해 상품 개발 및 마케팅 담당자들이 머리를 맞대야 할 것은 분명해 보인다.

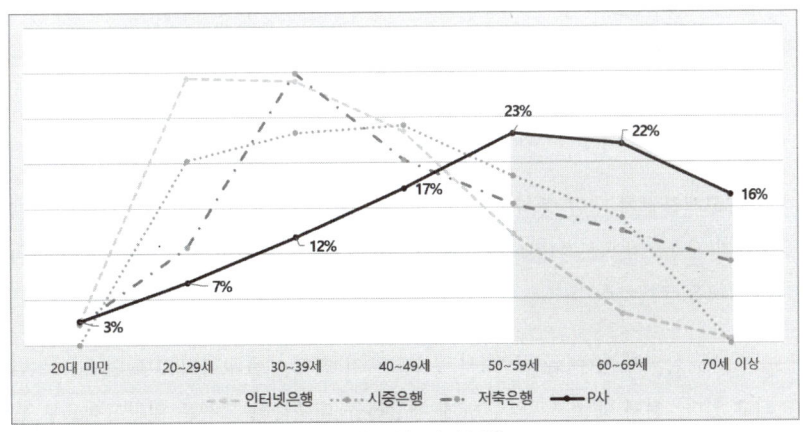

[그림 3-4] 연령별 은행 이용 현황

■ 인구통계학 정보 분석

P사의 고객 특성을 살펴보았다. 고객의 등급, 연령, 성별 등 인구통계학적 특성과 예금등급, 보험등급 등을 산정하기 위해 서비스 이용 정보를 파악하면서 세분화의 변수로 활용 가능한 변수를 탐색했다.

P사를 이용하는 여성 고객은 57%이고 남성 고객은 43%로, 남성 고객보다 상대적으로 많았다. [그림 3-5] 성별 및 연령별 현황은 P사를 이용하는 연령대별 이용 고객을 성별로 구분한 결과이다. 40대 이하의 고객은 남성이 더 많았으나, 50대 이상의 고령층으로 갈수록 남성 고객보다 여성 고객이 더 많은 것으로 나타났다.

이 점을 보아 P사를 이용하는 고객은 남성 고객보다 여성 고객이 더 많으며, 20대부터 30대의 젊은 연령층이 이용하는 것이 아니라 50대 이상의 고령층 고객이 핵심 고객이라고 볼 수 있다. 젊은 연령층에게 P사가 금융 서비스를 제공하고 있다는 점을 적극적으로 홍보하여 가입 고객을 유치할 필요가 있다.

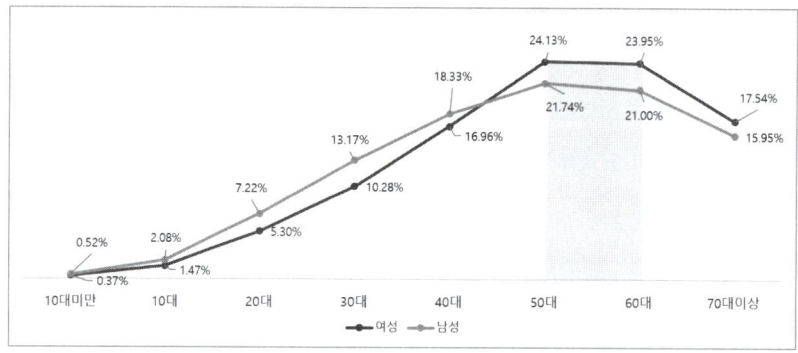

[그림 3-5] 고객의 성별 및 연령별 이용 현황

이어서 고객등급에 대한 분석 결과를 살펴보도록 하겠다. P사는 고객의 등급을 예금고객과 보험고객으로 이원화하여 관리하고 있다. 금융 서비스를 이용하는 고객의 거래 실적을 종합하여 등급을 산정하고 우수고객을 선정한다.

[그림 3-6]을 살펴보면, 예금등급에서 우수고객이 전체 예금고객의 10% 안팎으로 관리되고 있다. 전체 예금고객의 90%에 해당하는 대부분의 고객은 일반고객으로 관리하고 있는 상황이다. 예금에서 우수등급은 가장 높은 등급인 1등급부터 가장 낮은 등급인 4등급까지 총 네 개의 단계로 관리하고 있다.

다만, 전체 고객의 약 10%인 우수고객 중 단 1%만 1등급이다. 즉, 전체 고객이 10,000명일 경우 우수고객은 1,000명이고, 그들 중 10명만이 1등급인 셈이다. 그만큼 예금등급이 높은 고객은 상당히 많은 상품을 보유할 뿐만 아니라 높은 잔고를 유지하기 때문에 은행 실적에 큰 영향을 미친다.

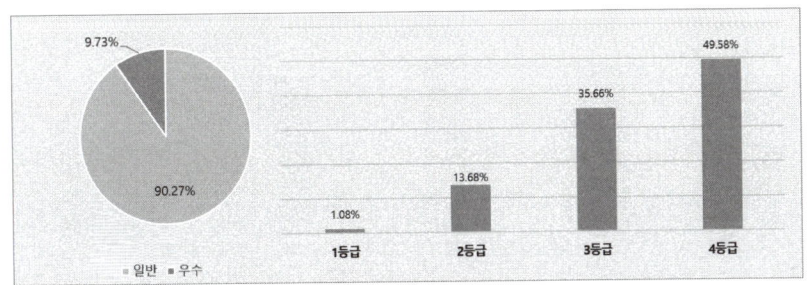

[그림 3-6] 예금 우수고객 현황

[그림 3-7]을 살펴보면, 보험등급에서 우수고객이 전체 보험고객의 1% 안팎으로 관리되고 있다. 전체 보험고객의 99%에 해당하는 대부분의 고객을 일반고객으로 관리하고 있는 상황이다. 보험에서 우수등급은 가장 높은 등급인 1등급부터 가장 낮은 등급인 3등급까지 총 세 개의 단계로 관리하고 있다.

다만, 보험 우수고객에게는 예금 우수고객에 비해 더 적은 로열티를 제공하고 있는 것을 알 수 있다. 또한 전체 고객의 약 1%만이 우수고객이므로 일반등급 고객 간의 구성비 편차가 매우 크기 때문에 고객을 분류하는 기준으로 활용할 때 매우 유의해야 할 것이다.

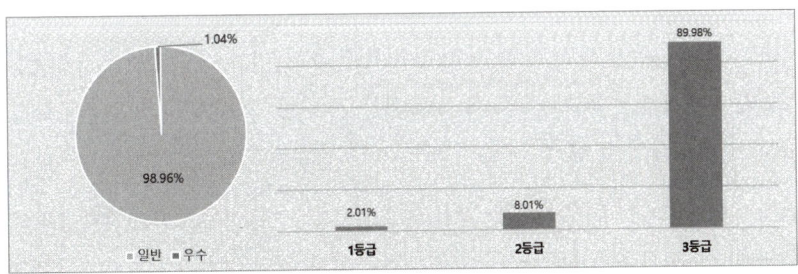

[그림 3-7] 보험 우수고객 현황

마지막으로, [그림 3-8]의 로열티 정보 중 주요한 변수 일부를 선정하여 고객의 가입 여부를 확인했다. 우수고객 선정에 가장 많은 점수를 부여하는 급여이체의 경우 0.5%의 고객만이 동의했고 체크카드 발급 여부에 동의하는 고객도 2.28%로 많지 않았다. 다만 자동이체의 경우 동의하는 고객의 비율이 절반을 약간 상회하는 수치를 보였다. 비대면 거래의 증가로 로열티 정보에 대한 동의를 권장하고 있음에도 기대할 만한 수치를 보이지는 않은 것으로 판단된다.

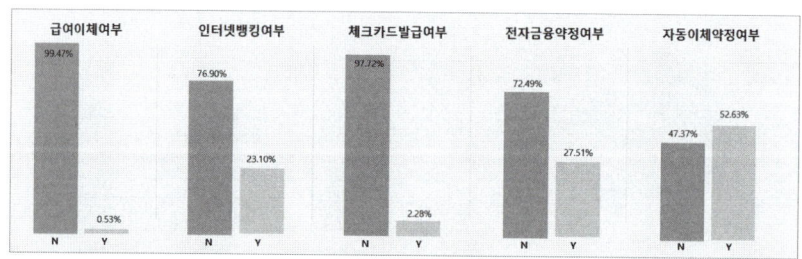

[그림 3-8] 금융 거래 이용 현황

■ 상품군 보유 고객 특징

P사에서 취급하고 있는 금융 서비스는 예금, 보험, 펀드, 카드로 총 네 가지 영역에서 제공된다. P사의 금융 서비스를 이용하는 고객의 금융 거래 패턴을 파악하기 위해 개인 고객이 보유한 상품군을 구별했다. 금융 거래 패턴이 어떠한지 그 비율을 [그림 3-9]와 같이 표현할 수 있다.

[그림 3-9]를 살펴보면, 예금 또는 보험을 이용하는 고객은 약 85%를 차지한다. 예금만 보유한 고객이 25.4%, 보험만 가입한 고객이 약 23%이며, 예금과 보험을 모두 보유한 고객은 15.5%인 것으로 나타났다. 그만큼 예금과 보험을 중심으로 사업을 하고 있다는 것을 알 수 있다.

금융 거래 패턴을 좀 더 자세하게 살펴보면 예금, 보험, 펀드, 카드의 단일 상품군만 보유한 고객이 전체 고객의 약 50%로 나타났다. 즉, 타 금융 서비스를 이용하지 않는 고객이 두 명 중 한 명 꼴인 것으로 나타난 셈이다.

그에 비해 P사에서 제공하고 있는 금융 서비스를 전부 이용하는 고객은 전체 고객의 0.03%다. 따라서 향후 단독 서비스만 이용하는 고객에게 내부에서 제공하는 다양한 서비스가 있음을 어필할 필요가 있다.

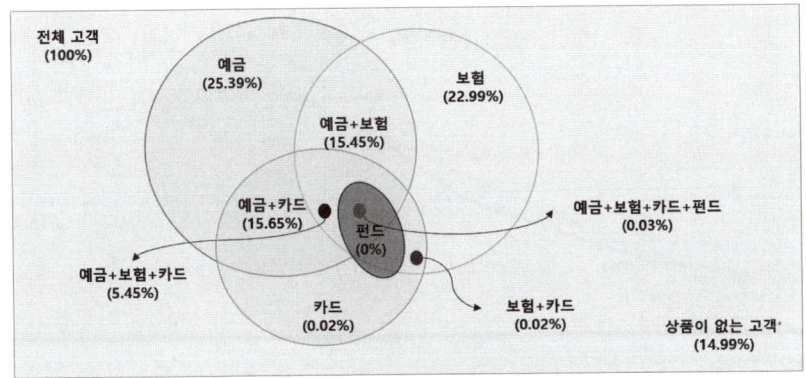

[그림 3-9] 거래 패턴별 고객 현황

[그림 3-10]은 5년 동안 거래하고 있는 고객 중 얼마나 많은 고객이 각 상품을 보유하는지 나타내는 그래프다. 상품 보유 고객과 해당 고객이 1인당 상품을 몇 개 보유하는지를 보여준다. 상품 보유 고객은 예금상품과 보험상품을 중복으로 보유한 사람이 있기 때문에 전체 고객수보다 더 많다.

상품을 보유한 고객수는 예금, 보험, 카드, 펀드 순으로 많았으나 1인당 상품 보유건수는 보험, 예금, 펀드, 카드 순으로 많았다. 1인당 상품 보유건수가 동일한 예금상품과 펀드상품을 살펴보면, 예금상품은 보편적으로 많이 이용하나 펀드상품은 극소수만 이용하는 것으로 나타났다.

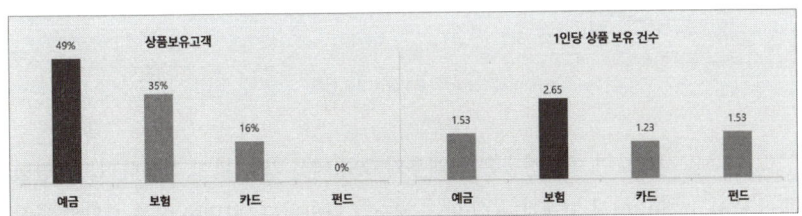

[그림 3-10] 금융상품 보유 현황

추가적으로 각 상품군의 고객 성별 및 연령별 가입 추이를 살펴보았다. [그림 3-11]을 살펴보면, 예금고객은 40대 이상이 주를 이룬다. 특히 50대는 전체 여성 고객 중 23.2%에 해당하고 전체 남성 고객 중 22.1%에 해당할 정도로 고령층이 상당수다.

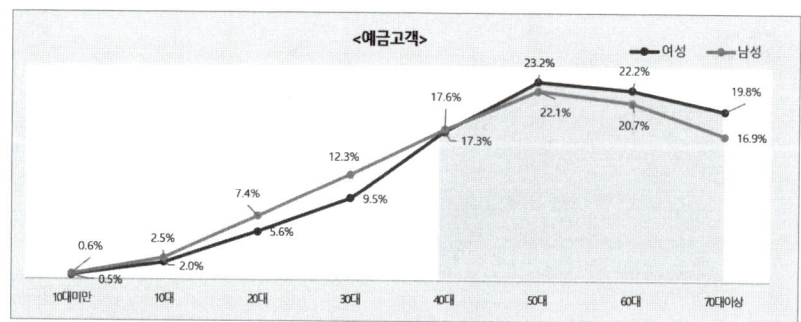

[그림 3-11] 예금상품 고객 현황

[그림 3-12] 보험상품 고객 현황을 살펴보면, 보험상품은 40대부터 60대까지의 연령층이 많이 이용하고 있다. 보험을 가입한 고객을 자세히 살펴보면 40대까지는 남성 고객이 여성 고객보다 더 많으며, 50대 이상은 여성 고객이 남성 고객보다 더 많은 것으로 나타났다.

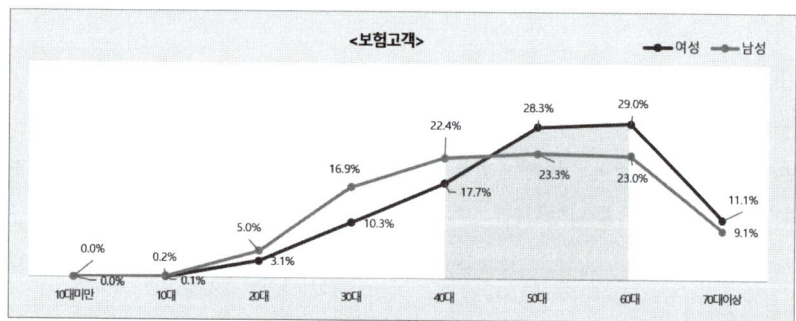

[그림 3-12] 보험상품 고객 현황

[그림 3-13]을 살펴보면 카드상품은 40대부터 60대에서 가장 많이 이용하며, 이 연령대의 남성 고객이 여성 고객보다 더 많은 것으로 나타났다. 반면에 이를 제외한 연령대에서는 여성 고객이 남성 고객보다 더 많은 것을 알 수 있다.

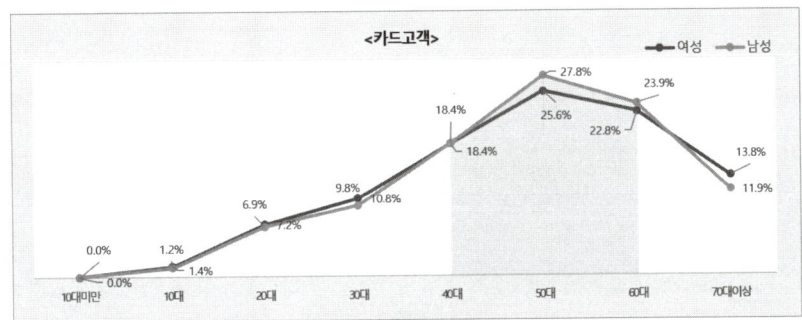

[그림 3-13] 카드상품 고객 현황

펀드상품은 타 금융 서비스에 비해 상대적으로 늦게 시작했기 때문에 전체 고객 중에서 0.03%만이 보유하고 있다. 이러한 펀드고객의 이용 현황을 살펴보면 40대와 50대 고객이 대부분이고 40대와 50대를 제외한 연령대에서는 펀드 이용이 상당히 저조하다.

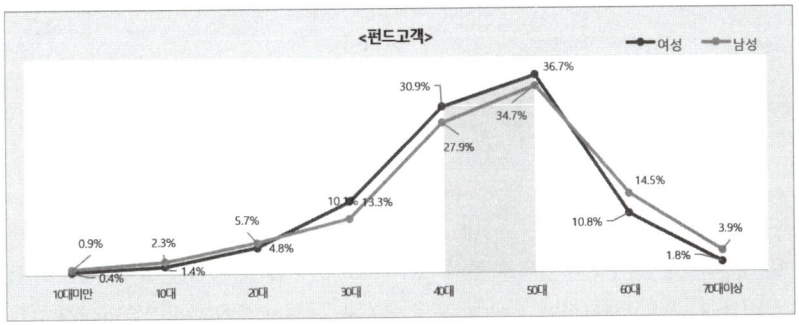

[그림 3-14] 펀드상품 고객 현황

■ 예금상품 고객 특징

[그림 3-15]는 예금상품 보유 고객의 특성을 살펴보기 위해 거치식예금[14], 요구불예금[15], 적립식예금[16]으로 예금상품을 구분한 것이다. 보유 고객은 대부분은 입출금이 자유로운 요구불예금 상품에 가입했다.

---

14. 정해진 기간 동안 은행이 돈을 맡아주고 이자를 받는 상품이다.
15. 입출금이 자유로운 상품이다.
16. 일정기간 동안 일정한 금액을 정기적으로 납입하여 만기일에 이자를 지급받는 상품이다.

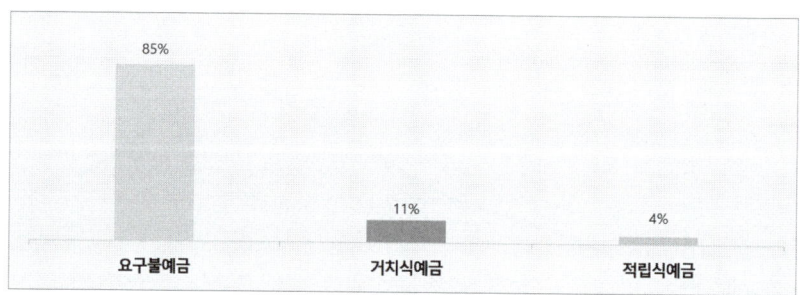

[그림 3-15] 예금상품 보유 고객 특성

[그림 3-16]에서 연령대별 인기 있는 상품을 살펴보면 20대 미만은 아이들을 위한 적립식예금, 20대는 미래 잠재 고객인 젊은 층을 확보하기 위한 거치식예금, 40대부터는 목돈 마련을 위한 높은 이율과 원금 손실이 없는 요구불예금 가입률이 높다.

순위	10대미만	10대	20대	30대	40대	50대	60대	70대이상
1	요구불예금	요구불예금	요구불예금	요구불예금	요구불예금	요구불예금	요구불예금	요구불예금
2	요구불예금	거치식예금	요구불예금	요구불예금	요구불예금	요구불예금	요구불예금	요구불예금
3	적립식예금	요구불예금	요구불예금	요구불예금	요구불예금	요구불예금	요구불예금	요구불예금
4	적립식예금	요구불예금	거치식예금	요구불예금	요구불예금	요구불예금	요구불예금	요구불예금
5	요구불예금	적립식예금	거치식예금	요구불예금	요구불예금	요구불예금	요구불예금	요구불예금

[그림 3-16] 연령대별 가입 예금상품

예금상품의 경우 거래 패턴으로 볼 수 있는 주요 변수가 몇 가지가 있다. 입출금 건수, 입출금 금액, 3개월평잔 등이다. 물론 일평잔, 연평잔도 있지만 금융권에서 고객을 평가하기 위해 가장 많이 확인하는 지표는 상품 보유건수와 3개월평잔이라고 볼 수 있다.

따라서 상품 보유건수와 3개월평잔이 등급에 따라 차이가 있을 것으로 판단하여 일반등급부터 가장 높은 등급인 1등급까지 평균치를 확인해보았다. [그림 3-17]을 살펴보면 등급이 높을수록 보유한 상품의 수가 늘어나는 것을 알 수 있다.

특히 1등급 고객은 평균 3.54개 상품을 가입하고, 일반등급의 고객은 평균 1.4개 상품을 가입한 것으로 나타났다. 일반등급의 고객보다 1등급 고객이 평균적으로 2건을 더 많이 보유한 것이다.

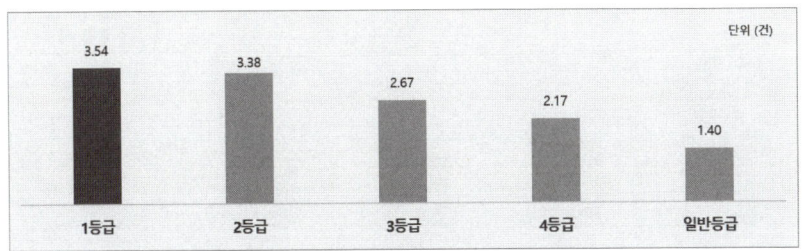

[그림 3-17] 등급별 상품 보유건수

등급별 3개월평잔을 살펴보면, 등급별 상품 보유건수와 동일하게 등급이 높을수록 3개월평잔이 높다. 1등급 고객의 예금상품 규모는 1인당 약 4억 8천만 원이었으며, 2등급 고객은 1억 3천만 원으로 나타났다. 일반등급 고객은 140만 원 정도로 등급마다 금액 편차가 상당히 큰 것을 알 수 있다. 1등급 고객의 3개월평잔이 일반등급 고객의 3개월평잔보다 약 300배 더 많은 것으로 나타났다.

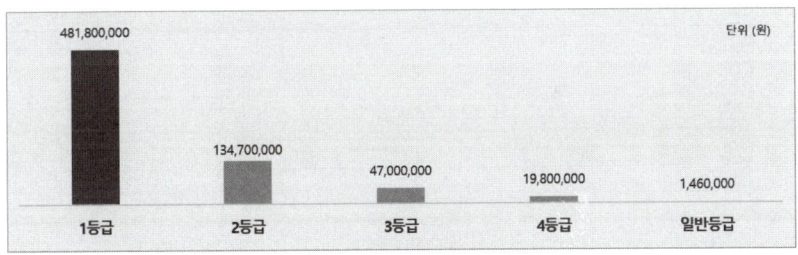

[그림 3-18] 등급별 3개월평잔

이어서 거래 패턴을 확인하기 위해 평균 입금건수와 출금건수를 확인해보았다. 여느 지표와 동일하게 등급이 높아질수록 입금건수와 출금건수가 높아지는 것을 확인할 수 있다. [그림 3-19]를 살펴보면, 평균 입금건수는 등급별로 순차적으로 나타났으나, 출금건수는 2등급 고객이 평균 11.3건으로 1등급 고객보다 더 많았다. 입금건수는 1등급 고객이 일반등급 고객보다 5배 더 많으며, 출금건수는 1등급 고객이 일반등급 고객보다 3배 이상 더 많은 것으로 나타났다.

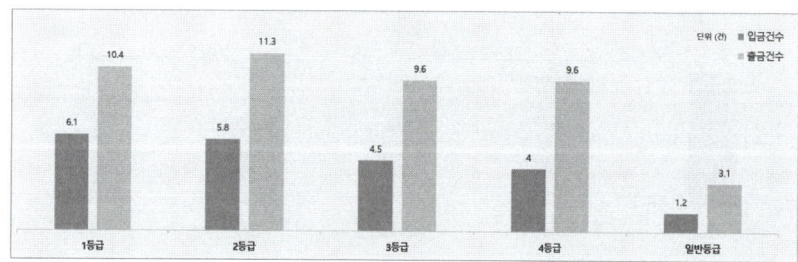

[그림 3-19] 입출금 건수

[그림 3-20] 입출금 금액을 살펴보면 우수등급과 무관하게 전 등급에 걸쳐 입금금액이 출금금액보다 많은 것으로 나타났다. 다만, 입금금액과 출금금액 모두 등급이 높아질수록 증가하는 것을 확인할 수 있다. 입금금액과 출금금액 모두 1등급 고객이 일반등급 고객보다 100배 더 많은 것으로 나타났다.

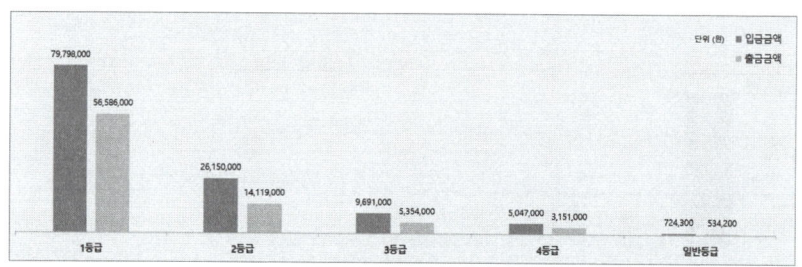

[그림 3-20] 입출금 금액

■ 보험상품 고객 특징

[그림 3-21]을 보면 보험상품 보유 고객의 특성을 살펴보기 위해 보장성보험[17], 연금보험[18], 저축성보험[19], 특약[20], 교육보험[21]으로 보험상품을 구분한다. 대부분의 보험상품 보유 고객은 특정 기간 동안 보장이 가능한 보장성보험 상품에 가입한다. 그 중 가장 많은 상품은 보장성보험의 질병(30.31%)인 것을 확인할 수 있다.

---

17. 만기환급금의 합계액이 보험상품 가입자가 납입한 보험료를 초과하지 않는 보험으로, 살아가는 동안 생명이나 재산피해가 발생하면 피보험자에게 약속된 보험금을 지급하는 보험
18. 일정기간 동안 보험료를 납부하면 사망할 때까지 정해진 금액을 받을 수 있는 생명보험
19. 만기환급금의 합계액이 보험상품 가입자가 납입한 보험료보다 더 많은 보험으로 목돈이나 노후준비를 목적으로 비과세와 세액공제 등의 부수적인 기능을 추가한 보험
20. 주계약에 계약자가 필요로 하는 보장을 추가하거나 보험가입자의 편의를 도모하기 위한 방법을 추가하는 보험
21. 자녀 교육자금 준비를 위한 보험

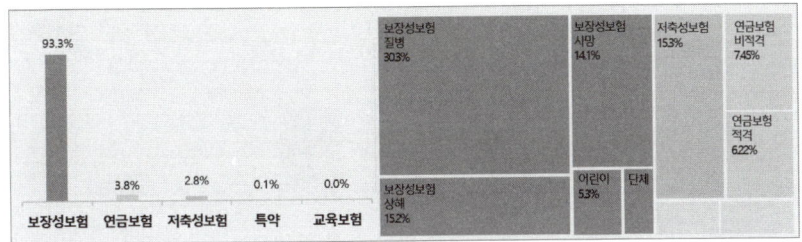

[그림 3-21] 보험상품 보유 고객 특징

연령대별로 인기 있는 보험상품을 살펴보면, 우선 모든 연령대에서 보장성보험 질병 상품이 가장 인기가 많다. 20대 미만 연령대는 연금보험과 저축성보험 가입률이 다른 연령대보다 더 높으며, 20대부터 50대까지는 보장성보험의 사망상품 가입률이 높다. 어린 자녀를 둔 40대에서는 보장성보험 어린이보험 상품에 많이 가입하고, 60대 이상부터 보장성보험의 상해상품에 많이 가입하는 경향을 보인다.

순위	10대미만	10대	20대	30대	40대	50대	60대	70대이상
1	연금보험	상해보험	질병보험	질병보험	질병보험	질병보험	질병보험	상해보험
2	저축성보험	저축성보험	사망보험	질병보험	질병보험	질병보험	질병보험	질병보험
3	저축성보험	연금보험	질병보험	질병보험	어린이보험	질병보험	상해보험	상해보험
4	저축성보험	질병보험	질병보험	질병보험	질병보험	질병보험	질병보험	질병보험
5	질병보험	저축성보험	질병보험	사망보험	질병보험	사망보험	질병보험	질병보험

[그림 3-22] 연령대별 가입 보험상품

다음으로 등급별로 구분하여 평균 상품 가입건수를 확인했다. 고객등급이 높을수록 가입한 상품이 높은 것으로 나타났다. [그림 3-23] 등급별 가입건수를 살펴보면, 1등급은 1인당 16개 보험상품을 가입한 것으로 나타났으며 2등급만 하더라도 무려 11개 가입했다. 일반등급이 두 개인 것에 비하면 우수고객의 가입건수가 상당히 많은 것을 알 수 있다.

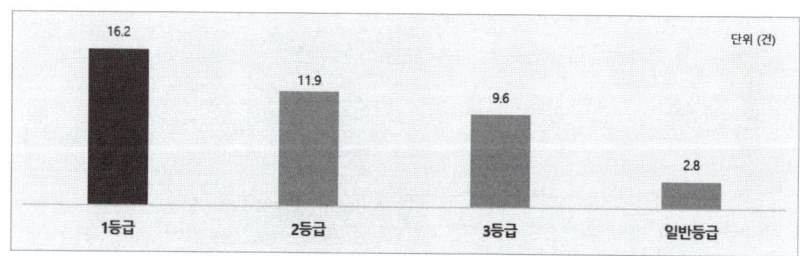

[그림 3-23] 등급별 가입건수

다음으로 등급별 월납보험료를 살펴보았다. 월납보험료 역시 등급이 높을수록 많은 것으로 나타났다. 1등급이 1천만 원 가까이를 월보험료로 납입하고 있었는데, 이는 2등급의 월보험료 460만 원에 비해 두 배가 넘는 금액이다. 일반등급의 고객은 매월 12만 원의 보험료를 납부하는 것으로 나타났다. P사의 경우 보험 우수고객을 상위 1%로 한정하여 관리하기 때문에 일반등급의 상품 가입건수와 월납보험료에 비해 상당히 높은 것으로 나타났다.

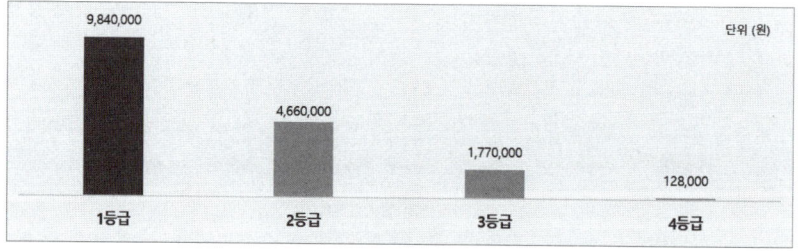

[그림 3-24] 등급별 월납보험료

이외에도 각 상품군을 나누어 등급별 평균 가입건수를 확인해보았다. 먼저, 보장성 보험을 보면 1등급이라고 해서 여러 개 상품을 가입하는 것은 아니었다. 3등급 고객이 1등급 고객과 2등급 고객보다 더 많은 상품을 가입한 것으로 나타났다. 따라서 보장성보험의 상품 가입수를 확인하기보다 보장성보험의 상세 상품 종류를 살펴볼 필요가 있다. 반면, 저축성보험과 연금보험을 보면 등급이 높을수록 상품 보유건수도 증가하는 것을 확인할 수 있다. 특히 일반고객은 저축성보험과 연금보험을 거의 보유하지 않은 것으로 나타났다.

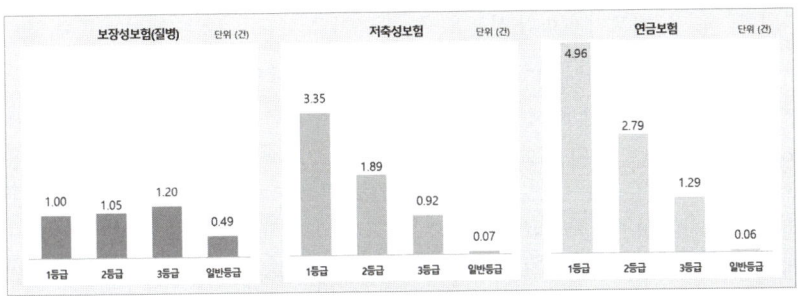

[그림 3-25] 등급별 상품 보유건수

보장성보험은 월납보험료가 정해져 있어 가입건수가 많다고 하더라도 금액이 한정적일 수밖에 없다. 그러나 저축성보험과 연금보험은 개인이 원하는 만큼 납입금액을 정할 수 있어 금액의 편차가 심하게 나온 것으로 보인다. 따라서 월납보험료는 보험상품의 종류에 상당한 영향을 받는다고 볼 수 있으며 예금에 비해 특정 상품의 편중이 심하지 않아 고객 세분화의 변수로 상품 종류를 활용할 수 있을 것으로 판단했다.

3.3 고객 세분화

3.3.1 세분화 방법 및 선정 근거

고객 세분화는 고객을 나누는 기준에 따라 방법이 다양하며 크게 그리드 방식, 군집화 방식, 의사결정 나무 방식이 있다. 먼저 그리드 방식은 기존에 설정된 여러 분류 기준을 조합하여 고객들을 동일한 집단으로 구분하는 방식이다. 예를 들어, 고객을 등급(5단계)과 연령(7단계)으로 나눈다고 가정하면 총 35개의 고객 그룹이 형성된다.

성별, 지역 등 차원이 포함될 때마다 고객 그룹은 기하급수적으로 증가하게 되는 특성이 있다. 이는 매우 간단하고 직관적인 결과를 보여준다는 장점이 있다. 하지만 일부 조합의 경우 아예 고객이 존재하지 않는 Null 값이 있을 수 있고 고객 분포가 고루 형성되지 않을 가능성을 내포하고 있다.

대표적으로 마케팅에서 사용되고 있는 그리드 방식 중에는 RFM이라는 모형이 있다. CRM의 고객 세분화 작업에서 가장 널리 이용되는 점수부여 방식의 분석법이다. 이 방법은 고객 가치를 평가함에 있어 해당 고객이 얼마나 최근에 상품을 구입했는가

(Recency, 최신성), 고객이 얼마나 상품을 구입하는가(Frequency, 빈도), 고객이 상품에 얼마나 많은 돈을 쓰는가(Monetary, 거래규모) 등의 세 가지 기준에 대한 가중평균값을 계산하는 방식이다. 이러한 RFM 모형은 비교적 원리가 간단하며 반응률이 높기 때문에 여전히 실무적으로 많이 활용되고 있다.

둘째로 군집화 방식은 k-평균 알고리즘(k-means clustering) 또는 코호넨의 자기조직화지도(Self Organizing Map, SOM) 등의 거리나 유사성을 계산하는 통계적 알고리즘을 활용하여 집단을 구분해내는 방식이다. 군집화 방식은 비교적 객관적인 과정을 통해 고객 세분화를 실행할 수 있는 장점이 있다. 또한 고객 세그먼트를 생성하고 고객 그룹 간의 차이를 구별하여 마케터가 알아차리지 못한 상관관계를 찾아내는 데 적합하다. 다만 몇 개 집단으로 구분하는 것이 적절한지, 어떤 집단들이 만들어져야 하는지 등에 관한 사전 기준이 정해져 있지 않다는 점이 일부 문제점으로 지적된다. 또한 군집화 결과로 생성되는 집단이 많아지면 해석 과정이 매우 복잡할 수 있다는 단점이 존재한다.

마지막으로, 의사결정 나무 방식은 고객 세분화보다는 예측 및 분류를 위해 흔히 사용되는 알고리즘이다. 만약 상품 구매 여부를 예측하기 위해 의사결정 나무를 생성하는 과정에서 여러 개 노드로 구분된다면 이 각각을 유사한 특성을 가진 고객 집단으로 분류하는 방식이다. 이처럼 의사결정 나무 방식은 고객의 특정 목푯값을 만들고 이를 예측하는 과정에서 집단을 구분하는 것이다 보니, 노드 내 구성원 간의 유사성보다는 목푯값과의 관련성이 우선시된다는 것이 문제가 될 수 있다. 활용 측면에서도 이 노드들을 종합하여 고객을 세분화하여 사용하는 것이 어려울 수 있으나, 고객의 구분 결과가 직관적이라는 장점도 있다.

그리드 방식과 군집화 방식은 데이터 마이닝이나 기계학습 분야의 기술적(descriptive) 분석에 해당하고, 의사결정 나무는 예측적(predictive) 분석에 속한다고 볼 수 있다. P사의 고객 세분화를 위해 군집화 방식을 우선적으로 고려했다. 하지만 사전에 고객 세분화의 목적과 활용에 대해 현업과 충분히 협의되지 않은 상태에서 알고리즘을 활용하여 임의의 군집 개수를 정하고 고객 프로파일링에 대한 사용을 권장하기에는 괴리가 있었다. 무엇보다 군집화 방식이 직관적이지 않고 납득하기 쉽지 않다는 점도 군집화 방식을 제외한 이유 중의 하나였다. 또한 의사결정 나무 방식은 현업으로부터 구체적인 목푯값이 없는 상태에서 진행하기 어려웠다.

결론적으로 그리드 방식을 활용하여 P사의 고객을 직관적이며 가시적으로 구분할 수 있도록 분석 방법론을 고려했다. 추가적으로 고객 세분화의 기존 연구들을 살펴보면서 여러 한계에 부딪히고 이를 보완하기 위한 사항들을 고려하여 분석 방법론을 만들었다.

기존 연구의 한계	보완사항
고객의 인구통계학적 정보(성별, 연령 등)만을 활용한 전통적 방식의 고객 분류	자산규모, 가입상품, 선호채널 등 내외부의 다양한 정보를 활용한 접근
특정 시점의 고객 상태를 기준으로 한 분류이기 때문에 향후 괴리가 생겨날 가능성	주요 변수를 활용한 그리드 방식의 고객 세분화 결과에 대해 월 배치를 통해 분류 정보를 매달 갱신하여 적합성을 평가
세분화 결과에 대한 정성/정량적 평가가 이루어지지 않음	고객 관리 부서에서 정성/정량적 평가를 할 수 있도록 시각화 및 프로파일링 결과에 대한 대시보드 구성

[표 3-14] 기존 연구의 한계 및 보완사항

따라서 앞서 언급한 기존의 고객 세분화 방식의 한계를 최대한 보완하고자 자산의 규모와 상품 가입 여부 등을 고려하여 세분화를 진행했고, 직관적으로 분류된 고객군의 성격을 규정함으로써 고객관리 부서에서 활용할 수 있도록 시각화 대시보드를 구성했다. 그리고 이러한 기존의 한계점을 최대한 보완할 수 있는 고객 세분화 모델을 개발했다.

3.3.2 군집 분석

군집 분석을 이용한 고객 세분화를 진행하기 위해 가장 먼저 수집한 데이터를 분석 가능한 형태로 가공해야 한다. 이때 가공한 정보에는 고객정보, 상품 보유 정보, 상품 거래 정보, 로열티 정보, 고객 행동 정보가 있다. 군집 분석 모델을 적용하고 적절한 군집수를 결정한 후 마지막으로 군집별 특성을 분석하여 해당 군집이 어떤 특성이 있는지 확인했다.

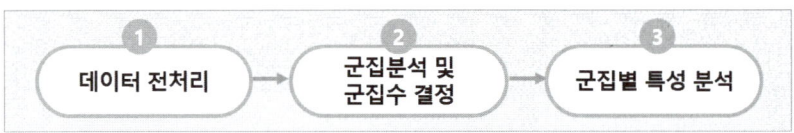

[그림 3-26] 군집 분석 프로세스

■ 데이터 전처리

전처리 단계에서는 수집한 데이터의 유형에 따라 군집 분석을 할 수 있도록 데이터를 가공해야 한다. 먼저 범주형 자료(categorical data)는 군집 분석에 바로 활용하기 어렵기 때문에 더미 변수(dummy variable)를 구성한다.

범주형 자료 중 하나인 '성별'이라는 변수에는 [그림 3-27]의 왼쪽과 같이 남성과 여성이라는 두 개의 차원이 존재한다. 컴퓨터는 남성과 여성이라는 한글을 이해할 수 없기 때문에 적절한 이산형 변수로 변경할 필요가 있다.

따라서 [그림 3-27]의 오른쪽과 같이 남성과 여성이라는 새로운 변수를 생성했다. 남성인 고객은 남성 변수에 1로 표시하고, 여성인 고객은 여성 변수에 1을 표시했다. 성별 외에도 수집한 데이터 중에서 범주형 자료는 전부 동일한 방식으로 데이터를 가공했다.

고객번호	성별
1	남성
2	여성
3	남성
4	여성

고객번호	남성	여성
1	1	0
2	0	1
3	1	0
4	0	1

[그림 3-27] 범주형 변수 전처리

양적 자료(quantitative data)는 측정치의 범위가 서로 다르기 때문에, 군집 분석에 바로 활용하기에 앞서 정규화(normalization)를 수행했다. 예금상품은 최대로 많이 보유한 고객이 641건이고, 가장 적게 보유한 고객이 1건이었다. 반면에 3개월평잔은 가장 많이 보유한 고객이 92억 원, 가장 적게 보유한 고객은 0원이었다.

고객번호	예금상품 보유건수	3개월평잔
최대(MAX)	641건	9,200,000,000원
평균(MEAN)	1.5건	7,100,000원
중앙(MEDIAN)	1건	57,000원
최소(MIN)	1건	0원

[표 3-15] 예금상품 보유건수와 3개월평잔 기술 통계량 비교

예금상품 보유건수는 최댓값과 최솟값의 차이가 640밖에 나지 않지만, 3개월평잔은 그 차이가 9,200,000,000이나 된다. 이처럼 스케일이 다른 두 변수를 단순히 비교할 수 없기 때문에 정규화를 진행한다. 정규화를 하면 연속형 변수의 최댓값은 1, 최솟값은 0으로 변환된다. 이 때문에 이러한 방식을 Min-Max 스케일링이라고 부르기도 한다.

정규화를 하려면 변환하고자 하는 값에서 최솟값을 뺀 후에 최댓값과 최솟값의 범위 (최댓값-최솟값)로 나누어준다.

$$x' = \frac{x - x_{min}}{x_{max} - x_{min}}$$

정규화를 진행하더라도 데이터 범위가 0부터 1 사이에 있게 될 뿐, 원본 데이터가 보유한 데이터 분포는 그대로 유지된다. 또한 3개월평잔 데이터의 자릿수가 최대 10자리였으나 정규화를 진행하고 난 후에는 자릿수를 더 작게 설정할 수 있기 때문에 연산 속도를 개선하는 데 도움이 될 수 있다.

군집 분석을 수행하기에 앞서, 분석 모델에 영향을 미칠 수 있는 이상치를 제거했다. 먼저 예금고객을 대상으로 군집 분석하는 과정에서 3개월평잔 평균과 표준편차를 살펴보았다. [표 3-16]은 3개월평잔 평균과 표준편차이다. 예금고객의 3개월평잔 평균은 약 430만 원이며 표준편차가 약 3,800만 원으로 나타났다.

이때 평균을 기준으로 3시그마 밖에 존재하는 값은 0원과 1억 2천만 원으로 판단했다. 3개월평잔이 0원인 고객과 1억 2천만 원이 넘는 고객을 별도의 집단으로 분류하고, 나머지 1원부터 1억 2천만 원까지의 고객을 대상으로 군집 분석을 진행했다.

구분	μ(mean)	σ(std)
3개월평잔	4,308,890	38,211,311

[표 3-16] 3개월평잔 평균과 표준편차

보험고객을 대상으로 군집 분석을 수행하는 과정에서 보험상품 보유건수 평균과 표준편차를 살펴보았다. [표 3-17]은 보험상품 보유건수 평균과 표준편차이다. 보험고객의 보험상품 보유건수의 평균은 약 2.7건으로 나타났으며, 표준편차는 약 3.14건이다.

예금고객에서 이상치를 제거한 것과 동일하게, 3시그마 기준의 밖에 존재하는 값인 보험상품 보유건수가 12건 이상인 고객을 별도의 집단으로 분류했다. 그리고 나머지 보험상품 보유건수가 1~11건인 고객을 대상으로 군집 분석을 진행했다.

구분	μ(mean)	σ(std)
보험상품 보유건수	2.689	3.143

[표 3-17] 보험상품 보유건수 평균과 표준편차

■ 군집 분석 및 군집 수 결정

전처리를 마친 데이터를 활용하여 군집 분석을 수행했다. 군집 분석을 진행하는 데 사용 가능한 모델에는 크게 세 가지가 있다. K-Means, K-Modes, K-Prototypes로 이 과제에서는 K-Means와 K-Prototypes를 테스트해본 후 K-Means를 분석 모델에 활용했다.

K-Means 모델은 데이터가 모두 연속형 자료일 경우에 적용할 수 있고 범주형 자료는 반드시 연속형 자료로 변경해야만 수행할 수 있는 특징이 있다. K-Modes 모델은 K-Means와 다르게 범주형 자료를 이용하여 유사도를 계산한다는 특징이 있다. 마지막으로, K-Prototypes 모델은 연속형 자료와 범주형 자료에서 모두 사용할 수 있지만, 다른 모델에 비해 속도가 느리다는 한계가 있다.

우리가 보유한 데이터의 특징과 속도 이슈를 개선하기 위해 K-Means를 이용하여 군집 분석을 수행했다. 군집 분석을 수행하는 과정에서 예금고객 세분화와 보험고객 세분화의 군집수를 결정하기 위해 엘보 기법(elbow method)을 사용했다. [표 3-18]에서 기울기의 변화가 있는 곳을 군집수로 결정할 수 있다. 예금고객에서는 군집수를 9개로 결정했고, 보험고객에서는 7개로 결정했다.

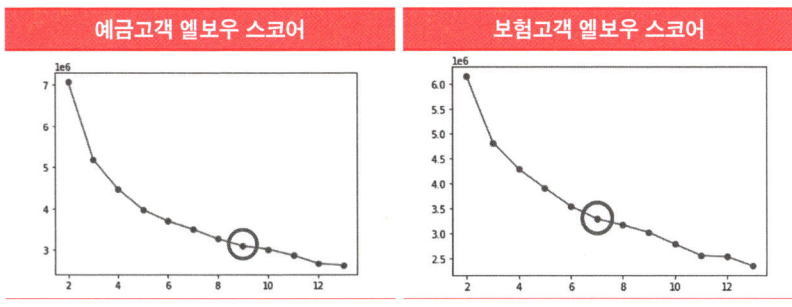

[표 3-18] 엘보우 스코어를 통한 군집수 결정

엘보우 스코어(elbow score)에 따라 예금고객은 9개 집단으로, 보험고객은 7개 집단으로 분류했다. 여기에 성별과 연령을 이용하여 해당 군집들이 어떻게 분포하는지 살펴보았다. 예금고객 세분화 결과를 살펴보면, 군집 분석을 통해 도출된 2번부터 10번까지의 군집이 어떤 연령대와 성별로 구성되는지 확인할 수 있다. 이는 보험고객 세분화 결과에서도 동일하게 확인된다.

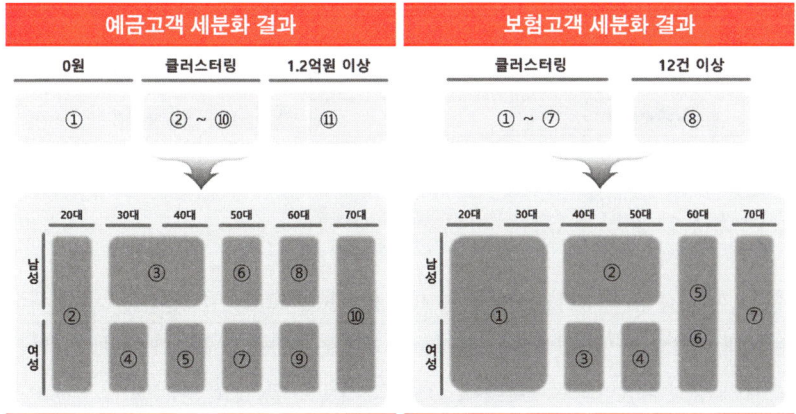

[표 3-19] 군집 분석을 이용한 세분화 결과

예금고객 세분화의 2번 집단은 20대의 젊은 고객이고, 3번 집단은 30~40대의 남성 고객인 것을 알 수 있다. 10번 집단은 70대 이상의 고령층으로 분류된 것을 확인할 수 있다.

한편 보험고객 세분화의 1번 집단은 20~30대의 젊은 고객으로 분류되고, 7번 집단은 70대 이상의 고령층으로 분류되었다. 이를 통해 성별이나 연령대가 적절하게 분류된 것을 확인할 수 있다.

■ **군집별 특성 분석**

군집 분석을 통해 도출된 예금고객 군집 총 9개와 3개월평잔이 없는 고객군, 3개월 평잔이 극단적으로 많은 1억 2천만 원이 넘는 고객군을 따로 분류하여 총 11개 고객군을 도출했다. 그 결과 [그림 3-28]과 같이 나타났다.

[그림 3-28] 예금고객 군집별 특성

예금고객 군집 중 특징적인 고객군은 2번, 3번, 10번 고객군일 것이다. 2번 고객군은 20대 이하의 비경제인이며, 보험상품은 대부분 보유하지 않는다. 3번 고객군은 30~40대 남성 직장인으로 나타났다. 11번 고객군은 고액 예금고객으로 타 고객군과 다르게 유독 펀드 보유량이 높다.

다음으로 보험고객 군집은 군집 분석을 통해 도출된 7개 고객군과 보험상품 보유 고객이 8건 이상인 고객을 따로 분류하여 총 8개 고객군을 도출했다. 그 결과 [그림 3-29]와 같이 나타났다.

[그림 3-29] 보험고객 군집별 특성

보험고객 군집을 살펴보면 전반적으로 특징이 강한 것을 확인할 수 있다. 1번 고객군은 30대 미만의 젊은 고객으로 사망보험은 많이 보유하나 상해보험은 적은 편이다. 3번 고객군은 40대 여성이면서 주로 어린이보험에 많이 가입한 고객군이다. 5번 고객군은 특이하게 집단 내 모든 구성원이 예금을 보유하면서, 상해보험과 저축보험을 들고 있었다. 6번 고객군은 특징적인 보험은 보유하지 않았으나 예금을 하나도 보유하지 않은 것으로 나타났다.

3.3.3 그리드 방식

그리드 방식의 고객 세분화를 위해 먼저 전체 고객을 예금고객과 보험고객으로 구분했다. 이때 예금고객이라고 하면, 예금상품만 가입한 고객이 아니고 예금상품을 보유한 고객을 의미한다. [그림 3-30]을 살펴보면 예금상품과 보험상품을 모두 보유한 고객이 무려 250만 명이나 있다.

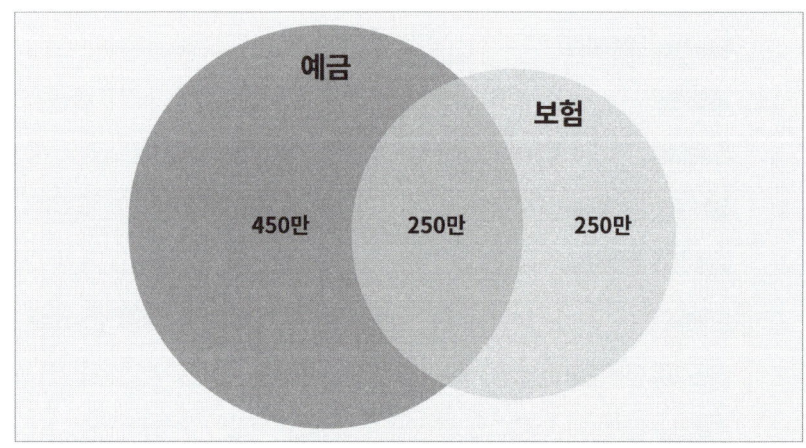

[그림 3-30] 상품군 보유 고객 현황

따라서 고객을 구분한다고는 했지만, 두 상품을 모두 갖는 고객은 두 개의 세그먼트를 보유하게 된다. 예금 또는 보험 하나의 상품만 갖고 있는 고객은 가입한 상품을 기준으로 하나의 고객 그룹에 속하게 된다. 세분화는 [그림 3-31]과 같이 진행되었다.

변수 분포 확인 단계에서는 기술통계를 수행하면서, 데이터에 대한 기초적인 이해를 진행했다. 이상치 처리 단계에서는 정규화와 이상치를 처리했다. 구간화 단계에서는 백분위수를 이용하여 구간을 나누었다. 세분화 단계에서는 구간화를 마친 변수의 조합에 따라 매트릭스를 구성했다. 그리고 마지막 프로파일링 단계에서는 구성된 군집별로 특성을 파악하여 페르소나를 정의했다.

[그림 3-31] 고객 세분화 프로세스

■ 예금고객 세분화

1. 변수 분포 확인

3개월평잔은 고객 간의 편차가 상당히 컸다. 따라서 각 변수에 대한 기술통계량을 구하고 얼마나 치우친 형태를 보이는지 박스플롯(boxplot), 히스토그램(histogram) 등을 활용하여 값의 분포를 확인하는 과정이 우선적으로 필요했다.

[그림 3-32] 3개월평잔 분포도

금융권의 특성상 휴면고객이 많아서 잔액이 0원이거나 만기 이후 재가입이 없는 등 상태가 다양하기 때문이다. 반면에 등급이 높은 고객은 상품 보유 개수와 잔액이 우리가 상상하는 그 이상인 경우도 많기 때문에 구간화를 위해 수치형 변수에 대한 분포를 먼저 확인해야 한다.

[그림 3-32]를 보면, 3개월평잔은 1천만 원 미만의 고객이 매우 많고 100억 원 가까이 잔액을 보유한 고객이 있어 그래프 형태가 거의 나타나지 않았다. 그래서 4천만 원 이하의 고객을 제외하고 분포를 보았음에도 오른쪽으로 꼬리가 길고 왼쪽으로 상당히 치우친 형태를 보였다. 따라서 3개월평잔이 매우 크거나 금액이 0원인 경우는 이상치라고 판단하고, 3시그마를 기준으로 표준편차 밖에 존재하는 금액이 얼마나 되는지 확인했다.

2. 이상치 처리

3개월평잔 분포를 확인하고 3시그마 규칙에 따른 3개월평잔 이상치가 어느 정도 되는지 확인하는 과정이 필요하다. 3시그마는 평균을 기준으로 양쪽으로 표준편차의 3배만큼 떨어진 곳을 한계점으로 잡아서 해당 범위 안에 존재하는 데이터가 전체의 99.7%를 차지하는 것을 의미한다. 즉, 전체 고객이 1,000명이라고 할 경우 997명이 해당 범위 안에 포함된 고객이라고 볼 수 있다.

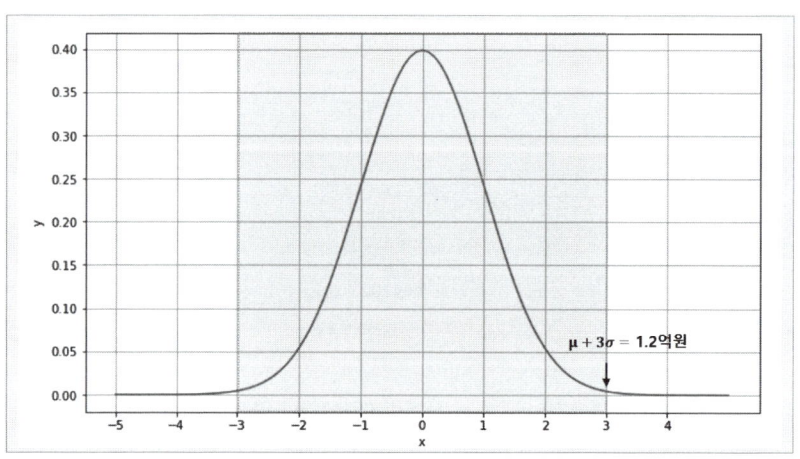

[그림 3-33] 3개월평잔을 구분하는 기준

3개월평잔을 기준으로 구간화를 진행하여 고객을 분류했다. 3개월평잔이 평균에서부터 3시그마 밖에 존재하는 고객들은 또 하나의 집단으로 정의했다. 구간화를 진행하는 과정에서는 3시그마 내에 존재하는 고객들을 대상으로 백분위수를 활용하여 구간의 범주를 정의했다.

[표 3-20]은 3개월평잔 평균과 표준편차이다. 예금고객의 3개월평잔 평균은 430만 원이며 표준편차가 3,800만 원으로 매우 큰 수치를 보였다. 3시그마를 기준으로 밖에 존재하는 값은 0원과 1억 2천만 원으로 판단하고 나머지 3개월평잔은 백분위수를 활용하여 구간화를 진행했다.

구분	μ(mean)	σ(std)
3개월평잔	4,308,890	38,211,311

[표 3-20] 3개월평잔 평균과 표준편차

3. 구간화

참고로 변수의 구간화는 연속형 변수를 특정 구간으로 나누어 범주형 변수로 변형하는 것이다. 예를 들어 소득을 소득분위로, 나이를 연령대로 변환하는 작업을 구간화라고 한다. 연속형 변수를 구간화하는 이유는 몇 가지가 있는데, 이상치와 결측치의 문제를 간편하게 처리할 수 있으며 과적합 문제를 완화하거나 결과에 대한 해석이 용이하다는 점 등이다.

금액	백분위수
1원~10만 원	0~50%
10~160만 원	50~75%
160~1200만 원	75~90%
1200~1억 2천만 원	90~100%

[표 3-21] 3개월평잔 구간화

1원 이상부터 1억 2천만 원 미만의 값을 활용하여 백분위수를 확인했지만, 대부분 낮은 금액대에 몰려 구간이 일정치 않았다. 따라서 [표 3-21]과 같이 1원~10만 원, 10만~160만 원, 160만~1200만 원, 1200만~1억 2천만 원으로 네 개 구간이 도출되었다.

평잔의 범주가 넓고 고객 분포가 밀집되어, 10만 원 미만의 고객이 상당히 많은 비율을 차지하는 결과가 도출되었다. 최종적으로 3시그마 밖에 있는 0원과 1억 2천만 원 이상의 고객도 하나의 구간으로 정해서 총 여섯 개 구간이 [그림 3-34]와 같이 도출되었다.

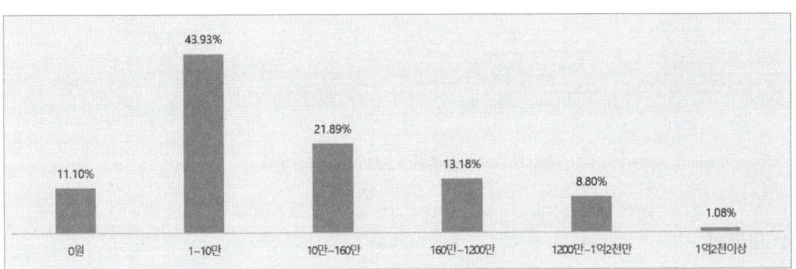

[그림 3-34] 3개월평잔 기준 고객 분류

1원과 10만 원 사이에 포함되는 고객이 43%, 0원 고객까지 합치면 절반 이상이 10만 원 미만에 해당하는 고객이었다. 사실상 휴면고객이라고 볼 수 있는 고객이 매우 많다는 것을 확인할 수 있었다. 예금상품 보유 개수도 3개월평잔과 동일한 방법으로 구간화를 시도했다.

개인 고객임에도 불구하고 많게는 750개가 넘는 상품을 가입한 고객이 있는 것으로 나타났다. 또한 세 개 이하의 상품을 보유한 고객이 약 95%이기에 네 개 이상을 보유한 고객이 3시그마 밖에 존재하는 것으로 보고 하나의 구간으로 정했다.

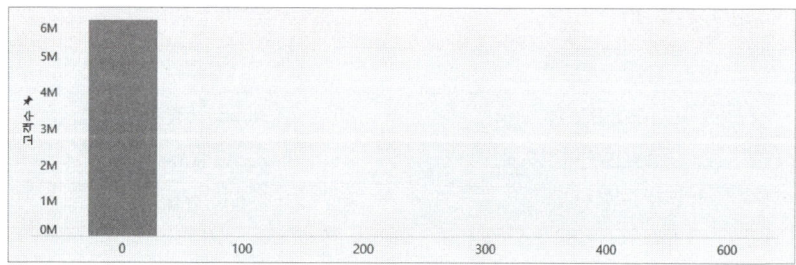

[그림 3-35] 예금상품 보유건수 분포도

최종적으로 상품 보유건수를 활용하여 구간화를 진행하는 과정에서 총 네 개 구간이 도출되었다. 한 개만 보유한 고객이 물론 많으나, 이를 더 이상 작은 단위로 분류할 수 없어 [그림 3-36]과 같이 그대로 세분화에 반영했다.

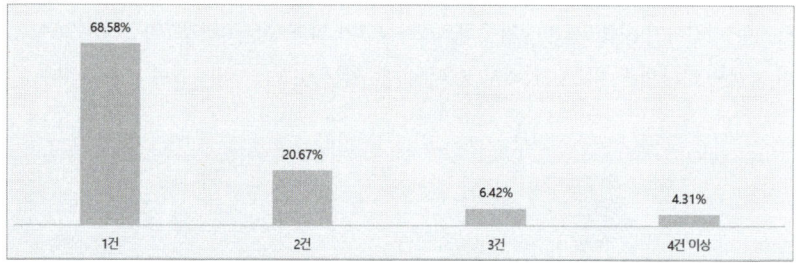

[그림 3-36] 예금상품 보유건수 기준 고객 분류

4. 세분화

구간화된 변수를 조합하여 매트릭스 형태로 가공하면 고객 세분화가 완료된다. 예금고객을 세분화하기 위해 최종 선정된 변수는 3개월평잔과 상품 보유건수이다. [그림 3-31]의 고객 세분화 프로세스에 따라 각 변수의 분포를 확인했다.

최종적으로 도출된 예금고객의 세분화는 [그림 3-37]과 같다. 예금의 3개월평잔 구간이 총 여섯 개이며 예금상품 보유건수 구간이 네 개로, 매트릭스 형태로 고객을 세분화하여 총 24개 고객 그룹이 나왔다.

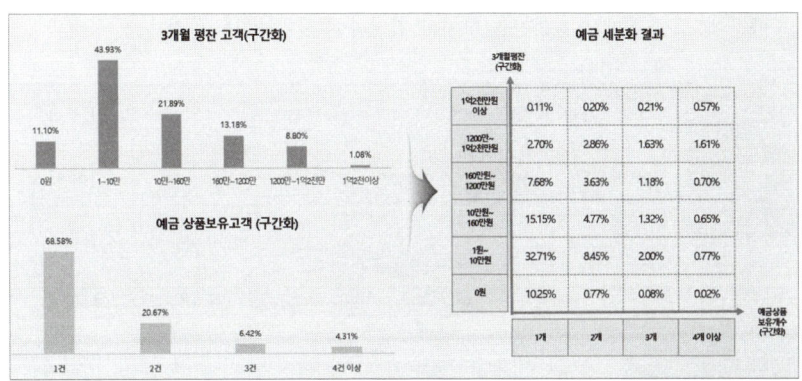

[그림 3-37] 예금고객 세분화 결과

예금고객은 세분화를 다음과 같이 구체적으로 표현하게 되었다. 3개월평잔 구간은 다시 해석하면 여섯 개 구간이기 때문에, 금액에 따라 '소액', '중액', '고액' 고객 집단으로 분류해볼 수 있다. 1억 2천만 원 이상의 고객은 초고액 고객 집단으로 분류했다. 이를 시각화하면 [그림 3-38]과 같이 표현된다.

3개월평잔 상품건수	0원고객 (0원)	초소액고객 (1원~10만원)	소액고객 (10만원~160만원)	중액고객 (160만원~1200만원)	고액고객 (1200만원~1억2천만원)	초고액고객 (1억2천만원 이상)
1개	10.25%	32.71%	15.15%	7.68%	2.70%	0.11%
2개	0.77%	8.45%	4.77%	3.63%	1.18%	0.70%
3개	0.08%	2.00%	1.32%	2.86%	1.63%	1.61%
4개이상	0.02%	0.77%	0.65%	0.20%	0.21%	0.57%

[그림 3-38] 예금고객 세분화 결과 시각화

5. 프로파일링

고객 세분화 이후에는 세분화된 결과를 분석가가 아닌 다른 사람들이 이해할 수 있도록 재해석하는 과정이 필요하다. 이처럼 고객 세분화에 사용한 변수 이외의 값들을 활용하여 특성을 파악하고 페르소나를 정의하는 것을 프로파일링이라고 한다.

예금 세분화는 3개월평잔과 상품 보유 개수를 활용하여 구간화했고 총 24개 그룹을 도출했다. 각 그룹의 특성을 파악해야 하지만, 상품의 개수가 많든 적든 3개월평잔이 0원이면 구분의 의미가 없기 때문에 이를 재편성하는 작업을 진행했다.

재편성한 결과 총 여섯 가지 다른 특징을 가진 집단으로 분류하게 되었다. 이에 따른 여섯 개 집단에 대한 페르소나를 정의했다. 분석가의 주관에 의해 해석하고 정의하기 때문에, 이를 실제 사용하는 담당자와 협의하여 진행하기도 한다.

상품건수 \ 3개월평잔	0원고객 (0원)	초소액고객 (1원~10만원)	소액고객 (10만원~160만원)	중액고객 (160만원~1200만원)	고액고객 (1200만원~1억2천만원)	초고액고객 (1억2천만원 이상)
1개	휴면고객	고위험고객	저위험고객	집중저축고객		부유한고객
2개						
3개				분산저축고객		
4개이상						

구분	평균 연령	평균 등급SCORE	평균 예금계좌건수	평균 실거래기간	평균 무거래기간
휴면고객 (11.6%)	48세	77.9점	1.1건	115개월	62개월
고위험고객 (42.8%)	52세	119.4점	1.3건	175개월	51개월
저위험고객 (22.4%)	56세	244.1점	1.5건	227개월	6개월
집중저축고객 (16.9%)	59세	981.5점	1.4건	230개월	3개월
분산저축고객 (5.3%)	62세	1,290.1점	4.0건	281개월	1개월
부유한고객 (1.1%)	62세	7,343.0점	4.7건	247개월	2개월

[그림 3-39] 예금 프로파일링

먼저 3개월평잔이 0원인 고객은 상품의 개수에 상관없이 하나의 그룹으로 묶고 '휴면고객'이라고 정의했다. 해당 그룹은 잔액이 0원, 평균 등급 스코어도 매우 낮은 77점에 해당했으며 무거래기간이 60개월이 넘는 것으로 나타나 휴면고객으로 판단했다. 해당 고객의 비율이 무려 11%가 넘기 때문에 고객 관리팀에서 특성에 맞는 조치가 필요할 것으로 보인다.

다음으로 3개월평잔이 1~10만 원 그룹의 경우 '고위험고객'이라고 정의했다. 3개월평잔도 낮고 평균 무거래기간도 약 50개월이 넘는 것으로 나타났기 때문이다. 거의 휴면 계좌라고 볼 수 있겠으나 평잔 0원 고객과는 관리 방식이 달라져야 할 것으로 판단하여 별도로 구분했다. 이 고객 그룹은 약 42%라는 매우 높은 수치를 보였기 때문에 지속적인 관리가 이루어지면 돌아올 수 있는 고객 집단이라 판단했다.

3개월평잔이 10만 원에서 160만 원 구간에 있는 고객은 '저위험고객'이라고 정의했다. 이 그룹도 약 22%를 넘기 때문에 결코 적지 않다. 그러나 평균 무거래기간이 6개월 미만인 것으로 나타나 최근까지 거래를 하고 있는 활성화 고객이라고 볼 수 있겠다.

다음은 3개월평잔이 160만 원에서 1억 2천만 원 사이에 있으면서 예금상품 보유 개수가 한 개나 두 개인 그룹이다. 이 그룹은 '집중저축고객'이라고 정의했다. 또한 활성화된 고객일 뿐 아니라 가입 상품 개수가 적기 때문에 상품 추천 이벤트가 있을 때 가입할 확률이 높은 집단일 것으로 판단된다.

이어 3개월평잔이 '집중저축고객'과 동일하며 예금상품 보유 개수가 세 개 이상인 그룹은 '분산저축고객'이라고 정의했다. 이 그룹은 평균 연령도 가장 많고 평균 거래기간도 가장 긴 충성도 높은 고객 집단으로 볼 수 있어 해당 그룹을 위한 마케팅 방안도 다양할 것으로 보인다.

마지막으로, 3개월평잔이 1억 2천만 원 이상의 고객은 상품 개수와 상관없이 하나의 그룹으로 묶어 '부유한고객'으로 페르소나를 정의했다. 이 그룹은 상위 1%의 우수 고객이며 구매력이 가장 높은 집단이라고 볼 수 있다. '부유한고객' 그룹의 비율을 높일 수 있도록 집중저축고객과 분산저축고객 그룹 관리에도 신경을 써야 할 것이다.

■ 보험고객 세분화

1. 변수 분포 확인

이어서 보험고객 세분화 과정에 대해 설명하겠다. 보험고객을 세분화하기 위해 최종 선정된 변수는 상품의 종류와 보유건수이다. 우선, 절차에 따라 각 변수의 분포를 확인했다. 상품 보유건수 역시 오른쪽으로 꼬리가 길고 왼쪽으로 상당히 치우친 형태를 보였다. 고객 중에는 [그림 3-40]에서 보듯 최대 641개 보험상품을 보유한 사람도 있었다.

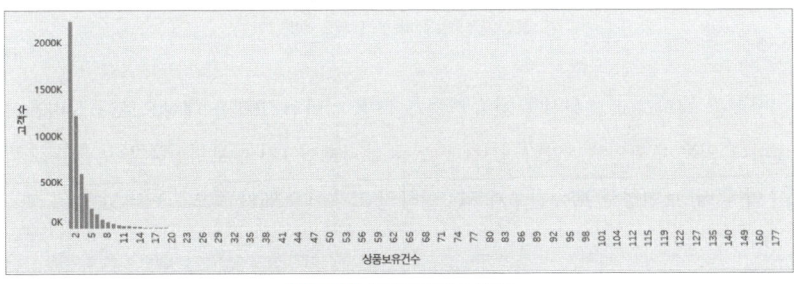

[그림 3-40] 보험상품 보유건수 분포도

2. 이상치 처리

보험상품 보유건수의 이상치를 판단하기 위해 [표 3-22]와 같이 평균과 표준편차를 계산했다. 예금과 동일하게 평균을 기준으로 3시그마만큼 떨어져 있는 고객을 이상치로 판단하려 한다.

구분	μ(mean)	σ(std)
보험상품 보유건수	2,689	3,143

[표 3-22] 보험상품 보유건수 평균과 표준편차

이때 3시그마만큼 떨어져 있는 고객은 보험상품이 13건 이상인 고객으로 나타났다. 다만, 예금의 3개월평잔의 경우에는 0원이 존재했기 때문에 0인 고객을 별도로 나누어 보험고객 세분화를 진행했다. 그러나 보험의 경우 보험상품을 한 건도 보유하지 않은 고객은 없기 때문에 13건 이상인 고객만 별도로 분류하여 세분화를 시도했다.

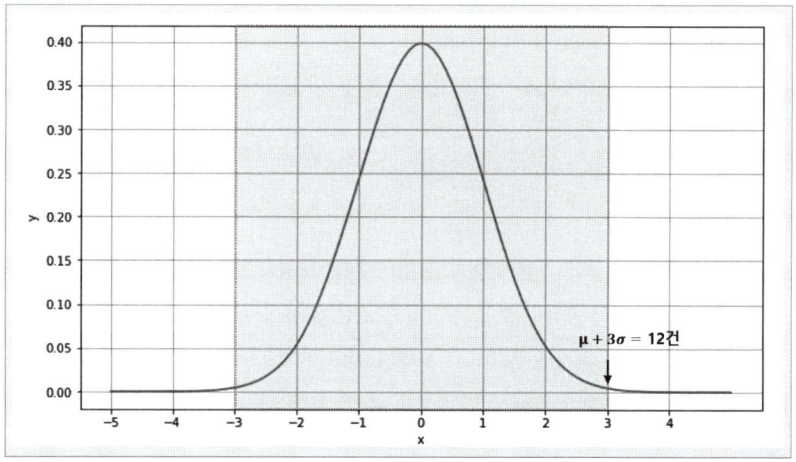

[그림 3-41] 보험상품 보유건수에 대한 이상치 확인

이상치를 제외하고 보험상품 보유건수가 13건 미만인 고객을 대상으로 구성비율이 얼마나 되는지 확인해보았다. [그림 3-42]를 살펴보면 1건의 보험상품을 보유한 고객이 약 44%, 보험상품 보유건수가 5건 이하인 고객이 90%인 것으로 나타났다.

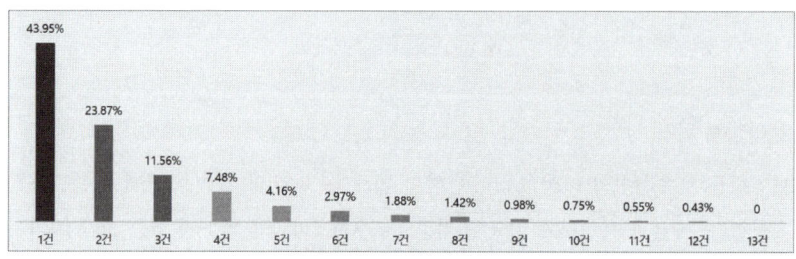

[그림 3-42] 보험상품 보유건수별 고객 현황

예금고객 세분화와 동일하게 보험고객의 세분화도 백분위수를 이용하여 구간을 나누었으나, 예금과 같이 집단의 특성을 분류하는 데 한계가 있었다. 따라서 보험고객을 세분화하는 데는 보험상품 보유건수 외에 다른 변수를 추가적으로 확보할 필요가 있었다.

보험상품 보유건수	백분위수
1건	0~50%
2~3건	50~75%
4~5건	75~90%
6~12건	90~100%

[표 3-23] 보험상품 보유건수 구간화

3. 구간화

상품 종류는 대분류 기준으로 보장성, 저축성, 연금 이렇게 세 가지로 나뉘는데, 보장성보험이라는 특정 상품에 가입한 건수가 치우친 것을 확인할 수 있었다. 이에 따라 보험의 종류와 건수를 종합적으로 고려하여 고객 세분화가 필요하다고 판단했다.

따라서 보장성보험을 질병보험, 상해보험, 사망보험, 어린이보험으로 그룹을 나누었다. 저축보험과 연금보험은 비슷한 성격이라고 판단하여 저축연금성보험으로 묶어 하나의 그룹을 만들었다.

앞서 언급했듯 보장성보험은 가입건수가 많고 인당 평균 1.5개 상품을 이용한다. 따라서 보장성보험 한 개만 보유한 고객, 두 개를 보유한 고객, 세 개 이상 가입한 고객으로 분류하여 의사결정을 하게 되었다. 이를 종합적으로 고려하여 보험고객을 [그림 3-43]과 같이 분류했다.

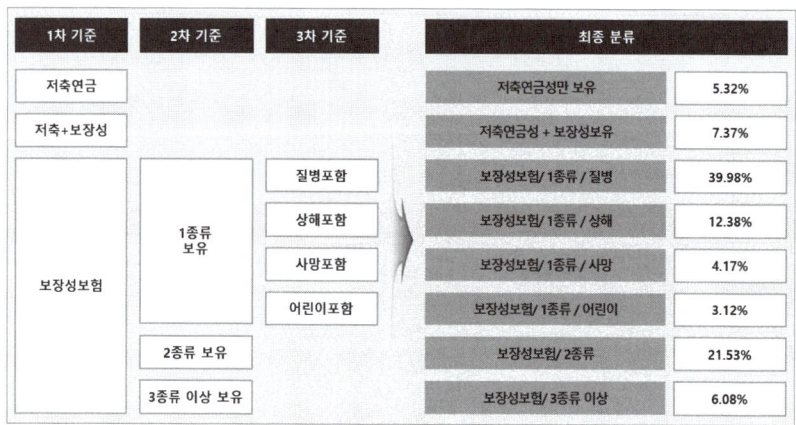

[그림 3-43] 보험고객 세분화 결과

4. 세분화

1차 기준은 상품 대분류에 따른 것이다. 먼저 보장성보험 고객, 저축연금성보험 고객, 보장성과 저축연금성을 모두 갖는 고객으로 큰 틀에서 세 가지로 분류했다. 둘째, 보장성보험은 하나만 보유한 고객이 매우 많았기 때문에 단일 상품을 보유한 고객과 중분류로 특정 짓지 않았지만 보장성보험 두 개를 가입한 고객, 세 개 이상을 가입한 고객으로 분류했다. 마지막으로 보장성보험을 중분류에 따른 기준으로 질병, 상해, 사망, 어린이 네 가지로 분류했다. 전반적인 비율도 고려하면서 상품의 종류와 건수로 직관적인 고객 세분화 결과를 [그림 3-44]와 같이 얻게 되었다.

보험종류 상품건수	질병	상해	사망	어린이	저축연금만	저축연금 +보장성보험
1개	39.98%	12.38%	4.17%	3.12%	5.32%	7.37%
2개	21.53%					
3개 이상	6.08%					

[그림 3-44] 보험고객 세분화 결과 시각화

5. 프로파일링

보험 세분화는 상품 보유 개수와 상품의 종류를 활용하여 구간화를 했고 총 8개 그룹을 도출했다. 예금처럼 재그룹화 과정은 진행하지 않았다. 애초에 보장성 그룹은 보유 상품 개수로 별도 분할하지 않았기 때문이다. 그리고 8개 고객 세분화 결과에 대해 페르소나를 정의했다.

보험종류 상품건수	질병	상해	사망	어린이	저축연금만	저축연금 +보장성보험
1개	질병보험고객	상해보험고객	사망보험고객	어린이보험고객	저축연금보험고객	토탈보험고객
2개	집중보장성보험고객					
3개 이상	다중보장성보험고객					

구분	평균 연령	평균 등급SCORE	평균 월 보험료	평균 거래기간	평균 실거래기간	평균 무거래기간
질병보험고객 (4.92%)	51세	46.1점	86,622원	157개월	151개월	5개월
상해보험고객 (42.8%)	61세	37.7점	22,649원	181개월	169개월	12개월
사망보험고객 (39.14%)	53세	35.2점	64,720원	156개월	151개월	5개월
어린이보험고객 (3.35%)	48세	49.6점	23,280원	151개월	144개월	6개월
집중보장성보험고객 (22.82%)	54세	55.7점	121,700원	177개월	175개월	2개월
다중보장성보험고객 (6.97%)	53세	66.1점	250,356원	192개월	191개월	1개월
저축연금보험고객 (4.57%)	52세	69.2점	471,511원	123개월	115개월	8개월
토탈보험고객 (7.74%)	54세	68.6점	636,786원	192개월	191개월	1개월

[그림 3-45] 보험 프로파일링

먼저 보장성보험에서 질병보험 한 개만 보유한 고객은 '질병보험고객'으로 정의했다. 다른 것은 몰라도 질병보험 하나만큼은 가입해야 하는 고객이라고 판단하여 페르소나를 정의한 것이다. 보험은 예금과 달리 평균 등급 스코어는 100점이 만점이기에 높지 않다. 또한 보험 특성상 보험료를 특정 기간 동안 지속적으로 내기도 하고 만기 이후에는 보험금 수령 등의 거래 이력이 존재하기 때문에 무거래기간이 예금고객처럼 길지 않다.

보장성보험 중 상해보험 한 개만 가입한 고객은 '상해보험고객', 사망보험 한 개만 가입한 고객은 '사망보험고객' 그리고 어린이보험 한 개만 가입한 고객은 '어린이보험고객'이라고 페르소나를 정의했다. 보장성보험 하나만 보유한 고객은 평균 월납보험료도 8~9만 원 내외이기 때문에 등급 스코어도 30~40점대로 낮게 나타났다. 생애주기별로 영향을 많이 받기 때문에 이를 고려하여 적절한 시기에 맞춤형 상품을 제공할 경우, 당장의 수익은 기대하기 어려울지 몰라도 가입할 확률이 상대적으로 높은 집단이기도 하다.

다음은 보장성보험 두 개를 보유한 고객 집단이다. 우리는 이를 '집중보장성보험고객'이라고 보았다. 본격적으로 두 개 이상의 보험을 가입함으로써 미래를 대비해야겠다는 생각을 갖고 있는 고객이기 때문이다. 전체 보험고객의 22%를 차지할 만큼

두터운 층을 보이는 집단이기에 상품 구매력이 다른 집단에 비해 높으리라 판단된다.

세 개 이상의 보장성보험을 보유하고 있는 고객층을 '다중보장성보험고객'이라고 정의했다. 관리를 철저하게 잘 하고 있는 고객층이라고 볼 수 있다. 평균 월보험료도 25만 원 가까이 되는 집단이며 저축 및 연금 보험도 추천해볼 만하다.

저축과 연금성 보험만 보유한 고객은 '저축연금보험고객'이라고 정의했다. 평균 연령대는 52세로 상대적으로 낮으며 평균 월보험료는 인당 50만 원 가까이 내고 있는 우수고객이다. 평균 등급 스코어도 가장 높기 때문에 보장성보험도 함께 추천하면서 우수고객에 걸맞은 혜택을 주면 좋을 것으로 판단했다.

마지막으로 저축연금보험과 보장성보험을 모두 갖는 고객이다. 우리는 이를 '토탈보험고객'이라고 정의했다. 평균 월납보험료는 약 63만 원으로 가장 크지만 평균 등급 스코어가 '저축연금보험고객' 그룹에 비해 약간 낮은 편에 속하는, 약간은 억울한 집단이라고 볼 수 있다. 해당 은행의 상품 전반에 관심이 있고 가장 구매력이 높은 고객층이기 때문에 특별 관리가 필요하며 모든 종류의 상품 추천이 가능한 집단이기도 하다.

3.4 결론

고객 세분화 및 프로파일링은 고객사의 고객 전반을 이해할 수 있는 과제였다. 이 과제를 위해 계정계 및 정보계에 있는 DB를 하나하나 들여다보며 필요한 데이터를 수집했고, 그렇게 수집한 데이터의 이상치 등을 전처리하면서 분석 대상을 정의하게 되었다. 그렇게 선정한 최근 5년 이내의 거래내역을 보유한 개인 고객 약 천만 명을 대상으로 EDA를 진행하면서 고객 특성을 하나씩 도출해나갔다.

3.4.1 분석 과제 요약

P사의 금융 서비스를 이용하는 고객을 분류하기 위해 가장 먼저 상품군별 고객 비율에 따라 예금고객과 보험고객으로 구분했다. 그리고 예금고객을 세분화하기 위해 상품 보유건수와 3개월평잔을 주요 활용 변수로 결정했다.

다만, 예금상품은 상품 종류가 다양하지 않을 뿐만 아니라 각 상품을 고객이 다양하게 이용해야 하는데 요구불예금에 대부분의 고객이 집중되어 있어 세분화 변수로 활용하는 데 한계가 있었다. 대신에 평잔은 0원부터 많게는 몇 십억 원까지 다양했기 때문에 고객을 구분하는 데 적절하다고 판단했다.

보험은 상품 종류가 곧 가격을 결정짓는 요인으로 작용하므로 고객의 성향과 니즈를 파악하는 데 월납보험료보다 종류가 더 적절하다고 판단했다. 이러한 의사결정의 과정을 통해 최종적으로 상품 보유건수, 3개월평잔, 상품 종류 변수가 고객 세분화를 위한 핵심 변수로 도출되었다.

고객 세분화 결과는 다시금 더 커다란 그룹으로 재편성하여 예금은 6개, 보험은 8개 그룹으로 구분했다. 각 그룹에 대한 특징을 통계 분석하면서 페르소나를 정의했고 프로파일링 결과도 제시할 수 있었다. 분석 결과 전반을 확인할 수 있도록 태블로를 활용하여 사내 빅데이터 포털에 게시했고 매월 최신화된 고객 현황을 볼 수 있도록 했다.

이를 통해 통합 고객 다차원 분석을 수행하며 P사의 주요 지표로 활용 가능한 변수들을 선정하여 현업에서 항시 모니터링할 수 있도록 다양한 정보를 제공했다. 특히 고객 분석에 활용되는 주요 변수인 고객의 성별, 연령, 상품군별 고객의 분포 등 인구통계학적 특성을 비롯하여 급여이체 여부, 체크카드 발급 유무와 같은 로열티 정보, 월별 신규 가입 고객수, 최근에 가입된 인기 상품 등 P사의 고객과 상품 정보를 확인할 수 있도록 대시보드에 포함했다.

추가적으로 P사는 취급하고 있는 상품군이 예금, 보험, 카드, 펀드로 네 가지나 되기 때문에 단일 상품만 가입한 고객과 여러 개 상품군을 보유한 고객의 거래 패턴 정보를 포함한 대시보드도 구성했다. 이러한 결과물들은 향후 상품 개발과 고객 마케팅에 활용될 것이며 기타 분석 모델을 구성하는 데 기본 자료로 활용될 것으로 기대한다.

3.4.2 한계점 및 고도화 방안 제시

고객을 세분화하는 궁극적인 이유는 단순히 인구 및 집단의 특성으로 분석하고자 함이 아니다. 더 나아가 기업의 상품과 서비스를 판매하여 기업의 이익을 극대화하기 위함이라고 봐야 할 것이다. 이런 차원에서 우리가 수행한 고객 세분화는 많은 것들이 결여되어 있다. 바로 상품에 대한 세분화와 고객 세분화와 연결 지을 수 있는 특징을 구성하는 것, 바로 이 두 가지 요소가 빠져 있다. 이를 위해 상품의 관점에서 다시 분석하는 것이 필요하다.

가령 A라고 하는 상품을 어떤 고객이 많이 가입하는지, 상품 자체의 특징이 무엇인지 정의할 수 있어야 한다. 또한 특판 및 신상품에 대해 어느 고객 집단이 반응을 보였는지에 대한 정보도 확보할 수 있어야 향후 마케팅 활동 시 효율적인 접근이 비로소 가능하다.

고객의 반응 정보는 고객과 상품을 연결 지을 수 있는 주요 정보로 활용될 수 있다. 있는 데이터를 최대한 활용하는 것도 중요하지만, 앞으로 어떤 데이터를 확보해야 하는지를 끊임없이 고민하고 현실화하는 일도 필요하다.

우수고객 및 고객 이탈 분석

4장

4.1 개요

P사에서는 기존의 우수고객을 등급별로 관리하고 있으나, 이탈고객에 대한 정의나 대상 고객을 관리할 수 있는 분석 체계가 없는 것으로 나타났다. 현재 P사 내부에는 고객정보뿐만 아니라 대면 및 비대면 채널에 접촉한 정보 그리고 예금, 보험, 펀드, 카드 등 다양한 금융 거래정보와 같은 방대한 데이터가 매일 축적되고 있다. 이에 따라 데이터 기반의 효율적인 마케팅을 수행하기 위한 기능 구현의 일환으로 고객의 기본정보나 접촉이력, 거래정보를 활용한 우수고객과 이탈고객 분석이 요구되었다.

따라서 우수고객 등급별로 어떤 특징이 나타나는지 그 특징을 분석하고 이탈고객을 정의하여 이탈고객의 특징을 도출했다. 이를 활용하면 잠재 이탈고객을 예측함으로써 이탈 방지를 위한 마케팅 활동을 할 수 있다.

4.1.1 우수고객 및 고객 이탈 분석의 배경 및 목적

금융산업의 성숙으로 인해 금융 서비스 이용 고객이 포화되고, 정보 기술을 중심으로 한 핀테크와 온라인 뱅킹의 등장으로 산업 내 과도한 경쟁이 가속화되고 있다. 더욱이 고객은 과거에 비해 다양한 정보를 간편하게 취득할 수 있으며, 그에 따른 금융 서비스의 선택폭이 넓어지고 있다. 이 과정에서 고객은 기존에 이용하던 서비스에 불만이 생기거나 제공받고 있는 서비스보다 더 큰 만족을 주는 상품 또는 서비스를 찾으려고 한다. 이처럼 이용하는 기업과의 관계를 중단하려는 이탈고객은 기업 입장에서 중대한 문제로 자리잡고 있다.

특히 기존 고객의 이탈을 방지하는 것이 신규 고객을 유치하는 것보다 경제적으로 유리하기 때문에 기존에 유치한 고객의 이탈을 방지하기 위한 노력이 필요하다. 고객 이탈 방지를 위해서는 우선 이탈고객을 정의해야 한다. 여기서 중요한 것은 이미 이탈한 고객을 찾는 것이 아니라 이탈 가능성이 높은 고객을 찾는 것이다. 우리는 이들을 잠재 이탈고객이라 부르며, 이들의 특성을 파악하고 잠재 이탈고객의 이탈을 방지하기 위한 활동을 해야 한다.

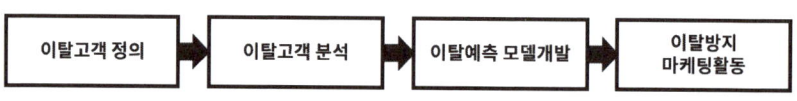

[그림 4-1] 고객 이탈 방지 프로세스

4.1.2 산업별 적용 사례

산업의 성숙도가 높아짐에 따라 시장 경쟁은 치열해졌다. 기업이 신규 고객을 유치하기 위해 사용해야 하는 비용은 과거에 비해 더 많아졌을 뿐만 아니라 기존에 유치된 고객을 유지하는 비용이 더 많이 들기 때문에 고객 이탈의 정의와 이탈 방지 활동의 수행이 대단히 중요해지고 있다. 이에 따라 고객 이탈에 관한 연구는 금융산업, 이동통신산업, 게임산업 등에서 다양하고 활발하게 진행되었으나 대부분 머신러닝을 이용한 예측 모형 개발에 초점을 두고 있다.

구분	사례	주안점
금융산업	증권 금융상품 거래 고객의 이탈 예측 및 원인 추론	설명가능 인공지능(eXplainable AI, XAI)을 활용해 이탈 예측에 미치는 영향을 독립변수로 선정하여 이탈 원인 추론
	이란 금융 분야의 고객 이탈 예측	파사르가다에 은행의 트랜잭션 데이터와 시계열 데이터를 예측하는 Bi-LSTM 알고리즘을 활용하여 이탈 예측 제안

구분	사례	주안점
이동통신업	이동통신 가입 해지 고객 예측 모델 비교	3G, 5G, LTE 가입 고객의 이탈 예측 정확도를 비교하는 연구를 진행하여, 이동통신 세대별 이탈고객 예측에 사용된 모델이 상이한 것으로 확인
	SNS 분석 기반 이동통신 잠재 고객 이탈 연구	고객 간 통화 관계 여부에 따른 이탈 유형이 다르며, 이를 고려한 마케팅을 수행할 경우 이탈 방지 효과가 높을 것으로 기대
게임산업	SNS 분석 기반 고객 이탈 추이 감지 및 시기별 이탈 요인 경향성 파악	네트워크 효과 개념을 도입하여 SNS 내 특정 온라인 게임에 관한 부정적 의견 증감에 따른 고객 이탈 경향성 추론
	시퀀스 데이터 기반 모바일 게임 사용자 분석 및 이탈 예측	사용자의 시퀀스 데이터를 이탈변수로 반영하여 이탈 예측 성능 향상
	온라인 게임 사용자의 이탈 예측 및 이탈 사유 분석	사용자의 소속 길드와 소셜 활동 성향이 게임 참여도 및 흥미에 영향을 줄 수 있으므로, 이를 반영하여 이탈 예측 성능 향상

[표 4-1] 이탈 분석에 관한 연구

4.1.3 모델 개발 시 고려사항

다만, 이러한 연구 대부분이 예측 모델의 성능 향상에 집중되어 있다. 특히 현장에서 적용하는 입장에서 머신러닝을 활용한 모델을 적용하기가 쉽지 않다. 이탈할 고객을 대상으로 이탈 방지 캠페인을 수행하는 담당자는 빅데이터에 대한 이해도가 없을 뿐만 아니라 있다고 하더라도 데이터 분석가들의 수준과 동일할 수는 없다. 따라서 이탈 예측 모델에 적용하는 알고리즘의 블랙박스 영역을 비전공자인 현업 담당자에게 이해시키고 이를 바탕으로 타깃 고객에게 이탈 방지 캠페인 및 마케팅을 수행하는 데 한계가 있다.

뿐만 아니라 다른 이탈 예측 사례에서는 특성에 따라 고객을 분류하는 것이 아니라 하나의 전체 집단을 구성하여 이탈 예측 모형을 적용하고 있다. [그림 4-2]를 보면 2021년 12월 기준으로 4대 시중은행의 가입 고객은 2000만 명 이상이었으며, 인터넷 전문은행 역시 2500만 명 이상이 가입한 것을 알 수 있다.

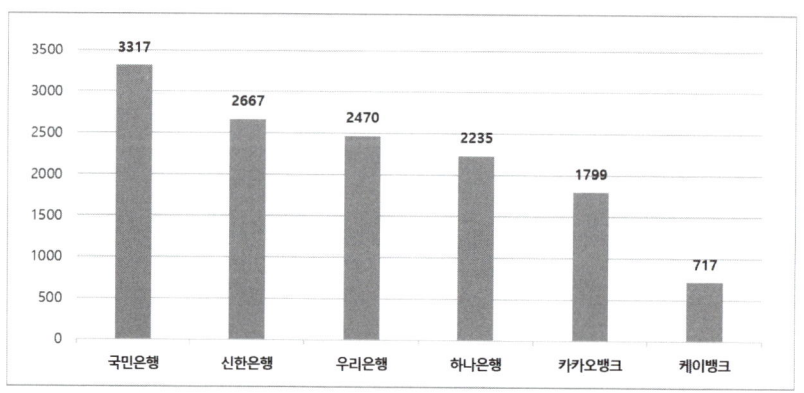

[그림 4-2] 은행별 가입 고객수

실제 운영 중인 서비스를 이용하는 고객이 굉장히 많고 이들은 다양한 특성을 갖는다. 다양한 특성이 혼재된 상태에서 집단 분류 없이 캠페인을 수행할 경우, 타깃 고객에 대한 이탈 방지 성공률은 낮을 것이다. 따라서 예금 이탈고객을 분류하는 데 있어서 고객 세분화에서 사용하는 전통적인 방식으로 이탈에 영향을 미치는 주요 변수를 선정하고, 이를 활용하여 그리드 방식을 이탈 모형으로 선정했다. 보험 이탈에서는 명확하게 해지라는 이탈 조건이 존재한다. 따라서 해지한 고객의 특성을 살펴보았다.

4.2 탐색적 데이터 분석

4.2.1 분석 모형

[그림 4-3]은 이탈고객을 분석하기 위한 모형으로 분석 과정에서 계속 고도화를 진행했다. 특히 분석하는 과정 동안에 시스템이 신규로 개발되거나 부분 개발이 되는 경우에는 데이터를 확보하더라도 일부 샘플 데이터만 확인할 수 있다. 경우에 따라서는 신규 개발이 종료될 때까지 데이터를 확보할 수 없는 경우도 발생하여 분석 모형을 변경하는 상황이 발생하기도 한다. 그런 과정에서 설계한 분석 모형은 데이터 수집 및 전처리, 데이터 탐색 및 인사이트 발견, 분석 모델 구현, 결과 활용 및 시각화로 구성되었다.

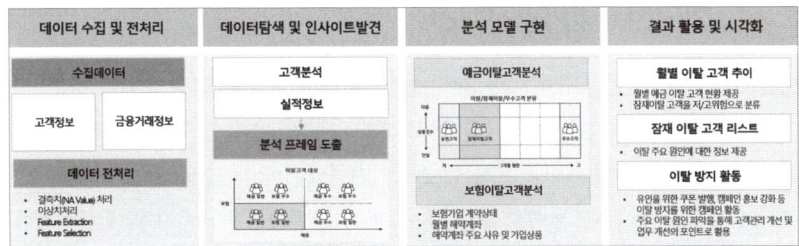

[그림 4-3] 이탈고객 분석 모형

데이터 수집 및 처리 단계에서는 고객이 접촉한 다양한 채널에서 발생한 금융 거래 정보, 고객을 식별할 수 있는 기본정보, 고객을 이해하는 데 필요한 추가정보, 고객을 관리하기 위한 분석정보 등의 데이터를 수집한다.

금융회사의 기간계(legacy system) 중 업무를 보조하기 위해 생성된 정보일 경우, 동일한 정보가 다른 테이블에 생성되어 있기도 하다. 이 과정에서 특정 칼럼의 값에 결측치가 생기기도 하고, 이상치도 대거 관측할 수 있다. 이는 데이터 탐색 단계에서 대체할 수 있는 새로운 데이터를 발굴하거나 분석 활용에서 제거하여 사용하기도 한다.

데이터 탐색 단계에서는 고객들의 특성을 파악하고 이탈 분석 대상을 선정하기 위한 분석 프레임워크를 도출한다. P사 특성상 예금과 보험의 우수고객 관리를 별도로 한다. 그렇기 때문에 예금에서 우수등급을 보유한 고객, 보험에서 우수등급을 보유한 고객, 예금과 보험 모두에서 우수등급을 보유한 고객, 예금과 보험 모두에서 우수등급이 없는 일반 고객이 있다. 우수고객은 잘 관리하기 때문에, 우리가 주목한 부분은 바로 우수등급이 없는 일반고객이다.

분석 모델 구현 단계에서는 데이터 탐색 단계에서 찾아낸 인사이트를 바탕으로 이탈 가능성이 있는 고객을 분류하고, 활용 및 시각화에서 사용하기 위한 데이터 셋을 구성하기 위한 프로그램을 생성한다.

결과 활용 및 시각화에서는 매달 분석된 결과를 대시보드로 구현하여, 월별 변화 현황과 당월 이탈 현황을 파악할 수 있도록 구성했다. 또한 분석 결과를 사용하여 마케팅에서 고객 관리 및 업무 개선에 활용할 수 있는 인사이트를 제공했다.

4.2.2 데이터 수집 및 전처리

이탈 세그먼트 도출 및 잠재 이탈고객 예측을 위해 고객정보, 고객 로열티 정보, 과거 실적, 현재 실적에 관한 데이터를 찾아보았다. 대상 테이블을 수집하기 위해 메타 정보 시스템에 등록된 테이블 목록 중에서 거래내역이 담긴 원장 테이블과 특정 기준으로 집계한 테이블로 분류할 수 있다. 고객 개인의 특성을 파악하는 데 활용해야 하기 때문에 [표 4-2]와 같이 고객번호를 기준으로 집계한 테이블을 선별해야 한다.

기준연월	고객번호	상품구분	주거래상품	거래건수	거래금액
202207	000000001	예금	보통예금	1	2,019,210
202207	000000001	보험	질병	1	39,500
202207	000000002	예금	저축예금	2	611,600
202207	000000002	보험	어린이보험	1	27,000
202207	000000003	예금	MMDA	1	10,000,000
202207	000000003	보험	적격	1	25,000
202207	000000004	카드	MASTER카드	45	2,232,950
202207	000000004	보험	비적격	1	27,000
202207	000000005	카드	UnionPay	1	600,000
202207	000000005	보험	교육보험	1	30,000
202207	000000006	카드	국내 전용	5	307,500
202207	000000007	보험	저축성보험	1	1,000,000
202207	000000008	보험	상해	1	23,200

[표 4-2] 주거래상품 집계 테이블

선별된 테이블 중에서 이탈 세그먼트 도출 및 잠재 이탈고객 예측에 활용하기 위한 고객정보와 로열티 정보 그리고 실적이 담긴 테이블을 찾은 결과 [표 4-3]과 같았다. 금융사 내부에는 금융 서비스를 운영하는 과정에서 다양한 영역에 더 많은 데이터들이 조각조각 흩어져 있다.

따라서 필요한 데이터를 발굴하는 과정과 조각난 데이터를 하나의 분석 데이터 셋으로 구성하는 과정에서 오랜 시간이 소요된다. 다만, 오랜 기간 데이터를 축적하고 금융사의 가치사슬 전반에 걸쳐 활용해왔으므로 필요한 데이터를 일부 집계하여 통합 관리해온 테이블이 존재할 수 있다. 이와 함께 이탈의 특징을 추출할 수 있는 다양한 변수를 활용하여 이탈고객 분석을 진행한다.

구분	테이블명	설명
등급정보	고객등급 정보	고객별 우수등급 정보를 집계
고객정보	고객예금 계좌정보	고객별 예금계좌 현황을 집계
계좌정보	고객보험 계좌정보	고객별 보험계좌 현황을 집계
	고객예금 잔액정보	고객별 예금잔액 현황을 집계
	고객보험료 정보	고객별 보험 계약금 현황을 집계
거래정보	거래현황 정보	고객별 거래현황을 집계
고객정보	고객 기본정보	당사 금융 거래가 있었던 모든 고객

[표 4-3] 활용 테이블

1. 고객등급 정보

고객등급 정보에는 기준일에 따라 집계된 예금등급, 보험등급, 그리고 바로 이전에 해당했던 등급 정보가 있다. 예금등급은 매월 최신화하지만 보험등급은 매년 한 번씩 최신화한다.

칼럼명	설명	비고
기준연월	집계된 기준일자	PK
고객번호	금융사 내 고객을 식별하는 고유번호	PK
고객 구분코드	개인 고객과 단체 고객으로 구분	
예금고객 등급	예금을 이용하는 고객의 우수등급	
보험고객 등급	보험을 이용하는 고객의 우수등급	
이전 예금고객 등급	예금을 이용하는 고객의 전월 우수등급	
이전 보험고객 등급	보험을 이용하는 고객의 전월 우수등급	

[표 4-4] 고객등급 정보 테이블

2. 고객예금 계좌정보

고객예금 계좌정보에는 예금을 보유한 고객의 특징을 파악할 수 있는 예금계좌 정보가 있다. 자세하게 살펴보면 예금상품 종류에 따라 요구불예금과 저축성예금의 계좌를 얼마나 보유했는지 확인할 수 있다.

칼럼명	설명	비고
기준연월	집계된 기준일자	PK
고객번호	금융사 내 고객을 식별하는 고유번호	PK
고객 구분코드	개인 고객과 단체 고객으로 구분	
예금 총계좌건수	예금상품 가입건수	
요구불예금 총계좌건수	요구불예금상품 가입건수	
저축성예금 총계좌건수	저축성예금상품 가입건수	
예금유지 계좌건수	현재 유지하고 있는 예금건수	
예금만기도래 계좌건수	현재 유지하고 있는 예금상품 중 만기에 도래할 예정인 예금의 계좌건수	
이전 보험고객 등급	보험을 이용하는 고객의 전월 우수등급	

[표 4-5] 고객예금 계좌정보 테이블

3. 고객보험 계좌정보

고객보험 계좌정보에는 보험을 보유한 고객의 특징을 파악할 수 있는 보험계좌 정보가 있다. 자세하게 살펴보면, 보험상품 종류에 따라 보장성보험 계약수와 연금보험 계약수를 확인할 수 있다.

칼럼명	설명	비고
기준연월	집계된 기준일자	PK
고객번호	금융사 내 고객을 식별하는 고유번호	PK
고객 구분코드	개인 고객과 단체 고객으로 구분	
보험 계약건수	보험상품 계약건수	
보장성보험 계약건수	보장성 보험상품 계약건수	
연금보험 계약건수	연금 보험상품 계약건수	
보험유지 계약건수	현재 유지하고 있는 보험건수	
보험만기도래 계약건수	현재 유지하고 있는 보험상품 중 만기에 도래할 예정인 보험 계약건수	

[표 4-6] 고객보험 계좌정보 테이블

4. 고객예금 잔액정보

고객예금 잔액정보에는 예금상품의 잔액이 담겨 있으며, 요구불예금과 저축성예금으로 나누어 관리되는 테이블이다.

칼럼명	설명	비고
기준연월	집계된 기준일자	PK
고객번호	금융사 내 고객을 식별하는 고유번호	PK
고객 구분코드	개인 고객과 단체 고객으로 구분	
총예금잔액	예금상품에 담긴 잔액의 합	
요구불예금 3개월평잔	요구불 예금상품 3개월평잔의 합	
저축성예금 3개월평잔	저축성 예금상품 3개월평잔의 합	

[표 4-7] 고객예금 잔액정보 테이블

5. 고객 보험료 정보

고객 보험료 정보에는 보험상품의 보험료와 계약금액에 대한 정보가 담겨 있으며, 보장성보험과 연금보험으로 나누어 관리된다.

칼럼명	설명	비고
기준연월	집계된 기준일자	PK
고객번호	금융사 내 고객을 식별하는 고유번호	PK
고객 구분코드	개인 고객과 단체 고객으로 구분	
월납보험료	월별로 납입한 보험료	
보험주계약 금액	보험의 주계약에 해당하는 금액	
기납입 보험료	현재까지 납입한 보험료	
보장성보험 월납보험료	월별로 납입한 보장성보험료	
보장성보험 보험주계약 금액	보장성보험의 주계약 금액	
보장성보험 기납입 보험료	현재까지 납입한 보장성보험료	
연금보험 월납보험료	월별로 납입한 연금보험료	
연금보험 보험주계약 금액	연금보험의 주계약 금액	
연금보험 기납입 보험료	현재까지 납입한 연금보험료	

[표 4-8] 고객 보험료 정보 테이블

6. 거래현황 정보

거래현황 정보는 예금상품을 거래하는 과정에서 발생한 접촉 채널별 접촉이력과 무거래개월을 관리하는 테이블이다.

칼럼명	설명	비고
기준연월	집계된 기준일자	PK
고객번호	금융사 내 고객을 식별하는 고유번호	PK
고객 구분코드	개인 고객과 단체 고객으로 구분	
자동이체 거래건수	자동이체 건수	
자동화기기 이용건수	자동화기기 이용건수	
인터넷뱅킹 이용건수	인터넷뱅킹 이용건수	
모바일뱅킹 이용건수	모바일뱅킹 이용건수	
예금 총거래기간 개월수	최초 예금 가입 이후 거래기간	
예금 실제거래기간 개월수	예금상품 최종거래일까지의 거래기간	
예금 무거래기간 개월수	예금상품 최종거래일 이후 기준일까지의 기간	

[표 4-9] 거래현황 정보 테이블

7. 고객 기본정보

분석 대상이 되는 고객을 기준으로 전체 분석이 진행되므로, 통합 고객정보 테이블에서 5년 이내 거래내역이 있는 고객을 판단하는 과정이 가장 우선시되었다.

칼럼명	설명	비고
고객번호	금융사 내 고객을 식별하는 고유번호	PK
고객연령	고객의 현재 연령	PK
성별코드	고객의 성별	
고객 구분코드	개인 고객과 단체 고객으로 구분	
최종 거래일자	금융상품을 최종으로 거래한 일자	

[표 4-10] 고객 기본정보 테이블

4.2.3 데이터 탐색 및 인사이트 발견

2017년 5월 1일부터 2022년 4월 30일까지 거래내역이 있는 고객 중 일부를 임의로 추출하여 580,299명의 금융 거래정보를 수집했다. [그림 4-4]를 살펴보면, 분석 대상 고객 중 40대에서 60대 사이의 고객이 주로 방문하는 것으로 나타났다. 또한, 남성 고객보다 여성 고객의 수가 더 많은 것으로 나타났다.

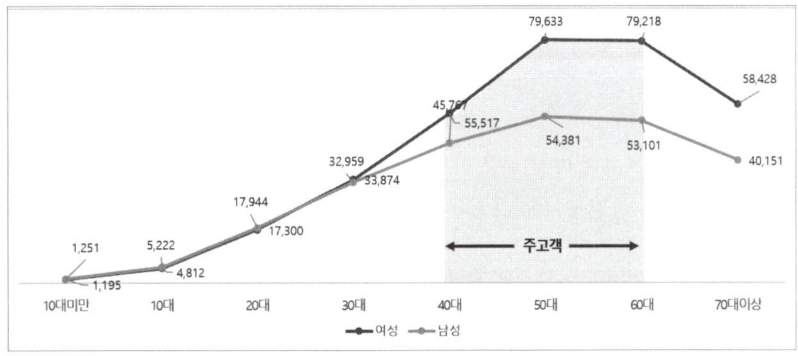

[그림 4-4] 성별 및 연령대별 이용 고객 현황

주로 방문하는 고객인 40대부터 60대 고객을 '주고객'이라고 정의하고 설명하겠다. 주고객의 수는 367,617명으로 전체 고객 580,753명 중 약 61.2%를 차지한다. [표 4-11]은 고객 분류에 따른 예금 이용 실적을 나타낸다.

주고객이 예금을 더 많이 예치할 것으로 생각했으나 실제로 일반고객 평균보다 주고객 평균이 더 낮았다. 저축성예금도 주고객보다 일반고객이 평균적으로 더 많이 보유한 것으로 나타났다. 예금잔액이나 3개월평잔 역시 주고객보다 일반고객의 평균이 더 높았다.

고객구분	예금가입수	저축성예금 가입수	요구불예금 가입수	총 예금잔액	3개월평잔
주고객	3.9건	2.3건	1.7건	4,905,244원	4,885,360원
일반고객	5.4건	4.0건	1.4건	5,171,941원	5,154,737원

[표 4-11] 고객 분류에 따른 예금 이용 실적

다만, 이러한 현상은 예금에서만 나타난 것으로 보인다. [표 4-12]는 고객 분류에 따른 보험 이용 실적으로, 주고객이 일반고객보다 더 많은 상품을 가입하며 더 많은 보험료를 납부한다. 기본계약상품 역시 주고객이 일반고객보다 더 많은 것으로 나타났다.

고객구분	보험가입수	보장성보험 가입수	저축성보험 가입수	월납보험료	주계약금액
주고객	2.9건	2.5건	0.4건	83,589원	17,815,508원
일반고객	1.3건	1.1건	0.2건	41,356원	8,156,455원

[표 4-12] 고객 분류에 따른 보험 이용 실적

[표 4-13]은 고객 분류에 따른 채널 이용 실적이다. 주고객은 다양한 채널에 접촉하여 일반고객에 비해 더 활발하게 더 많이 이용하는 것으로 나타났다.

고객구분	인터넷뱅킹	폰뱅킹	자동이체	자동화기기	전자금융
주고객	0.5건	0.4건	0.4건	0.7건	13.1건
일반고객	0.3건	0.2건	0.3건	0.5건	7.8건

[표 4-13] 고객 분류에 따른 채널 이용 실적

주고객이 전체 고객 중에서 큰 비중을 차지하는 것은 맞으나 이탈 분석의 대상으로 선정하기에는 한계가 있다. 예금 이용 실적에서는 주고객이 일반고객보다 더 낮게 나타났으며, 보험 이용 실적에서는 주고객이 일반고객보다 더 높게 나타났기 때문에 새로운 분석 프레임워크가 필요하다. 따라서 실적을 기반으로 한 우수고객 등급을 활용했다.

우수고객 정책은 고객의 거래 실적을 종합하여 등급을 선정하고 등급별로 각종 우대 서비스를 제공하는 것이다. 이는 고객의 만족도 향상에 따른 충성도 제고와 우수고객 데이터를 활용한 마케팅 전략 수립을 목적으로 한다. 이렇듯 우수고객을 선정하고 관리하는 데 힘쓰고 있다. 특히 상위등급을 유지하거나 상승을 유도할 수 있도록 등급별로 차별화된 서비스를 제공하고 있다.

P사에서는 독특한 방식으로 우수고객을 관리한다. 예금과 보험을 동시에 서비스하며 이들을 관리하기 위해 '예금 우수고객'과 '보험 우수고객'으로 나누어 관리하고 있

다. 예금 우수등급은 매달마다 등급을 산정하며 6개월 동안 로열티 서비스를 제공하고 보험 우수등급은 매년마다 등급을 산정하고 1년 동안 로열티 서비스를 제공한다.

[그림 4-5]는 예금 우수등급 현황이다. 예금 우수등급은 크게 1등급부터 4등급으로 나뉘고 나머지는 등급이 없는 '일반등급' 또는 '기타'로 분류된다. 예금상품을 보유하지 않은 경우에 '기타' 등급을 받는다. 예금 우수등급이 1등급인 고객은 전체 고객 중 0.08%, 2등급인 고객은 전체 고객 중 1.00%로 나타났다. 뿐만 아니라 예금에서 우수등급을 보유한 고객(1등급부터 4등급까지)은 전체 고객 중 7.27%에 해당하는 것으로 나타났다. 반면 우수등급이 없는 고객이 전체 고객 중 92.73%에 해당하는 것으로 나타났다.

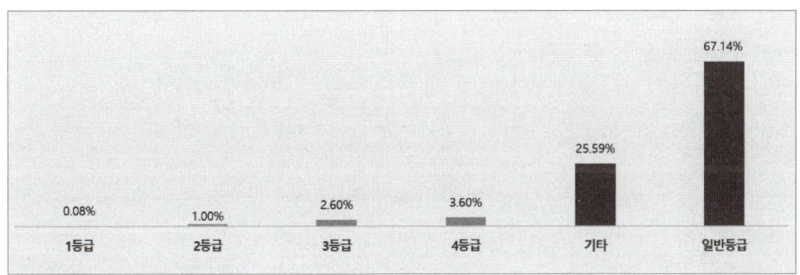

[그림 4-5] 예금 우수등급 현황

[그림 4-6]은 보험 우수등급 현황이다. 보험 우수등급은 크게 1등급부터 3등급까지 나누어지고 나머지 등급이 없는 '일반등급'과 '기타'가 있다. 보험상품을 보유하지 않은 경우에 '기타' 등급을 받는 것으로 나타났다. 보험 우수등급이 1등급인 고객은 전체 고객 중 0.01%, 2등급인 고객은 전체 고객 중 0.04%에 해당하는 것으로 나타났다. 보험에서 우수등급을 보유한 고객(1등급부터 3등급까지)은 전체 고객 중 0.46%에 해당하며 우수등급이 없는 고객이 전체 고객 중 99.54%를 차지한다.

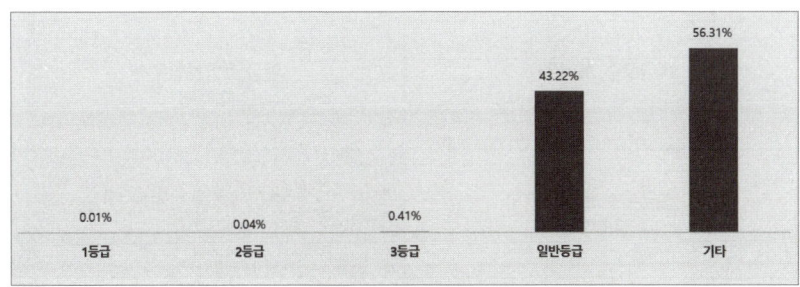

[그림 4-6] 보험 우수등급 현황

[그림 4-5]와 [그림 4-6]을 살펴본 바와 같이, 대부분의 고객들은 우수등급이 없는 일반 고객인 것으로 나타났다. 우수고객 정책 역시 우수등급을 보유한 고객을 관리한다는 점에서 일반고객을 대상으로 이탈에 대한 정의를 고민할 필요가 있다. 예금등급과 보험등급이 존재하는 고객이 어떻게 구성되어 있는지 확인해봐야 한다.

[그림 4-7]은 예금등급과 보험등급을 이용하여 우수고객이 어떻게 분포하는지 확인해 보기 위한 시각화이다. 예금과 보험 모두가 1등급인 고객은 전체 580,299명 중에서 단 2명이며, 예금등급과 보험등급에서 우수등급을 보유한 고객 역시 전체 고객 중 753명만 있는 것으로 나타났다. 예금과 보험이 모두 '일반등급'이거나 '기타'인 고객은 536,159명인데, 이는 전체 고객의 92.3%로 100명 중 92명은 우수고객이 아닌 일반고객이란 것을 알 수 있다.

보험 \ 예금	1등급	2등급	3등급	4등급	일반등급	기타
1등급	2명	6명	8명	2명	28명	9명
2등급	5명	31명	24명	20명	126명	20명
3등급	21명	154명	267명	213명	1,290명	458명
일반등급	142명	2,143명	5,388명	7,279명	130,042명	105,826명
기타	269명	3,467명	9,372명	13,396명	258,103명	42,188명

[그림 4-7] 예금/보험 등급별 고객 현황

이러한 우수등급의 패턴은 [그림 4-8]과 같이 크게 네 가지로 분류할 수 있다. 먼저 예금과 보험에서 모두 우수등급이 있는 '예금 우수, 보험 우수' 고객이다. 이들은 전체 고객 중에서 0.13%로 극소수의 인원이며 가장 높을 로열티를 제공받는다. 예금과 보험 가입수가 가장 많으며 예금의 3개월평잔이 가장 많고 월납보험료 역시 가장 많이 지불하고 있다.

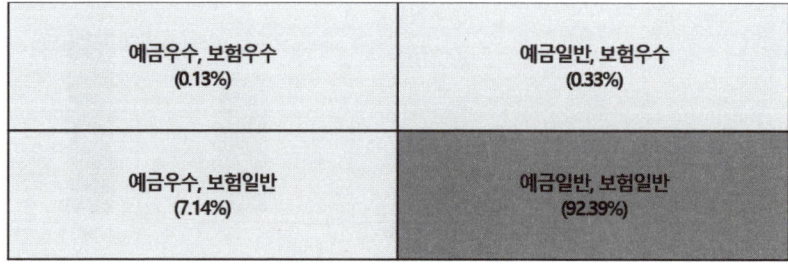

[그림 4-8] 이탈 분석 대상

다음으로, 보험에서 우수등급이 있는데 예금에서는 우수등급이 없는 '예금 일반, 보험 우수' 고객이다. 이들은 전체 고객 중에서 0.33%로 둘째로 인원이 적으며, 보험에서만 로열티를 제공받는다. 보험에서만 우수고객이기 때문에 보험 가입건수는 '예금 우수, 보험 우수' 고객에 이어 가장 많이 가입했다. 다만, 예금과 관련된 실적인 예금 가입건수와 3개월평잔은 낮은 것으로 나타났다.

다음으로, 예금에서 우수등급이 있는데 보험에서는 우수등급이 없는 '예금 우수, 보험 일반' 고객이다. 이들은 전체 고객 중에서 7.14%로 '예금 우수, 보험 우수' 고객이나 '예금 일반, 보험 우수' 고객에 비해 많은 것으로 나타났으며, 예금에서만 로열티를 제공받는다. 예금에서만 우수고객이기 때문에 예금 가입건수는 '예금 우수, 보험 우수' 고객에 이어 많은 것으로 나타났다. 다만, 보험과 관련된 실적인 보험 가입건수나 월납보험료는 낮은 것으로 나타났다.

마지막으로, 예금과 보험에서 모두 우수등급이 없는 '예금 일반, 보험 일반' 고객이다. 전체 고객 중에서 92.39%로 실제 고객의 대다수가 이 등급에 해당된다. 어느 금융 서비스에서든 우수등급이 없는 고객이기 때문에 네 집단 중에서 가장 실적이 낮은 것으로 나타났다. 특히 '예금 일반, 보험 우수' 고객의 예금 실적보다 '예금 일반, 보험 일반' 고객의 예금 실적이 더 낮은 것으로 나타났다. 또한 '예금 우수, 보험 일반' 고객의 보험 실적보다 '예금 일반, 보험 일반' 고객의 보험 실적이 더 낮은 것으로 나타났다.

우리는 이미 우수고객제도를 통해 관리되는 '예금 우수 또는 보험 우수' 고객을 제외하고 전체의 92.39%를 차지하는 '예금 일반, 보험 일반' 고객을 세분화하여 이탈고객을 정의하고 이를 기초로 잠재 이탈고객을 정의하고자 한다. 이를 바탕으로 '예금 일반, 보험 일반' 고객 중 우수고객에 상응하는 실적을 보유한 고객이 얼마나 존재하며, 이탈한 고객이 얼마나 존재하는지 상세하게 파악하고자 한다.

금융 서비스를 이용하는 고객의 대다수는 우수등급이 없는 일반고객이다. 이러한 고객의 특성을 파악하고 이탈 가능성이 높은 잠재 이탈고객을 정의하여 추적 관리를 해야 한다. 잠재 이탈고객의 이탈을 사전에 방지하기 위해 캠페인 활동을 수행하는 데 기초 데이터로 활용이 가능하다. 따라서 '예금 일반, 보험 일반' 고객을 대상으로 이탈 징조가 나타나는 고객을 찾아보고자 한다.

현재 구성된 데이터 셋은 예금과 보험을 거래하는 과정에서 발생하는 데이터이기 때문에 한쪽의 금융 서비스만을 이용하는 경우에는 다른 한쪽의 금융 서비스에서 데이터가 발생하지 않는다. 때문에 예금과 보험을 분리해서 이탈고객을 분석할 필요가 있다. 예금 이탈의 경우에는 이탈에 대한 정의가 명확하지 않다.

따라서 이탈 정의를 선정하고 이를 기준으로 이탈 위험이 높은 고위험 잠재 이탈고객과 이탈 위험이 다소 낮은 저위험 잠재 이탈고객으로 분류하여 고객 관리를 해야 한다. 다만, 보험 이탈의 경우 이탈에 대한 정의가 명확하기 때문에 보험 계약건에 대한 통계 분석을 통해 보험 이탈을 모니터링할 수 있는 화면을 구성했다.

■ 예금 이탈

이탈 분석의 대상인 예금 일반고객과 보험 일반고객을 대상으로 고객 세분화에서 활용했던 3개월평잔 구간화를 적용하고, 이들의 무거래기간과 저축성예금 보유 여부에 따른 잠재 이탈을 구분했다.

'**3장 통합 고객 다차원 분석 및 고객 세분화**'에서 예금고객을 세분화하는 과정에 대해 설명했다. [그림 4-9]와 같이 현재 보유한 예금상품의 3개월평잔을 바탕으로 고객을 구간화한 것을 활용했다. 0은 3개월평잔이 0원인 고객(휴면고객)이며 1은 3개월평잔이 1원에서 10만 원 미만인 고객(고위험고객)이다. 2는 10만 원에서 160만 원 미만인 고객(저위험고객)이고 3은 3개월평잔이 160만 원에서 1200만 원 미만인 고객(집중저축고객)이다. 그리고 4는 3개월평잔이 1200만 원에서 1억 2천만 원인 고객(분산저축고객)이고, 마지막으로 5는 1억 2천만 원 이상인 고객(부유한고객)이다.

예금 이탈 분석을 진행할 때 3개월평잔을 여섯 개 구간으로 나누는 과정에서 3개월평잔이 0보다 더 작은 고객이 있었다. 이 고객은 대월계좌[22]를 보유한 고객으로, 자신이 보유한 상품을 담보로 대출한 경우 발생한다. 따라서 해당 고객 0.1%는 이탈 분석에서 제외했다.

---

22. 당좌예금의 거래자가 일정한 기간과 금액 한도 내에서 당좌예금의 잔액 이상으로 수표를 발행했을 때 은행이 지급하는 것을 의미하며, 마이너스 계좌가 있다.

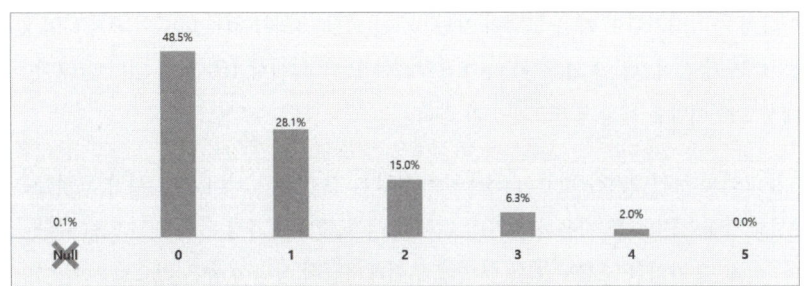

[그림 4-9] 고객 세분화 결과

3개월평잔을 기준으로 여섯 개 구간으로 나누어 고객을 분류하고 해당 집단들의 거래 특성이나 현재 유지되는 상품이 존재하는지 확인했다. 먼저, 예금총건수는 해당 고객이 첫 거래를 한 이후 지금까지 가입했던 모든 예금건수이다.

예금총건수는 예금상품 종류에 따라 요구불예금과 저축성예금으로 나뉜다. 3개월평잔이 높은 집단일수록 예금총건수가 많은 것을 알 수 있다. 또한, 3개월평잔이 높을수록 저축성예금 계좌건수와 요구불예금 계좌건수도 동일하게 많아지는 것을 알 수 있다.

고객구분	예금총건수	요구불예금 총건수	저축성예금 총건수	유지계좌수	총거래기간	무거래기간
0	1.97	0.81	1.16	0.18	110개월	63 개월
1	3.60	2.02	1.57	1.34	228개월	52 개월
2	4.52	2.18	2.34	1.44	234 개월	6 개월
3	7.05	2.06	4.99	1.58	230 개월	3 개월
4	17.82	1.60	16.22	2.07	223 개월	5 개월
5	52.33	4.07	48.26	5.26	291 개월	4 개월

[표 4-14] 고객 집단별 예금 이용 현황

3개월평잔이 0인 고객은 현재 유지되는 계좌수가 0에 가깝다. 이는 전체 예금 서비스를 이용했던 기간도 짧으며 거래하지 않은 기간이 상당히 긴 것으로 나타났기 때문이다. 즉, 예금 서비스를 거래하지 않은 기간이 길수록 이탈 가능성이 높을 것으로 판단했다.

따라서 무거래기간이 짧은 고객이 아닌 6개월 이상 거래가 없는 고객이 포함되어 있는 3개월평잔이 0원인 고객부터 3개월평잔이 10만 원에서 160만 원 미만인 고객을 대상으로 이탈을 새롭게 정의하고자 한다.

0원 고객의 무거래기간 평균이 63개월로 상당히 긴 것으로 나타났다. 해당 고객들은 P사의 금융 서비스를 이용한 기간이 전체 고객들 중에서 가장 짧은 집단으로 나타났다. 이제 막 가입한 고객도 있는 반면에 무거래기간이 상당히 높은 것으로 보아 이미 이탈한 고객도 상당수 있을 것으로 판단된다.

또한, 3개월평잔이 1원에서 10만 원 미만인 고객 역시 무거래기간 평균이 52개월로 3개월평잔이 0원인 고객인 만큼 상당히 긴 것으로 나타났다. 다만, 이 고객은 P사의 금융 서비스를 이용한 기간이 3개월평잔이 0원인 고객에 비해 2배 이상 긴 것으로 나타났다. 이를 보아 해당 집단의 고객 대다수도 이탈했을 가능성이 높다고 판단된다.

3개월평잔이 10만 원에서 160만 원 사이인 고객은 앞에서 살펴봤던 10만 원 미만 고객과 달리 무거래기간이 상당히 짧은 것을 알 수 있다. 이를 보아 이탈 가능성은 두 집단에 비해 낮을 것으로 판단된다.

고객 집단별 예금 이용 현황을 바탕으로 이탈 대상을 일차로 분류한 결과 총 491,528명이다. [그림 4-10]을 살펴보면, 무거래기간이 60개월이 넘지 않는 고객이 378,892명인 것으로 나타났다.

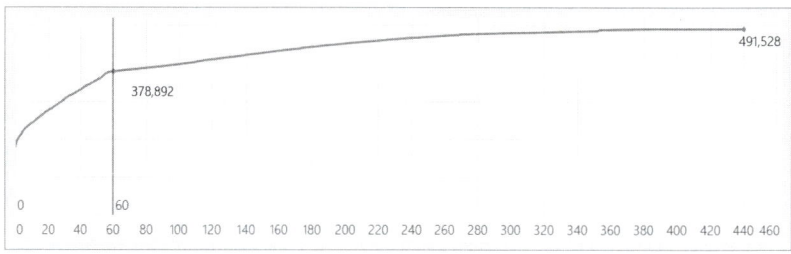

[그림 4-10] 무거래개월수에 따른 고객수

1차로 선별한 고객 중에서 P사에서 판매하고 있는 저축성예금의 예치기간을 고려하여 한 번 더 고객을 분류했다. 다만, P사에서 판매하는 저축성예금을 살펴보면 목돈을 한 번에 예치하여 만기 시 원금과 이자를 받는 거치식예금의 예치기간이 36개월이다. 즉, 목돈을 예치한 고객은 최대 36개월 동안 금융 거래가 없을 수 있기 때문에 무거래개월수가 36개월을 초과하는 대상을 휴면고객으로 정의했다.

[그림 4-11]을 살펴보면, 무거래개월수가 36개월 이내인 고객이더라도 상품을 전혀 보유하지 않은 고객은 전체 고객 중에서 44.36%인 것을 알 수 있다. 이들 역시 무거래기간과 관계없이 예금상품을 보유하지 않기 때문에 휴면고객으로 정의했다.

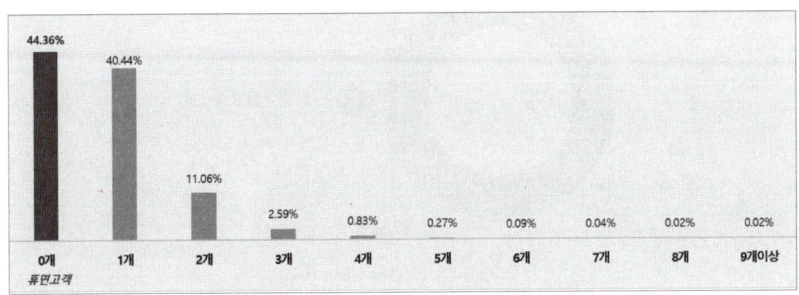

[그림 4-11] 36개월 이내 거래한 고객의 유지계좌수

다만, 36개월 이내에 거래내역이 존재하는 고객 중 상품을 보유한 고객은 조금 더 분류해야 한다. 무거래기간이 36개월 이내이더라도 해당 고객이 저축성예금을 보유할 경우 충분히 다시 활동할 가능성이 있기 때문에 저축성예금의 보유 여부를 판단할 필요가 있다.

반면에 36개월 이내에 거래를 하고 있지 않으며, 저축성예금 상품을 보유하지 않은 경우에는 이탈 가능성이 높을 것으로 판단했다. 따라서 저축성예금 상품을 보유하지 않은 고객 가운데 12개월 이내에 거래가 있는 사람은 '일반 이용 고객'이라고 했으며, 12개월을 초과해서 24개월까지 거래가 없는 고객은 '저위험 잠재 이탈'로 정의했다. 또한 24개월을 초과하는 고객은 '고위험 잠재 이탈'로 정의했다.

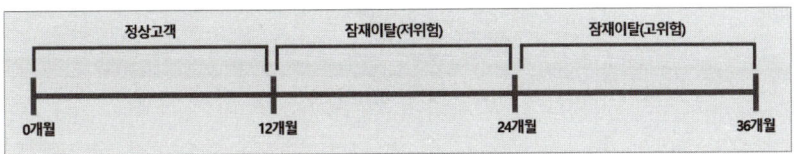

[그림 4-12] 무거래기간별 잠재 이탈 정의

[그림 4-13]은 36개월 이내에 거래가 있었던 고객 중에서 유지되는 계좌를 보유한 고객이다. 저축성예금을 보유한 고객은 36개월 이내에 거래가 있던 고객 중에서 2.48%인 것으로 나타났다. 반면, 우리가 잠재 이탈 대상으로 선정할 고객은 97.52% 이다.

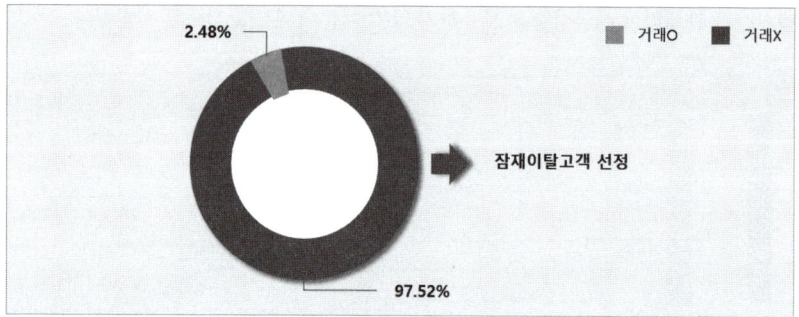

[그림 4-13] 저축성예금 보유 현황

다양한 조건을 고려하여 정의한 잠재 이탈고객에 대한 현황이 [그림 4-14]에 있다. 전체 고객 중 약 5.65%가 이탈 가능성이 높은 고위험 잠재 이탈고객으로 분류되었으며, 이들과 함께 이탈 가능성이 높은 저위험 잠재 이탈고객도 약 6.47%인 것으로 나타났다. 이렇게 분류한 잠재 이탈고객은 이탈 방지를 위한 캠페인 활동에 중요한 자료로 활용할 수 있으며 이들의 증감 역시 실적에 중요한 역할을 할 것으로 기대한다.

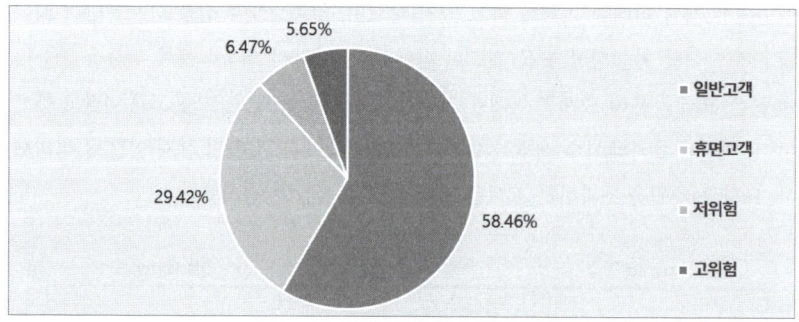

[그림 4-14] 잠재 이탈 분류 현황

■ 보험 이탈

보험 이탈은 크게 두 가지로 구분한다. 계약자가 보험 계약을 깨는 해약과 계약 자체를 없던 것으로 돌려놓는 해지이다. 현재 보험 서비스를 이용하는 고객 중 19.2%는 과거부터 현재까지 상품을 해약한 상태이다. 이는 서비스가 처음 생성된 이후 계속해서 누적된 데이터이기 때문에 매달 해지 또는 해약하는 데이터와는 차이가 있을 수 있다.

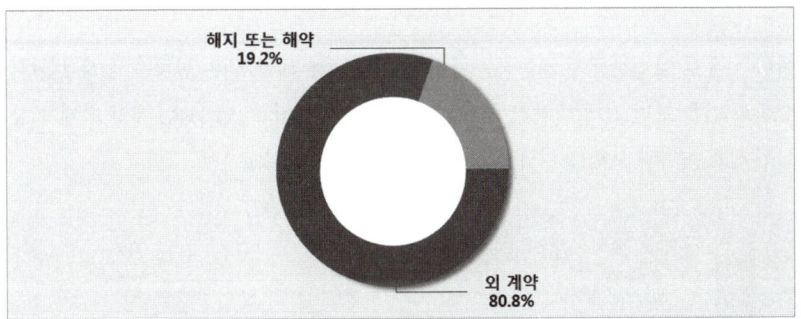

[그림 4-15] 해지 또는 해약 현황

보험 이탈에 해당하는 해약과 해지는 사유에 따라 세분화하여 관리하고 있다. 해약은 다시 세 가지로 상세하게 구분한다. 일반적으로 정상 종료되는 경우를 정상 해약이라고 하고, 두 달 이상 보험료를 내지 않는 경우에는 보장 효력이 상실된 실효 해약이다. 마지막으로, 보험 계약 자체가 없어진 시효 해약이 있다.

해지는 다시 두 가지로 상세하게 구분한다. 청약 철회는 30일 이내에 소비자가 청약을 철회하는 경우다. 반면, 불완전 판매 해지는 자필 서명이 없거나 상품 설명이 과장되었거나 약관 및 청약서부본을 전달받지 못한 경우 90일 이전에 가능하다. 물론, 90일이 지난 이후에도 판매상 문제가 있을 경우 민원을 제기하여 해지할 수 있다.

따라서 보험의 경우에는 예금 이탈과 다르게 해약한 보험에 대한 기초 분석을 진행했다. 해약한 보험 계약건은 월별로 상승하는 것으로 나타났으며, 추세선 기울기가 13.05로 달이 지날수록 약 13건씩 증가할 것으로 추정되었다.

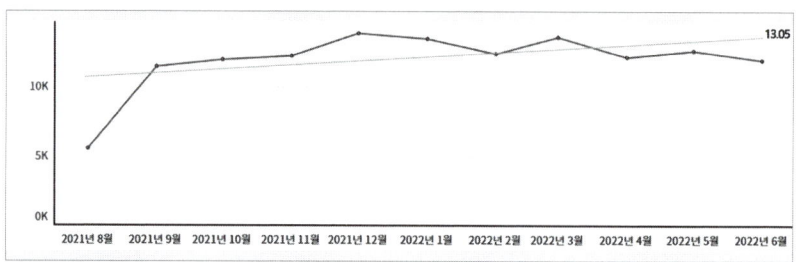

[그림 4-16] 월별 해약건수

어떤 이유로 보험상품을 해약하는지 파악하기 위해 해약 사유 현황을 살펴보았다. [그림 4-17]을 보면 전체 해약건 중 66.9%는 정상 해약이고, 33.1%는 계약 자체가 상실된 시효 해약과 보험료 미납으로 인한 실효 해약인 것으로 나타났다.

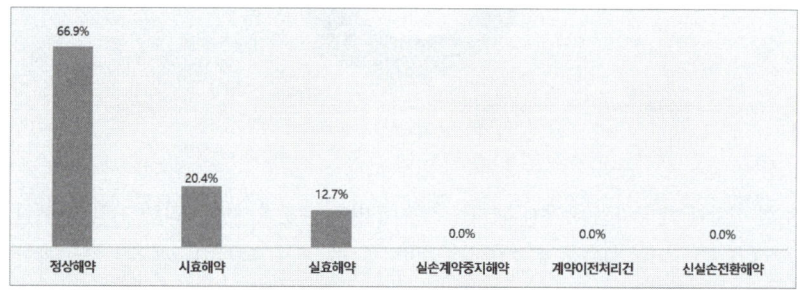

[그림 4-17] 해약 사유 현황

현재 확보한 데이터를 살펴보면 어떤 원인에 의해 해약했는지 구체적인 원인을 파악하는 데 한계가 있다. 다만, 해약 사유에 따라 가입한 보험상품에 차이가 있는지 확인이 가능할 것으로 판단했다. 해약 사유에 따라 가입한 보험상품에 차이가 있을 경우, 해당 상품군을 보유한 고객이 이탈 대상이 될 수 있다는 가설을 세울 수 있다.

[그림 4-18]을 살펴보면 해약 원인과 관계없이 질병에 대한 상품 해약이 가장 많았다. 다만, 주목해볼 점은 사망보험의 경우 정상 해약보다 실효 또는 시효 해약이 더 높은 것으로 나타났다. 뿐만 아니라 상해보험 역시 사망보험과 같이 정상 해약보다 실효 또는 시효 해약이 더 많이 보인다. 절대적인 값으로 본다면, 정상 해약이 가장 많은 것은 맞다. 하지만 그 비율을 볼 때, 사망보험과 상해보험을 보유한 고객은 정상 해약보다 시효 해약이나 실효 해약이 높을 것이라고 판단했다.

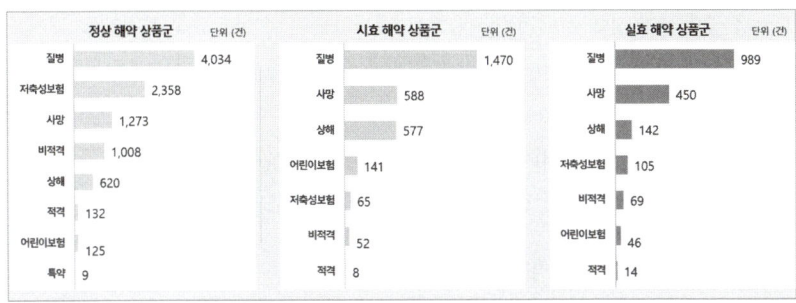

[그림 4-18] 해약 사유별 가입 상품군

4.3 결론

P사 내부에는 다양한 유형의 금융 거래 정보가 축적되고 있으며, 이를 이용한 효율적인 마케팅 수행을 위해 우수고객 및 이탈고객 분석을 진행했다. 특히 금융산업의 성숙과 함께 이용 고객의 포화는 가속되고 있다. 이에 따라 2017년 5월 1일부터 2022년 4월 30일까지 거래가 있었던 고객 중 일부 고객을 샘플링하여 우수고객 및 이탈고객에 대한 분석을 진행했다.

4.3.1 분석 과제 요약

우수고객 및 이탈고객을 분석하기 위한 모형은 데이터 수집 및 처리, 데이터 탐색 및 인사이트 발견, 분석 모델 구현, 결과 활용 시각화 단계를 거쳐 진행했다. 데이터 탐색 및 인사이트 발견 단계에서 이탈 분석 대상을 선정하기 위한 분석 프레임워크를 도출하고 예금과 보험 서비스에서의 이탈을 별도로 정의했다. 이를 바탕으로 우수고객 및 이탈고객의 특성을 파악하고 월별 잠재 이탈 가능성이 있는 고객을 추적 관리할 수 있는 방안을 만들었다.

이때 구축한 일련의 분석 프레임워크를 타사에도 적용할 수는 있으나, 해당 사의 데이터를 탐색하여 예금 이탈을 정의했기 때문에 현재 모델의 임계값을 바로 적용하기엔 한계가 있다. 임계값을 정의할 때만 주의한다면, 해당 분석 프레임워크로 잠재 이탈을 사전에 방지할 수 있을 것으로 판단한다.

보험 이탈은 예금 서비스와 달리 이탈의 징후를 파악할 만한 정보가 제한적이었다.

보험을 중단하기 전에 경제적 어려움으로 해지하는지 아니면 중복 보장으로 해지하는지 파악할 방법이 없다. 따라서 이미 해지한 고객의 특성을 살펴보게 되었다. 질병보험과 사망보험은 해약 가능성이 더 높은 것으로 나타났으며, 이러한 정보는 보험설계사에게 의미 있는 데이터로 활용될 수 있을 것으로 판단한다.

4.3.2 향후 연구

예금 이탈은 현재 EDA를 통해 정의했던 이탈고객을 대상으로 머신러닝 알고리즘을 적용할 수 있다고 판단했다. 머신러닝 알고리즘을 적용하여 도출된 이탈고객은 룰에 의해 세분화된 잠재 이탈고객과 비교할 수 있다. 다만, 이탈 예측을 하기에 앞서 이탈고객에 대한 정의를 도메인 또는 유사 사업 간에 표준화하거나 대상 선정 프로세스에 대한 표준화 연구가 더 필요하다.

보험 이탈은 원인을 파악하는 데 한계가 있다. 이때, 카드 이용 패턴을 통해 현재 고객의 생애주기가 어떤 단계인지 어느 정도 추정할 수 있을 것으로 판단된다. 이를 활용하면 생애주기에 맞는 보험이 적절하게 있는지 파악할 수 있다. 또한 최근 금융 빅데이터에서는 오픈 뱅킹, 마이데이터 사업이 활성화되고 있다. 이는 조각난 개인 정보를 추가로 확보할 기회가 될 수 있다. 따라서 이를 연계한 연구가 더 필요하다.

VoC 민원 분석 및 위험민원 예측

5장

5.1 개요

최근 금융시장은 디지털 전환을 이유로 영업점 문을 닫는 상황이다. 금융감독원 금융통계정보시스템에 따르면 5대 시중은행 영업점포수가 2015년 5093개에서 2020년 4425개로 줄어 668개의 영업점이 문을 닫았다고 한다. 영업점은 매년 증가하는 임차료와 대부분의 금융 서비스를 모바일에서 처리할 수 있다는 점 때문에 매년 평균 100개 이상 줄고 있다.

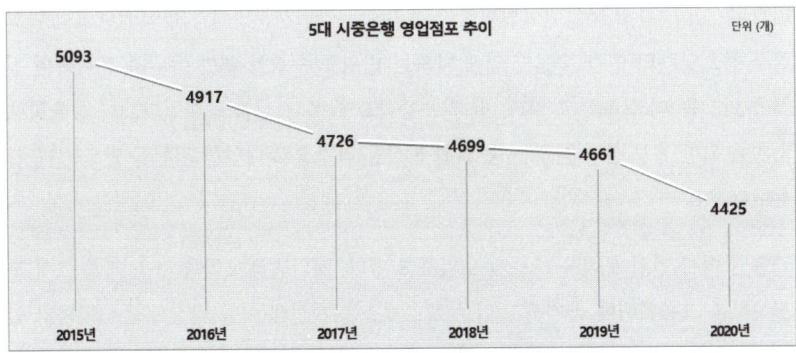

[그림 5-1] 5대 시중은행 영업점포수 추이

결국 은행 점포가 없어지면서 고객상담 업무가 콜센터 직원으로 넘어가고 있다. 코로나바이러스 감염증으로 인해 영업점 운영을 단축한 것 또한 콜센터 업무가 가중되는 데 한몫했다. 이에 따라 상담 데이터 활용에 대한 관심과 요구가 증가하고 있다.

5.1.1 민원 분석 배경 및 목적

콜센터에 접수되는 VoC가 대폭 늘어나 상담원의 정보에 의존할 수밖에 없을 정도가 되었다. 금융권을 중심으로 고객 서비스를 제공하는 기업들이 VoC 빅데이터 분석에 나서는 가장 큰 이유이다.

각 기업의 VoC는 단편적으로 생각했을 때 고객들의 민원에 즉각적으로 대응하거나 고객의 전반적인 경험을 이해하기 위함이지만, 장기적인 차원에서는 기업과 고객을 직접적인 관계로 밀착시키기 위한 것이다. VoC에는 불만이나 민원사항도 있으나, 다양한 제안과 칭찬의 목소리도 있으며 그 목소리 하나하나가 서비스 개선과 새로운 상품 개발에 활용될 수 있기에 매우 소중한 자원이다. 다양한 고객의 불만 및 문제를 정확히 파악하고 이를 상품 및 서비스에 반영하는 것은 갈수록 치열해지기에 VoC 분석은 기업의 생존과 직결되는 필수적인 분석이라고 볼 수 있다.

현재 P사에서는 영업점, 콜센터, 홈페이지, 스마트뱅킹 등 다양한 채널을 통해 고객 민원이 들어온다. 동시다발적으로 다양한 유형의 민원이 접수되고 있기에 고객 민원을 정확히 파악하여 분석에 활용하는 데 한계가 있다.

대부분의 기업이나 국가 기관들은 민원 분석을 통해 상담센터의 업무 효율을 높일 뿐만 아니라 숨겨진 고객과 다양한 요구사항을 발견하고 해석해 위험을 예측하고 대비할 수 있다. 특히 국민권익위원회의 경우에는 국민신문고와 지방자치단체의 민원 창구 등으로부터 연간 수천만 건에 달하는 민원을 수집할 뿐만 아니라 분석하여 정책을 만드는 데 활용하고 있다. 실제 초등학교 돌봄 시설을 증설한다거나 동물학대 방지를 위한 홍보 활동을 하는 등 민원 분석을 바탕으로 다양한 정책을 만드는 데 활용했다.

금융권 역시 민원 분석을 빠르게 도입하고 있다. 하나손해보험의 경우 매월 고객 불편사항을 그룹웨어에 공지하고 업무 프로세스를 개선해 이를 해결하려 노력하고 있다. 현대카드 역시 민원 분석을 통해 제도를 개선하고 민원 발생을 예방하기 위해 노력을 하고 있다.

P사 역시 다양한 채널로 수집한 민원을 통합하고 어떤 민원들이 자주 발생하는지 파악하기 위해 민원 분석을 진행했다. 특히 민원에 담긴 키워드를 정량화하여 대시보

드로 제공하고, 이를 담당자가 접촉하여 확인할 수 있도록 구성했다. 또한 여러 민원 중 위험민원을 정의했으며, 위험민원이 향후에 얼마나 발생할지 예측 모델을 통해 시각화하여 선제적 대응 체계를 구현했다.

5.1.2 텍스트 마이닝

이 과제에서는 수집된 텍스트 데이터를 사용하기 때문에 텍스트 마이닝 분석 모형을 활용한다. 텍스트 마이닝은 비정형 데이터 마이닝(data mining)[23] 유형 중 하나로서 텍스트 형태로 이루어진 비정형 및 반정형 데이터로부터 자연어 처리(Natural Language Processing, NLP)[24]를 이용하여 가치와 의미 있는 정보를 찾아내는 기술이다.

자연어 처리 기술을 기반으로 하는 텍스트 마이닝은 관계나 의미를 추출하는 자연어 처리와 언어 감지, 상용어 인식이 가능한 언어 모델링, 반복적인 훈련을 통해 습득 능력을 향상시키는 기계학습, 데이터를 분석 및 분류하는 마이닝 기술로 나뉜다.

문서 형태의 데이터는 기존 통계 분석이나 데이터 마이닝 기법을 적용하기에 한계가 있는 형태이며, 대부분 텍스트 데이터베이스에 저장된 데이터는 반구조적 데이터[25] 이다. 사용자는 텍스트 마이닝을 통해 방대한 정보뭉치에서 의미 있는 정보를 추출해 내고 단어의 출현 빈도와 동시 출현 빈도를 파악하여 단어 간의 관계를 알 수 있다.

구분	데이터 마이닝	텍스트 마이닝
대상	수치 또는 범주화된 데이터	텍스트 데이터
구조	정형	비정형
목적	유용하고 가치 있는 정보 추출	개체명, 패턴 혹은 단어-문장 관계 정보 추출
방법	기계학습	기계학습, 인덱싱, 언어 처리 온톨로지(ontology)[26] 등

[표 5-1] 데이터 마이닝과 텍스트 마이닝 비교

---

23. 대규모로 저장된 데이터 안에서 체계적이고 자동적으로 통계적 규칙이나 패턴을 찾아내는 것
24. 컴퓨터가 인간의 언어를 이해하고 해석하며 조작하도록 돕는 인공지능 분야
25. 완전하게 구조적이지도 않고 완전하게 비구조적이지도 않은 데이터
26. 개념의 타입이나 사용자의 제약조건을 명시적으로 정의하는 기술

텍스트 마이닝은 정보 추출, 키워드 서치 및 분석, 패턴 분석 등에 활용되고 보안, 소셜미디어, 마케팅 등 분야에서도 사용하고 있다. 텍스트가 고객의 마음을 읽는 데 중요한 키가 될 수도 있기 때문이다. 특히 한글의 경우 한글의 특수성으로 인해 매우 어려운 기술을 요한다. 하지만 텍스트 데이터에서 유의미한 가치를 발견하기 위해서는 마이닝 기술을 고도화하는 것이 무엇보다 중요하다.

텍스트 마이닝 방법론은 [그림 5-2]와 같이 크게 네 가지 유형으로 분류된다.

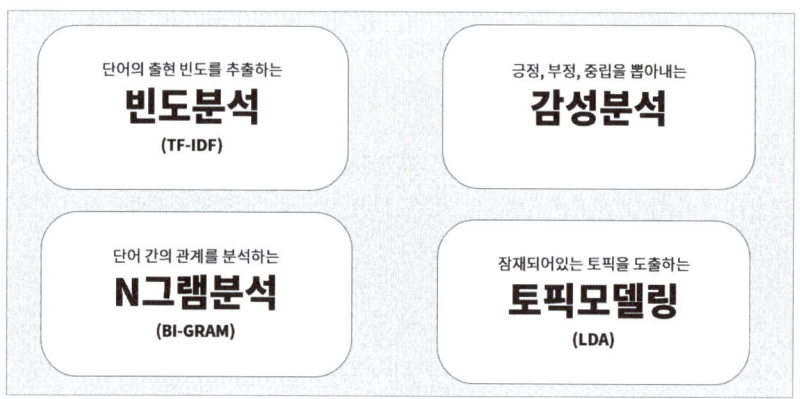

[그림 5-2] 텍스트 마이닝 방법론

각 단어의 출현 빈도를 추출하는 빈도 분석(frequency analysis), 텍스트로부터 긍정 또는 부정의 의미를 도출하는 감성 분석(sentimental analysis), 단어 간 관계를 분석하기 위한 n-그램 분석(n-gram analysis), 문서 내에 잠재되어 있는 토픽을 도출하는 토픽 모델링(topic modeling)이다.

5.2 민원 분석

민원 분석은 [그림 5-3]과 같이 데이터 수집 단계부터 위험민원 예측까지 5단계로 수행했으며, 분석 대상 사이트의 업무 특성에 따라 분석 방법론을 적용했다.

[그림 5-3] 민원 분석 프로세스

데이터 수집은 민원 분석 프로세스의 첫 단계로, 수집 대상 데이터를 선정하고 수집을 위한 세부 계획 수립 후 업무 특성 및 목적에 적합한 데이터를 수집하는 과정이다. 이 과제는 P사 고객센터에서 고객 상담 녹취 데이터를 음성 인식(Speech-to-Text, STT)[27] 기술을 이용해 텍스트 데이터로 변환하여 수집했다.

수집된 텍스트 데이터에서 의미 있는 정보를 추출하기 위해서는 비정형 데이터인 텍스트를 구조화할 기술이 필요하다. 수집한 데이터를 텍스트 분석하기 전에 결측값 등 불필요한 항목을 제거하고 대상 텍스트의 품질을 향상시키기 위해 데이터 필터링, 변환, 정제 등 전처리를 수행했다.

텍스트 마이닝 방법론인 빈도 분석과 토픽 모델링을 수행했는데, 빈도 분석에서는 단어빈도-역문서빈도(Term Frequency-Inverse Document Frequency, TF-IDF) 기법과 이슈 키워드 워드클라우드 시각화를 채택했다. 최종적으로는 토픽 분석을 위해 잠재 디리클레 할당(Latent Dirichlet Allocation, LDA) 알고리즘을 활용하여 확률 분포에 따른 키워드와 토픽을 추출하고 위험민원을 예측할 것이다.

5.2.1 데이터 수집

[그림 5-4] 데이터 수집 프로세스

2022년 2월부터 7월까지 P사 고객센터에 접수된 민원상담을 녹취하여 11,385개의 데이터를 수집했다. 과거에는 고객의 민원을 음성 파일 형태로 보관하여 이를 활용하기가 어려웠다. 그러나 최근 STT 기술이 고도화되어 높은 성능으로 녹취 파일을 텍스트 데이터로 변환할 수 있다. 이에 따라 변환된 텍스트 데이터를 분석해 유의미한 정보로 활용할 수 있게 되었다.

---

27. 사람이 말하는 음성 언어를 컴퓨터가 해석해 문자 데이터로 전환한 데이터

[그림 5-5] STT 데이터 활용

5.2.2 데이터 전처리 및 EDA

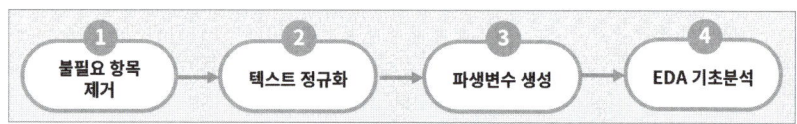

[그림 5-6] 데이터 전처리 프로세스

■ **불필요 항목 제거**

수집된 STT 데이터는 38개의 칼럼으로 구성되어 있다. 이를 살펴보면 데이터에 Null인 값이 존재하거나 데이터 수가 부족한 칼럼이 보인다. 따라서 결측값과 불필요한 칼럼을 제거하여 기초 분석 과정에서 필요할 것 같은 총 10개의 칼럼으로 데이터를 가공했다.

칼럼명	설명	비고
녹취키	민원상담 녹취 데이터 고유번호	PK
녹취 시작일자	전화상담 시작날짜	
녹취 시작시간	전화상담 시작일자	
상담사 녹취	상담사 녹취내용	
민원인 녹취	민원인 녹취내용	
전체 상담 녹취	전체 전화상담 녹취내용	
상담유형1	상담유형 대분류 구분	
상담유형2	상담유형 중분류 구분	
상담유형3	상담유형 소분류 구분	
통화시간(초)	전체 전화상담 통화시간	

[표 5-2] 데이터 칼럼

■ 텍스트 정규화

[그림 5-7]에서 데이터 정규화 전을 보면, '전체 상담 녹취' 칼럼 데이터에는 상담사와 민원인의 전체 대화내용이 담겨 있다. 상담사의 대화는 |tx|로 구분하며 민원인의 대화는 |rx|로 구분한다. 민원인과 상담사의 대화내용을 분리시키기 위해 일련의 정규화 과정을 수행했다. '전체 상담 녹취'의 모든 문자에 적용하여 불필요한 문자가 사라진 것을 볼 수 있다.

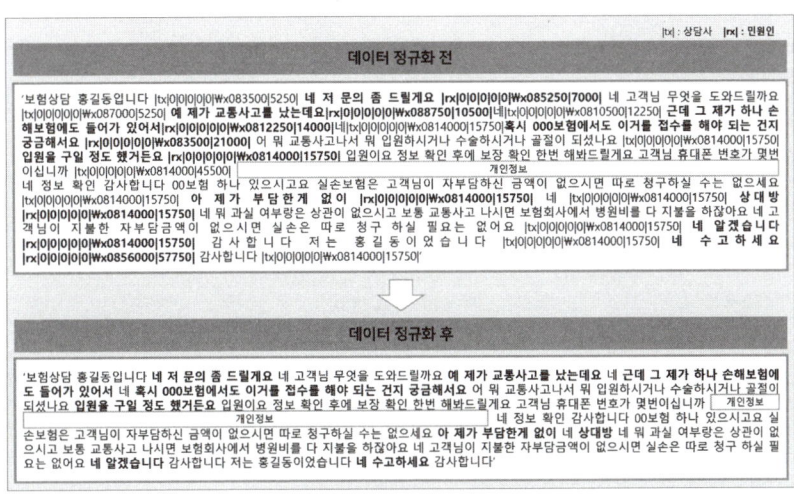

[그림 5-7] 텍스트 데이터 정규화[28]

■ 파생변수 생성

'녹취 시작일자'와 '녹취 시작시간'은 수치형 데이터로 구성되어 문자열로 변환했다. 시계열 데이터 민원 추이를 살펴보기 위해 파이썬(python)의 판다스(pandas)를 활용했다. pd.to_datetime()으로 데이터 타입을 변환시켜 '월'과 '요일' 칼럼을 새로 생성했고, 시간 칼럼은 문자열 자르기를 통해 EDA 기초 분석을 하기 위해 파생변수를 생성했다.

μ_Code
```
df['녹취 시작일자'] = df['녹취 시작일자'].astype('str')
df['녹취 시작시간'] = df['녹취 시작시간'].astype('str') #데이터 타입 문자열로 변환
```

28. 데이터 예시를 들기 위해 개인정보(이름, 번호, 주소 등)는 마스킹 처리함

```
df['녹취 시작일자'] = pd.to_datetime(df['녹취 시작일자']) #데이터 타입 시계
열 데이터로 변환

df['녹취 월'] = df['녹취 시작일자'].dt.month #월 칼럼 생성
df['녹취요일'] = df['녹취 시작일자'].dt.weekday #요일 칼럼 생성

#시간 칼럼 생성
time = []

for i in range(len(df)):
시간대 = df['녹취 시작시간'][i][:-4] #분초는 자르기
    time.append(시간대)
```

■ EDA 기초 분석

월별 민원 현황을 살펴보면 4월에 가장 많은 민원이 발생했고 민원이 점차 감소하는 추세를 보인다. 요일별로는 큰 차이가 없으나 화요일과 금요일에 가장 많고, 시간은 17시에 가장 많음을 알 수 있다.

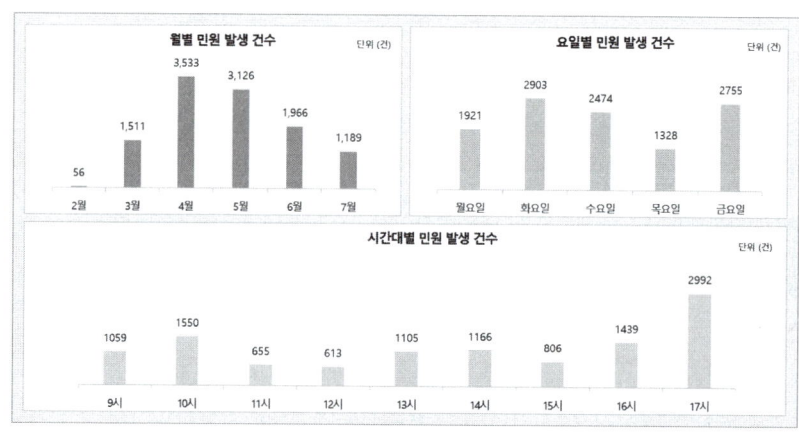

[그림 5-8] 민원 현황

'상담유형1'은 예금, 보험, 펀드로 구분되며 예금이 7,407건으로 가장 많고, 보험은 1,484건, 펀드는 2,494건으로 살펴볼 수 있다. 예금의 '상담유형2'를 살펴보면 기타업무제도가 1,248건으로 가장 많고, 보험은 계약사항에 대한 민원이 245건, 펀드는 펀드캠페인에 대한 민원이 720건으로 가장 많았다.

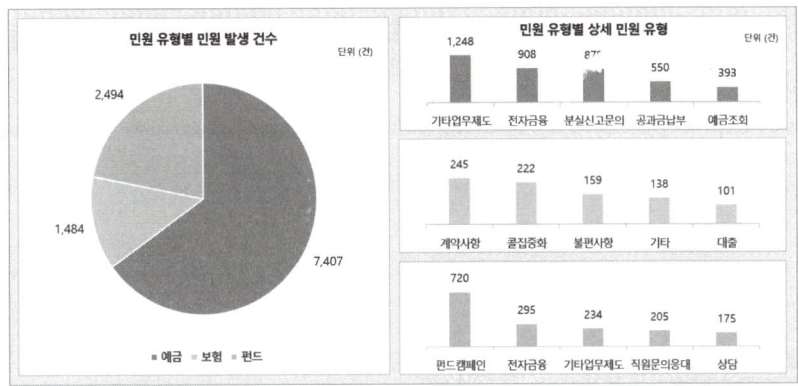

[그림 5-9] 민원 유형별 현황

5.2.3 빈도 분석

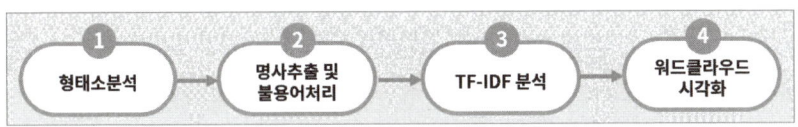

[그림 5-10] 빈도 분석 프로세스

■ 형태소 분석

형태소 분석이란 형태소[29]를 비롯하여 어근, 접두사 및 접미사, 품사(Part-Of-Speech, POS) 태깅[30] 등 다양한 언어적 속성과 구조를 파악하는 것이다. 파이썬 한국어 NLP인 KoNLPy 패키지에서 다섯 개의 형태소 분석기인 Kkma, Komoran, Hannanum, Okt(Open-source Korean Text processor)[31], Mecab을 제공한다. 이를 비교하여 텍스트 분석에 가장 적합한 형태소 분석도구를 선정했다.

---

29. 의미가 있는 최소단위로서 더 이상 분리가 불가능한 가장 작은 의미 요소
30. 여러 품사를 갖는 하나의 단어에서 품사의 모호성을 제거하는 과정
31. 트위터에서 개발한 한국어 처리기에서 파생된 오픈 소스 한국어 처리기

먼저 KoNLPy 사이트[32]에 있는 속도 비교 항목을 보면 Okt가 제일 빠르지는 않지만 Kkma, Komoran이 로딩에 5초 정도 걸리는 것에 비해 1.48초라는 합리적인 로딩속도를 보여준다. 가장 중요한 10만 문자의 분석 시간이 2.47초로 Mecab보다는 느리지만 Komoran보다는 10배, Kkma보다는 17배 정도 빠르다.

패키지	로딩시간[33](초)	실행시간[34](초)
Kkma	5.6988	35.7163
Komoran	5.4866	25.6008
Hannanum	0.6591	8.8251
Okt	1.4870	2.4714
Mecab	0.0007	0.2838

[표 5-3] KoNLPy 패키지 속도 비교

Mecab과 Okt의 분절 비교를 보면, Mecab의 경우 문장을 너무 세세하게 분절하는 특성이 있어 단어가 가진 본래의 의미가 손상되는 경우가 있다. 기존 Mecab이 띄어쓰기에서 가장 좋은 성능을 보여주었지만, Okt 등장 후 Okt가 가장 좋은 성능을 보여준다. 또한 어근화(stemming)가 가능하다. Kkma 대비 분석 범주가 다소 적은 편이지만, 이모티콘이나 해시태그 같은 인터넷 텍스트에 특화된 범주가 추가되었다. 이로 인해 이모티콘이나 비표준어, 비속어 등이 많이 포함되어 있는 정제되지 않은 데이터에서 강점을 갖는다. 최종적으로 형태소 분석기의 속도 측면과 분절 단위 측면을 비교한 후, 민원 분석에 가장 적합한 형태소 분석도구로 Okt 형태소 분석기를 선정했다.

단어	Okt	Mecab
최대주주	최대(Noun) + 주주(Noun)	최(XPN) + 대주주(NNG)
취준생	취준생(Noun)	취(NNP) + 준(NNP) + 생(NNP)
허위자료	허위(Noun) + 자료(Noun)	허(IC) + 위자료(NNG)

[표 5-4] 분절 비교

---

32. https://konlpy.org/ko/v0.6.0/morph/
33. 사전 로딩을 포함하여 클래스를 로딩하는 시간이다.
34. 10만 문자의 문서를 대상으로 각 클래스의 POS 메서드를 실행하는 데 소요되는 시간이다.

세종 품사 태그		Okt 품사 태그		Mecab 품사 태그	
태그	설명	태그	설명	태그	설명
NNG	일반명사	Noun	명사	NNG	일반명사
NNP	고유명사			NNP	고유명사
NNB	의존명사			NNB	의존명사
				NNBC	단위명사
NR	수사			NR	수사
NP	대명사			NP	대명사
VV	동사	Verb	동사	VV	동사
VA	형용사	Adjective	형용사	VA	형용사
VX	보조용언			VX	보조용언
VCP	긍정 지정사			VCP	긍정 지정사
VCN	부정 지정사			VCN	부정 지정사
MM	관형사	Determiner	관형사	MM	관형사
MAG	일반부사	Adverb	부사	MAG	일반부사
MAJ	접속부사	Conjunction	접속사	MAJ	접속부사
IC	감탄사	Exclamation	감탄사	IC	감탄사
JKS	주격조사	Josa	조사	JKS	주격조사
JKC	보격조사			JKC	보격조사
JKG	관형격조사			JKG	관형격조사
JKO	목적격조사			JKO	목적격조사
JKB	부사격조사			JKB	부사격조사
JKV	호격조사			JKV	호격조사
JKQ	인용격조사			JKQ	인용격조사
JX	보조사			JX	보조사
JC	접속조사			JC	접속조사

[표 5-5] 품사표1

세종 품사 태그		Okt 품사 태그		Mecab 품사 태그	
태그	설명	태그	설명	태그	설명
EP	선어말어미	PreEomi	선어말어미	EP	선어말어미
EF	종결어미	Eomi	어미	EF	종결어미
EC	연결어미			EC	연결어미
ETN	명사형 전성 어미			ETN	명사형 전성 어미
ETM	관형형 전성 어미			ETM	관형형 전성 어미
XPN	체언 접두사			XPN	체언 접두사
XSN	명사 파생 접미사	Suffix	접미사	XSN	명사 파생 접미사
XSV	동사 파생 접미사			XSV	동사 파생 접미사
XSA	형용사 파생 접미사			XSA	형용사 파생 접미사
XR	어근			XR	어근
SF	마침표, 물음표, 느낌표	Punctuation	구두점	SF	마침표, 물음표, 느낌표
SE	줄임표			SE	줄임표(…)
SS	따옴표, 괄호표, 줄표			SSO	여는 괄호 ((, [ )
				SSC	닫는 괄호 ( ),])
SP	쉼표, 가운뎃점, 콜론, 빗금			SC	구분자(·, /, :)
SO	붙임표 (물결, 숨김, 빠짐)				
SW	기타기호 (논리수학기호, 화폐기호)	Foreign	외국어, 한자 및 기타기호	SY	기타기호
SH	한자			SH	한자
SL	외국어			SL	외국어
		Alpha	알파벳		
SN	숫자	Number	숫자	SN	숫자

[표 5-6] 품사표2

■ 명사 추출 및 불용어 처리

Okt 클래스는 형태소를 반환해주는 morphs, 명사를 반환해주는 nouns, 어절을 반환하는 phrases, 품사 정보를 반환하는 pos라는 총 네 가지 메서드로 구성되고, 이중 morphs와 nouns를 비교해보았다. [표 5-7]과 같이 형태소 추출과 명사 추출을 비교한 결과, morphs의 문제는 '를', '했어요' 등 불필요한 단어까지 추출하기 때문에 명사만을 추출하는 nouns 함수를 사용했다.

형태소 추출(morphs)	명사 추출(nouns)
pd.DataFrame(okt.morphs(result_F[0]))	pd.DataFrame(okt.nouns(result_F[0]))
보험 16 종합 8 네 8 건강 7 님 6 .. 바로 1 몇 1 말씀 1 를 1 했어요 1 Length: 103, dtype: int64	보험 16 네 8 종합 8 건강 7 고객 6 .. 생년 1 거 1 서울 1 성함 1 핸드폰 1 Length: 61, dtype: int64

[표 5-7] 형태소 추출과 명사 추출 비교

[그림 5-11]을 살펴보면 문장의 명사만 추출된 결과를 볼 수 있다. 하지만 문장에서 불필요한 단어가 많이 보인다. '네', '저', '무엇', '드릴', '한번' 등 큰 의미 없는 단어들은 불용어라 하는데, 이를 제거해야 한다.

> **명사 추출**
> '보험 상담 홍길동 네 저 문의 좀 네 고객 무엇 도 드릴 예 제 교통사고 네 그 제 하나 손해 보험 네 혹시 보험 거 접수 뭐 교통사고 뭐 입원 수술 골절 입원 구 일 정도 입원 정보 확인 후 보장 확인 한번 해 네 고객 휴대폰번호 몇 번 이십 네 전화 주신 고객 성함 생년 월 일이 일사 이순신 조회 중 00시 0000로 00마을 단지 몇 동 호 네 정보 확인 보험 실손 보험 고객 자부 금액 청구 수 제 부담 게 네 상대방 네 뭐 과실 여부 상관 보통 교통사고 나시 보험 회사 병원 비 지불 네네 네 고객 지불 자 부담 금액 실손 청구 수 네 저쪽 만 실 실비 쪽 쪽 만 거 하나 음 일단 실비 해당 해당 네 저 네 수고'

[그림 5-11] 명사 추출

[그림 5-12]처럼 리스트로 불용어 사전을 만들어두고 불용어가 포함되어 있으면 토큰화한 리스트에서 그 단어를 제거한다. 이러한 과정을 통해 키워드의 품질을 높일 수 있다.

불용어 사전 (stopwords)	
부사	'네네', '왜왜', '잠시', '혹시', '지금', '말씀', '저희', '만큼', '먼저', '수가', '하나', '다른', '경우', '한번', '바로', '만약', '가끔', '미리', '가운데', '무엇'
시간	'현재', '오늘', '날짜', '마지막', '금주', '하루', '이후', '나중', '내년', '내일', '옛날', '이월', '십일월', '십이월', '이십오일', '네시'
숫자	'공일공', '백만원', '구구사팔', '구년', '구백', '구십원', '구이오', '구일구오', '오칠이육이', '칠이칠이', '일사', '이백', '일이', '삼백', '삼십', '오백'
대명사	'그것', '그게', '그다음', '그때', '금방', '기본', '기존', '기준', '저기'
주소	'세종시', ' 부산', '광양시', '광역시', '서울', '경기도', '00동', '000로', '00호'
사람이름	'홍길동', '이순신'

[그림 5-12] 불용어 사전

다음과 같이 불용어 사전에 포함된 단어를 제거하여 의미 있는 명사만 추출한다.

μ Code

```
script = [''.join(x) for x in result_F] #정규화된 데이터
result = []
for i in range(len(script)):
    result.append(' '.join([word for word in okt.nouns(script[i]) #명사 추출
                            if word not in stop_words #불용어 제거
                            if len(word) > 1])) #한글자 제거
```

불용어를 제거하면 [그림 5-13]과 같은 결과를 얻을 수 있을 것이다.

불용어 제거 최소 분석단위 설정
'보험 상담 문의 교통사고 손해 보험 보험 접수 교통사고 입원 수술 골절 입원 입원 보장 조회 보험 실손 보험 고객 자부 금액 청구 부담 상대방 과실 교통사고 나시 보험 회사 병원 지불 지불 자 부담 금액 실손 실비 실비'

[그림 5-13] 의미 있는 명사 추출

■ TF-IDF 분석

TF-IDF 분석은 다른 문서에서는 등장하지 않지만 특정 문서에서만 자주 등장하는 단어를 찾아 단어의 가중치를 계산하는 방법으로, 특징 추출(feature extract) 기법이다.

- TF(Term Frequency): 문서 한 개 내 특정 단어 등장 빈도
- DF(Document Frequency): 특정 단어가 나타나는 문서 수
- IDF(Inverse Document Frequency): DF에 일종의 역수 변환을 한 값

변수를 만들 때 텍스트 데이터의 특징을 담아 학습시켜야 하기에 특징 추출 기법을 사용한다. 우선, 단어 빈도수 기반의 특징 추출 기법인 CountVectorizer[35]이다. 하지만 count 기반의 특징 추출은 단순 빈도만을 계산하므로 조사나 관사처럼 의미는 없지만 문장에 많이 등장하는 단어의 가중치를 높게 평가하기 때문에 유의미한 결과를 얻기 힘들 수 있다. TF-IDF는 이러한 단어에 일종의 페널티를 부여해 CountVectorizer 한계점을 해결할 수 있다.

[그림 5-14]에서 볼 수 있듯 CountVectorizer 사용 시 '보험'은 4번, '해지'는 2번 등장하여 TF 값에서 2배의 격차를 보인다. 하지만 IDF를 곱하면, 다른 문서에는 등장하지 않고 해당 문서에서만 독특하게 등장한 '해지'라는 단어에 페널티를 주어 그 격차를 줄일 수 있다. 즉, 대부분의 문서에서 등장하는 보편적인 단어에는 낮은 가중치를 주고 독특한 단어에는 페널티를 주는 셈이다.

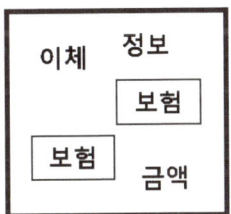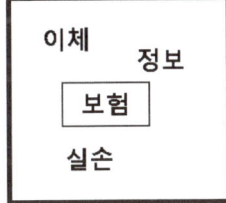

보험의 TF * IDF
= 4 ('보험'의 등장횟수) * 3 ('보험'이 등장한 문서수)의 역수
= 4 * ($\frac{1}{3}$) = $\frac{4}{3}$

해지의 TF * IDF
= 2 ('해지'의 등장횟수) * 1 ('해지'가 등장한 문서수)의 역수
= 2 * 1 = 2

[그림 5-14] TF-IDF 개념 예시

다음 코드를 통해 앞에서 설명한 과정을 살펴보자. 예시를 위해 result 변수의 5행만 불러와 사용했다.

---

35. 단어의 출현 빈도로 여러 문서의 벡터화 카운트 행렬

μ Code

```
from sklearn.feature_extraction.text import TfidfVectorizer
TV = TfidfVectorizer()
TV.fit_transform(result)
```

TfidfVectorizer는 sklearn의 패키지에서 가져왔고 TV 객체를 생성한 후 출력하면 5*182 크기의 행렬이 된다. 여기서 5는 문서의 개수를, 182는 단어의 개수를 의미한다.

```
<5x182 sparse matrix of type '<class 'numpy.float64'>'
        with 226 stored elements in Compressed Sparse Row format>
```

[그림 5-15] TfidfVectorizer 생성코드

toarray 함수를 통해 문서들이 어떤 형태로 벡터화되어 있는지 살펴보았다. 문서 내에서 단어가 등장한 횟수에 따라 값이 부여된 것을 볼 수 있다. 하지만 각 인덱스와 칼럼이 무엇을 의미하는지에 대해서는 알 수가 없다. 따라서 이를 확인하기 위해 객체가 가지고 있는 vocabulary_ 정보를 추출해서 정보를 확인했다. dictionary 형태의 값을 가지게 되는데 각 value는 칼럼의 위치를, key는 해당 칼럼의 단어를 의미한다. 즉, '보험'은 행렬의 47번째 칼럼을 의미하는 값이다.

tfidfvec.toarray()[0]

```
array([0.        , 0.        , 0.        , 0.        , 0.        ,
       0.        , 0.        , 0.        , 0.        , 0.        ,
       0.        , 0.        , 0.        , 0.13875619, 0.        ,
       0.        , 0.13875619, 0.        , 0.41626857, 0.        ,
       0.        , 0.18585327, 0.        , 0.        , 0.        ,
       0.        , 0.        , 0.        , 0.        , 0.        ,
       0.        , 0.        , 0.        , 0.        , 0.13875619,
       0.        , 0.        , 0.        , 0.        , 0.        ,
       0.        , 0.        , 0.        , 0.        , 0.11194762,
       0.        , 0.07817282, 0.3967084 , 0.        , 0.        ,
       0.        , 0.22389524, 0.        , 0.        , 0.        ,
       0.        , 0.        , 0.        , 0.        , 0.        ,
       0.        , 0.        , 0.        , 0.        , 0.13875619,
       0.        , 0.        , 0.        , 0.        , 0.        ,
       0.        , 0.        , 0.        , 0.        , 0.        ,
       0.        , 0.        , 0.13875619, 0.        , 0.13875619,
       0.        , 0.        , 0.        , 0.        , 0.        ,
       0.        , 0.        , 0.27751238, 0.18585327, 0.        ,
       0.        , 0.        , 0.        , 0.        , 0.        ,
       0.        , 0.        , 0.        , 0.        , 0.11194762,
       0.        , 0.        , 0.        , 0.        , 0.        ,
       0.        , 0.        , 0.        , 0.        , 0.        ,
       0.        , 0.        , 0.        , 0.        , 0.        ,
       0.13875619, 0.        , 0.        , 0.        , 0.        ,
       0.        , 0.        , 0.        , 0.33584286, 0.        ,
       0.        , 0.13875619, 0.        , 0.        , 0.        ,
       0.        , 0.        , 0.        , 0.        , 0.11194762,
       0.        , 0.        , 0.        , 0.13875619, 0.        ,
       0.        , 0.        , 0.        , 0.        , 0.        ,
       0.        , 0.        , 0.27751238, 0.        , 0.        ,
       0.        , 0.        , 0.        , 0.        , 0.18585327,
       0.        , 0.        , 0.        , 0.        , 0.        ,
       0.        , 0.        , 0.        , 0.        , 0.        ,
       0.        , 0.        , 0.        , 0.        , 0.        ,
       0.        , 0.        , 0.        , 0.11194762, 0.        ,
       0.        , 0.        , 0.        , 0.        , 0.        ,
       0.        , 0.        , 0.        , 0.13875619, 0.        ])
```

TV.vocabulary

```
{'보험': 47      '호수': 174,    '가정': 1,
 '문의': 34,     '통원': 159,    '일반': 118,
 '교통사고': 18, '의료': 105,    '마이너스': 31,
 '손해': 75,     '상해': 64,     '생각': 66,
 '접수': 130,    '사고': 58,     '초과': 152,
 '입원': 120,    '질병': 146,    '수도': 76,
 '수술': 77,     '치료': 157,    '실제': 88,
 '골절': 13,     '의사': 106,    '지급': 142,
 '보장': 46,     '권유': 20,     '이해': 115,
 '조회': 134,    '검사': 6,      '선생님': 70,
 '이백이': 112,  '진료': 145,    '몸살': 33,
 '하나로': 169,  '심사': 89,     '링거': 30,
 '오케이': 97,   '회당': 178,    '소견': 73,
 '실손': 86,     '공제': 15,     '가입': 0,
 '자부': 123,    '차감': 147,    '사료': 59,
 '금액': 21,     '한도': 170,    '특약': 160,
 '청구': 150,    '급여': 22,     '도수': 27,
 '부담': 51,     '영수증': 94,   '체외': 151,
 '상대방': 63,   '대상': 24,     '충격파': 154,
 '과실': 16,     '프로': 167,    '증식': 141,
 '회사': 179,    '비급': 56,     '주사': 138,
 '병원': 44,     '의원': 107,    '이내': 109,
 '지불': 143,    '종합병원': 13  '횟수': 180,
 '실비': 85,     '이만원': 110,  '보고': 45,
 '상담': 61,     '감기': 2,      '설명': 71,
 '아파트': 90,   '항목': 171,    '서류': 68,
```

[그림 5-16] toarray 함수와 vocabulary_ 형태 코드

판다스 패키지를 이용하여 데이터 프레임 형태로 값을 변경했다.

μ Code
```
from sklearn.feature_extraction.text import TfidfVectorizer
from sklearn.metrics.pairwise import cosine_similarity

TV = TfidfVectorizer()
tfidfvec = TV.fit_transform(result)
tfidfv_df = pd.DataFrame(tfidfvec.toarray(), columns=TV.get_feature_names())
cosine_similarity(tfidfv_df, tfidfv_df)
```

각 벡터 유사도를 계산하면 [그림 5-17]과 같다. 즉, 0번 문서는 1번 문서와 유사하다는 결론을 얻을 수 있다.

```
array([[1.        , 0.24802494, 0.19143664, 0.06493821, 0.26766708],
       [0.24802494, 1.        , 0.09187203, 0.0654276 , 0.14008204],
       [0.19143664, 0.09187203, 1.        , 0.11568613, 0.18418985],
       [0.06493821, 0.0654276 , 0.11568613, 1.        , 0.11915025],
       [0.26766708, 0.14008204, 0.18418985, 0.11915025, 1.        ]])
```

[그림 5-17] 벡터 유사도 코드

하지만 TfidfVectorizer 상위 10개의 단어를 살펴보니 한 단어씩만 제시되어 단편적인 정보만 알 수 있고 정확히 무슨 민원인지 구분되지 않는 문제가 있다.

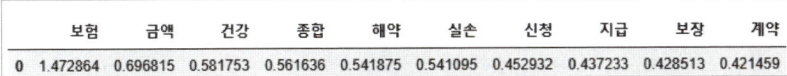

[그림 5-18] TfidfVectorizer 상위 10개의 단어

이러한 문제점을 해결하기 위해 확률적 언어 모형인 n-그램 알고리즘 중 바이그램 (bigram) 모형을 사용하여 두 개의 연속된 단어 묶음을 추출했다. N의 값이 1인 경우보다는 2인 경우 대부분 성능이 우수하다. 예를 들어 '보험'이라는 단어 한 개만 고려하는 경우보다 '상해보험', '치매보험', '보험해약' 등과 같이 두 개의 단어를 고려했을 때 문장의 맥락을 파악하는 데 더 용이함을 알 수 있다.

μ Code

```
TV = TfidfVectorizer(ngram_range=(2,2), max_df= 0.50)
tfidfvec = TV.fit_transform(result)
tfidfv_df = pd.DataFrame(tfidfvec.toarray(), columns=TV.get_feature_names())
csv_TV = pd.DataFrame(tfidfv_df.sum().sort_values(ascending=False))
```

	종합 건강	공제 금액	갱신 거절	상해 보험	건강 보험	치매 보험	건강 관리	관리 자금	계약 보험	보험 해약
0	0.553372	0.505781	0.467707	0.415029	0.415029	0.386695	0.334077	0.334077	0.290021	0.290021

[그림 5-19] N그램 상위 10개의 단어

텍스트 처리 과정을 통해 전체 데이터를 학습하여 상위 민원 키워드를 도출했다. 이때 단어에 대한 TF와 TF-IDF 그리고 n-그램을 활용한 TF-IDF를 비교하기 위해 상위 20개 민원 키워드와 워드클라우드 시각화를 진행했다.

순위	키워드	TF	순위	키워드	TF-IDF	순위	키워드	TF-IDF
1	문자	10192	1	해약	450.7	1	자동이체	206.1
2	금액	10067	2	출금	400.3	2	실손보험	101.3
3	출금	9970	3	변경	359.2	3	건강보험	98.2
4	지급	9852	4	대출	348.1	4	보험해약	83.9
5	계약	9765	5	지급	344.5	5	은행계좌	83.0
6	해약	9603	6	갱신	331.4	6	해약환급금	74.8
7	변경	9479	7	문자	330.4	7	문자발송	71.0
8	보험료	9126	8	보험료	324.9	8	건강관리	63.4
9	이체	8914	9	이체	319.6	9	대출금액	62.7
10	자동	8735	10	계약	316.2	10	관리자금	62.6
11	청구	8399	11	금액	311.6	11	보험가입	62.5
12	갱신	7372	12	자동	306.6	12	농협계좌	62.5
13	보장	7108	13	청구	305.5	13	대출상품	60.6
14	대출	7103	14	카드	290.3	14	보험상품	59.7
15	처리	7081	15	처리	261.0	15	대출이자	58.5
16	신청	6778	16	신청	249.6	16	보험계약	58.1

순위	키워드	TF	순위	키워드	TF-IDF	순위	키워드	TF-IDF
17	서류	6768	17	입원	247.8	17	보장보험	57.3
18	카드	6720	18	서류	247.7	18	이체계좌	56.7
19	상품	6346	19	보장	243.8	19	보험료출금	56.4
20	가입	5990	20	납부	243.5	20	인터넷뱅킹	54.8

[표 5-8] 상위 20개 민원 키워드

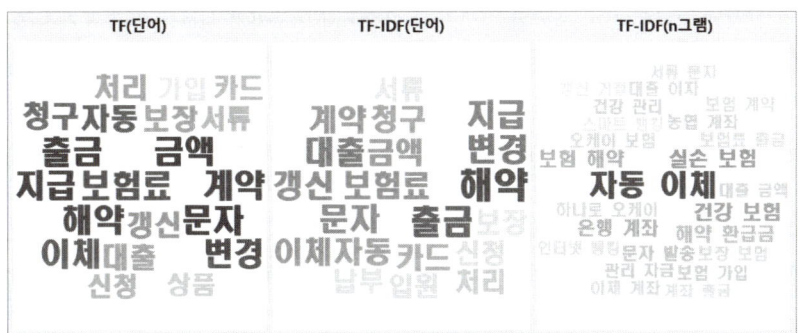

[그림 5-20] 상위 20개 민원 키워드 워드클라우드

상위 키워드 TOP20의 워드클라우드를 통해 고객들의 민원 현황을 정량화하여 파악할 수 있었다. 시각화를 통해 단순히 문서에 등장한 횟수를 기반으로 진행한 결과와 TF-IDF를 적용하여 도출된 상위 키워드에는 다소 차이가 있는 것을 확인할 수 있다. 빈번함뿐만 아니라 다양한 문서에서 자주 등장했다는 점에서 해약과 대출에 대한 민원이 많다는 것을 알 수 있다.

우리는 여기에서 멈추지 않고 단어가 아닌 n-그램을 통한 복합명사를 도출하여 의미를 파악할 수 있는 키워드를 도출하고자 했다. 단어 빈도수로 추출한 상위 키워드나 TF-IDF로 추출한 상위 키워드는 의미 전달이 불분명한 경우가 많았다. 반면, n-그램을 적용한 결과 '자동이체', '실손보험', '건강보험' 등 주제를 파악하는 데 유리한 민원 키워드가 상위에 도출되었다.

5.2.4 토픽 모델링

토픽 모델(topic model)이란 주어진 문서 집합에 내재된 추상적인 주제(topic)를 발견하기 위한 통계 모델 중 하나다. 이는 텍스트에 숨겨진 토픽을 추출할 때 사용하는 텍스트 마이닝 기법이다. 동일한 문서에서 자주 같이 출현하는 단어들은 유사한 의미를 지닐 확률이 높은데, 이를 묶어 하나의 주제로 정의한다.

LDA는 토픽 모델링의 가장 대표적인 알고리즘이다. LDA 토픽 모델링은 비정형 텍스트 분석에서 자주 쓰이는 기법으로, 문서 집합에서 연구자가 원하는 만큼 주제를 도출할 수 있으며 도출된 주제의 형태는 단어로 구성된 벡터들의 확률 분포를 보여준다. 구체적으로 LDA 토픽 모델링은 확률 기반의 분석을 통해 방대한 양의 문서 데이터를 분석함으로써 문서 내에 어떤 주제가 어떤 비율로 구성되어 있는지 살펴본다.

또한 주제별로 키워드 조합을 통해 인사이트를 도출하는 데 효과적이라는 장점이 있다. 최근에 LDA 토픽 모델링을 통해 SNS에서 유사한 토픽을 자동으로 분류하거나 온라인 리뷰를 분석하여 고객 니즈를 도출하는 등 다양한 분야에서 연구가 활발히 진행되고 있다.

▪ LDA 모델을 위한 객체 생성 및 학습

텍스트 데이터 정제 과정에 대한 설명은 이전 빈도 분석과 중복되므로 생략한다. 동일한 전처리 과정을 거친 후 tokenized_doc로 저장한 상태다.

μ Code

```
def token(x):
    tokens = okt.nouns(x)
    tokens = [token for token in tokens if token not in stop_words if len(token) > 1]
    return tokens
script = [''.join(x) for x in result_F]
tokenize = map(lambda x : token(x),script)
tokenized_doc = list(tokenize) #리스트형식으로 담아줌
```

이제 각 단어에 정수 인코딩을 하는 동시에, 각 문서에서 단어의 빈도수를 세야 한다. 이는 genism의 corpora.Dictionary를 사용하여 수행할 수 있다. Dictionary에 리스트 형식으로 tokenized_doc를 입력하면 Dictionary가 학습된다. 단어가 겹치지 않도록 하나씩 dic에 저장하고 token2id를 사용하여 (str, int) 형태로 문서별 단어를 오름차순 매핑한다.

μ Code
```
from gensim import corpora
dic = corpora.Dictionary(tokenized_doc)
dic.token2id
corpus = [dic.doc2bow(text) for text in tokenized_doc]
```

여기서 corpus[36]는 리스트 안의 각 단어를 bag-of-words 형태로 (word_id, word_frequency)의 2튜플로 변경한다. word_id는 단어가 정수 인코딩된 값이고, word_frequency는 해당 문서에서 해당 단어의 빈도수를 의미한다.

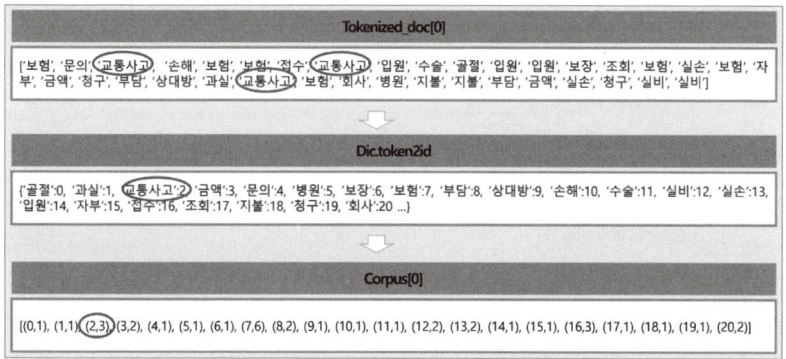

[그림 5-21] word_id와 word_frequency가 매핑되는 과정

첫 번째 문서의 corpus 출력 결과를 보면, (2, 3)은 정수 인코딩이 2로 할당되고 이 단어는 '교통사고'와 매핑된다. 그리고 '교통사고'는 첫 번째 문서에서 세 번 등장했음을 알 수 있다.

---

36. 말뭉치(corpus, 복수형: corpora)는 자연어 연구를 위해 특정한 목적을 가지고 언어의 표본을 추출한 집합이다.

■ **일관성 점수 도출하여 가장 좋은 토픽 수 찾기**

전체 문서 데이터 셋에서 추출할 토픽의 총 개수는 하이퍼파라미터(hyperparameter)[37]로 사용자가 직접 지정해야 한다. 하이퍼파라미터 튜닝을 하기 위해 models.coherencemodel 모델에 대한 주제의 일관성을 계산했다. 이때 학습 횟수(passes)를 20으로 설정했다.

μ Code

```
from gensim.models.coherencemodel import CoherenceModel
from gensim.models.ldamodel import LdaModel

a,z = (2,10)
x = []
y = []
for i in range(a,z+1):
    ldamodel = LdaModel(corpus, num_topics = i, id2word=dic, passes=20, random_state = 0)
    cm = CoherenceModel(model = ldamodel, corpus = corpus, coherence='c_v', dictionary=dic, texts=tokenized_doc)
    coherence = cm.get_coherence()
    x.append(i)
    y.append(coherence)
```

토픽 개수를 늘려가며 응집성 지수(coherence score, 'c_v')를 측정했으며 해당 값이 0과 1 사이인 0.55 정도면 의미론적으로 일관성이 높다고 할 수 있다. 학습 결과 [그림 5-22]와 같이 num_topics이 7일 때 비교적 높은 응집성 지수인 0.566이 측정되어 토픽 수를 7개로 결정했다.

---

37. 모델링할 때 사용자가 직접 세팅해주는 값

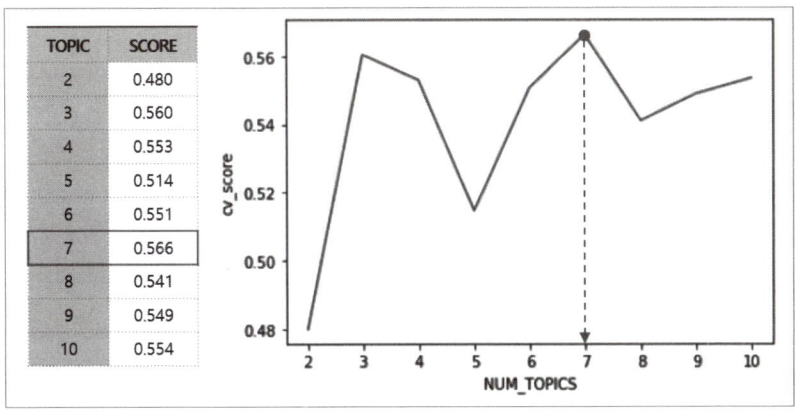

[그림 5-22] 최적의 토픽 수 찾기

■ LDA 모델 훈련

토픽 모델링 분석에서 가장 중요한 것은 분석 대상인 corpus에 대해 최적화된 토픽의 수를 정하는 것이다. 각 단어 앞에 붙는 수치는 단어의 해당 토픽에 대한 기여도를 보여준다. 또한, 맨 앞에 있는 토픽 번호로는 총 7개의 번호가 할당되었다. 여기서는 num_words=10으로 총 10개의 단어만 출력하도록 했다.

μ Code

```
NUM_TOPICS = 7 #토픽개수
ldamodel = LdaModel(corpus, num_topics = NUM_TOPICS, id2word=dic,
passes=20, random_state=0)
topics = ldamodel.print_topics(num_words=10) #출력단어개수
for topic in topics :
    print(topic)
```

LDA 분석을 통해 유형화한 결과는 [표 5-9]와 같이 나타낼 수 있다. 각 토픽이 무엇을 의미하는지는 분석가의 해석에 따라 달라질 수 있다. 토픽을 해석하기 위해 해당하는 단어들을 보고 유추하여 주제를 정의해야 한다.

구분	TOPIC1 (7.7%)	TOPIC2 (12%)	TOPIC3 (8.4%)	TOPIC4 (28.6%)	TOPIC5 (17.5%)	TOPIC6 (13.3%)	TOPIC7 (12.6%)
1	해약	보험	카드	계좌	보험	청구	계좌
2	보험	계약	인증서	출금	갱신	보험	문자
3	금액	연금	뱅킹	보험	계약	입원	통장
4	해지	팩스	발급	대출	상품	수술	이체
5	환급금	서류	인터넷	이체	보험료	서류	예금
6	인증	변경	인증	자동	보장	심사	입금
7	상품	이메일	이용	보험료	실손	통원	변경
8	처리	수익	계좌	지급	건강	문자	거래
9	환급	신분증	체크카드	이자	가입	병원	자동
10	지급	발송	사용	은행	만기	보장	조회

[표 5-9] 7개의 TOPIC 중 상위 10개 단어

토픽1에 기여하고 있는 상위 10개 키워드는 '해약', '보험', '금액' 등이며 토픽1에 대한 '해약'의 가중치는 0.106이다. 가중치는 키워드가 해당 토픽에 얼마나 중요한지를 반영한다. 이러한 키워드를 보며 토픽이 무엇인지를 짐작할 수 있다. 이 과제는 위험민원을 예측해야 하기 때문에 민원을 일반상담과 위험민원으로 분류하기로 했다.

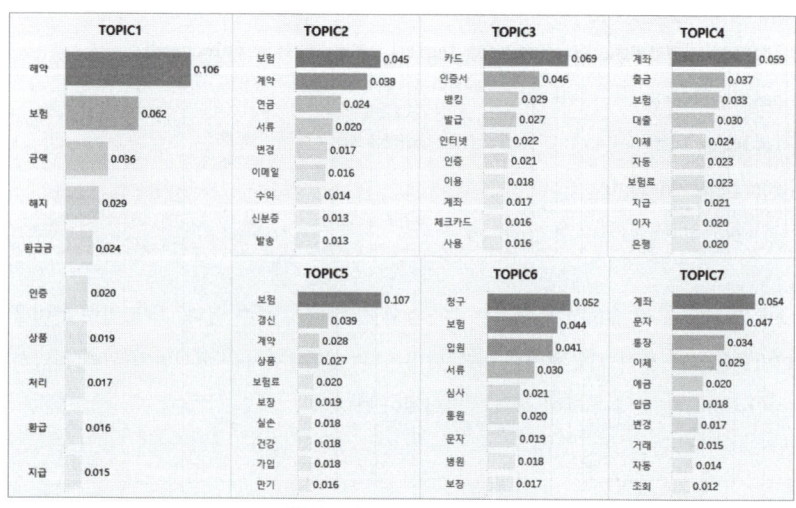

[그림 5-23] 토픽의 키워드와 중요도

은행에서 요구한 수익성을 저해하는 단어는 위험민원으로 선정했고 토픽1에서 위험민원에 유사한 단어들이 보여 이를 위험민원으로 정의했다. 토픽2부터 토픽7까지는 일반 금융업무(보험상담, 카드발급, 예금문의 등)에 해당하여 일반상담으로 정의했다.

토픽	대표 민원내용
TOPIC1	해약, 해지 등 수익성을 저해하는 키워드로 위험민원으로 구분됨
TOPIC2	계약서류 변경 관련 일반상담에 관한 민원으로 구분됨
TOPIC3	카드, 발급, 체크카드 등 카드 발급 관련 일반상담에 관한 민원으로 구분됨
TOPIC4	계좌, 자동, 이체 등 기타 업무 관련 일반상담에 관한 민원으로 구분됨
TOPIC5	보험상품 갱신 및 보험료 관련 일반상담에 관한 민원으로 구분됨
TOPIC6	보험료 청구 관련 서류 등 일반상담에 관한 민원으로 구분됨
TOPIC7	예금 업무 관련 등 일반상담에 관한 민원으로 구분됨

[표 5-10] 토픽별 대표 민원내용

위험민원에 해당하는 토픽1은 7.7%로 가장 적은 비중을 차지했으며, 일반민원으로 정의한 토픽2~7은 92.3%이었다. 일반민원 중 계좌, 자동, 이체 등 기타 업무와 관련된 토픽4가 전체 민원 중에서 28.6%를 차지하여 가장 많이 발생한 민원으로 선정됐다.

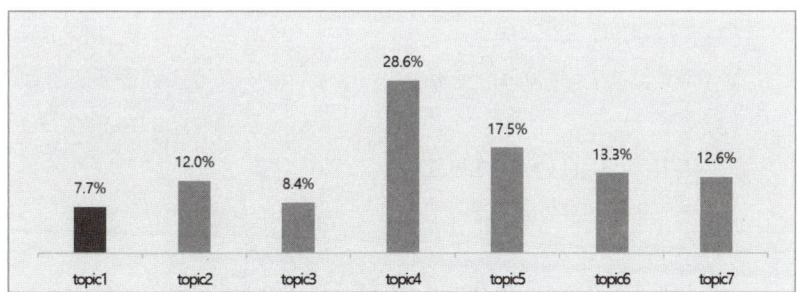

[그림 5-24] 토픽별 비율

보험상품 갱신이나 보험료와 관련한 일반상담도 둘째로 많이 발생한 것으로 나타났으며, 전반적으로 보험과 예금에 대한 민원이 주를 이룬 것을 확인할 수 있다. 다만, 카드발급이나 체크카드 관련 일반상담 역시 위험민원만큼 많이 나타난 것으로 봤을 때 함께 고려할 필요가 있다.

5.2.5 월별 위험민원 추세

민원에 선제 대응할 수 있는 체계를 구성하기 위해 위험민원이 얼마나 발생하는지 파악할 필요가 있다. 따라서 월별 발생한 위험민원을 바탕으로 앞으로 민원이 얼마나 발생할지 예측하기 위해 월별 위험민원 추세를 확인했다.

'5.2.4 토픽 모델링'에서 정의한 위험민원 대상 키워드 중에서 타당성이 높은 키워드로 위험민원을 다시 정의했다. 토픽 모델링으로 도출되었던 토픽1에서는 해약, 보험, 금액, 해지, 환급금, 인증, 상품, 처리, 환급, 지급 등 10개의 키워드가 도출되었다.

토픽 모델링으로 도출된 키워드는 각각 가중치가 존재하기 때문에 이를 활용하여 해당 문서가 위험민원인지 파악할 수 있다. 모든 문서별로 위험민원에 대한 스코어를 산정하고 70점 이상인 민원을 위험민원으로 정의했다.

μ Code
```
for i in range(len(corpus)):
    tp = ldamodel.get_document_topics(corpus[i])
    x = sorted(tp, key=lambda x: x[1], reverse=True)
    topic = x[0][0]
    score = x[0][1]
    if score >= 0.7 and topic == 0: #점수가 70점 이상이고 첫 번째 토픽을 위험민원으로 선정
        df_2['cate'][i] = '위험민원'
        df_2['score'][i] = score
```

[그림 5-25] 하단에 위치한 위험민원을 살펴보면 은행 수익과 연관되는 '보험해약', '보험해지'에 대한 문의인 것을 확인할 수 있다. 뿐만 아니라 위험민원 스코어가 70점 이상인 다른 문서들 역시 보험해약이나 해지 같은 문서인 것으로 나타났으며, 해당 민원들은 보험민원에서 중점적으로 살펴볼 민원이었다.

> **위험민원 내용**
>
> 예금상담 홍길동입니다 여보세요 네 무엇을 도와드릴까요 아 보험 이거 해약 좀 할려 그러는데요 그러세요 정보 보호를 위해 몇 가지만 여쭙고 확인 후 진행하겠습니다 고객님 등록된 휴대폰 번호가 몇 번이십니까 [개인정보] 확인 감사합니다 암보험과 큰 병 큰 보장 보험 있으신데요 어떤 보험 해약 예정이십니까 근데 그게 다 갱신이 들어가죠 네 모두 다 갱신 상품입니다 그거 다 해지할라 그러는데 아 그러세요 알겠습니다 오늘 해약하시면 큰 병 큰 보장은 총 00만 0천 0백원 중에서 000원 받을 수 있습니다 알겠습니다 네 감사합니다 홍길동이었습니다

[그림 5-25] 위험민원 내용

민원 분석에서는 2022년 3월부터 시작해서 2022년 7월까지 5개월 동안의 데이터를 이용하여 분석을 진행했다. 5개월 동안 발생한 민원 가운데 위험민원은 3.28%를 차지했다. 이렇게 발생한 위험민원을 대상으로 향후 얼마나 많은 민원이 발생할 것인지 예측 모형을 만들기 위해 일별 데이터로 시각화했다.

일별 데이터로 전환한 위험민원 데이터는 예측 모델을 적용하기에 한계점이 있었다. 일별 그래프의 모양에서 선형 추세나 비선형 추세가 존재하지 않았다. 또한, 2022년 3월부터 2022년 7월까지의 데이터로 계절성이 존재하지 않았다. 마지막으로, 분산이 시간의 흐름에 따라 점점 커지지 않고 7월에는 반복되는 데이터 형태를 가지는 모습을 볼 수 있다.

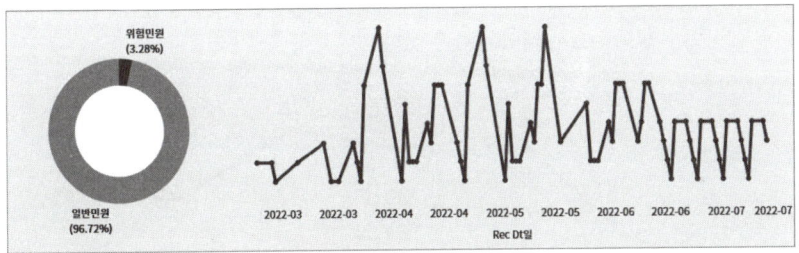

[그림 5-26] 위험민원 비율 및 일별 현황

시간의 흐름에 따라 변화하는 데이터를 시계열 데이터라고 부르는데, 이를 이용해 미래의 시간 정보를 예측하는 분석을 시계열 분석이라고 한다. 시계열 분석을 할 때는 데이터가 선형적 추세이고 일정 범위 내에서 변동되어야만 예측을 진행할 수 있다. 따라서 이 데이터를 월별 데이터로 전환하여 다시 시계열 분석을 시도했다.

일별 데이터에서 월별 데이터로 집계하여 다시 데이터를 살펴보면 [표 5-11]과 같이 나타난다. 그런데 3월과 7월은 전체 한 달치 데이터가 아니라 일부 날짜에만 들어온

민원이 취합된 건수를 나타낸다. 즉 한 달 동안 들어온 전체 민원은 4월부터 6월까지 인 셈이다.

월	3월	4월	5월	6월	7월
민원 건수	18건	71건	64건	74건	39건

[표 5-11] 월별 위험민원 데이터 건수

민원 분석을 하는 과정에서 일부 샘플 데이터를 활용했기에 실제 시각화로 도출되는 과정에서 왜곡이 있을 수 있다. 그러나 향후 실서비스가 오픈하고 새롭게 민원 데이 터를 받게 되면 정상적으로 나타날 것이다.

데이터를 빠르게 탐색하고 인사이트를 제공하기 위해 개발된 비즈니스 인텔리전스(Business Intelligence, BI) 솔루션 태블로에는 시계열 예측 기능이 있다. [그림 5-27]은 태블로에서 시계열 예측을 하여 시각화한 결과이다.

태블로에서 시계열 예측을 하기 위해서는 최소 여섯 개의 데이터가 존재해야 한다. 다만, 우리가 수집한 데이터는 3월부터 7월까지의 다섯 달 데이터이기 때문에 태블로에서는 시계열 예측을 할 수 없다. 따라서 2022년 2월에 강제로 0건이 발생한 것처럼 데이터를 넣어주고 시계열 예측을 했다.

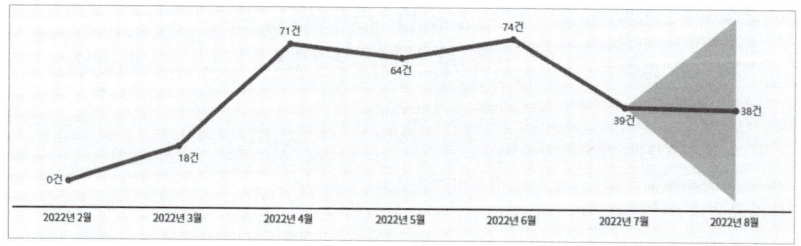

[그림 5-27] 위험민원 예측 그래프

2022년 8월을 예측하기 위해 2022년 2월부터 2022년 7월까지의 원본 데이터를 사용했다. 그리고 추세가 있는 데이터를 위해 지수평활법으로 예측했다. 2022년 8월은 총 38건의 위험민원이 발생할 것으로 예측된다.

> **Tip) 지수평활법**
> 최근 자료에 더 큰 가중치를 주고 현 시점에서 멀수록 작은 가중치를 주어 지수적으로 과거의 비중을 줄여 미래 값을 예측하는 방법이다.

5.3 결론

고객 민원 데이터를 활용하여 상담센터의 업무 효율을 향상하고 선제적 대응 체계를 구현하기 위해 VoC 민원 분석을 수행했다. 특히 STT 기술을 활용하여 비정형 데이터인 음성 데이터를 정형 데이터인 텍스트 데이터로 변환할 수 있었다. 이로 인해 2022년 2월부터 2022년 7월까지 고객들의 민원 데이터를 수집하여 다양하게 활용할 수 있었다.

5.3.1 분석 과제 요약

민원 분석을 위한 프로세스는 데이터 수집, 데이터 전처리, 빈도 분석, 토픽 모델링, 위험민원 분석 예측 단계를 거쳐서 진행했다. 데이터 전처리 단계에서 수집된 데이터에 대해 텍스트 정규화를 통해 빈도 분석을 실시할 수 있었다. 빈도 분석의 TF-IDF 특징 추출 기법을 사용하여 단어에 가중치를 주어 고객들이 자주 언급하거나 중요한 민원 키워드가 무엇인지를 파악할 수 있었고 이에 대해 워드클라우드 시각화를 보여주어 분석 결과를 쉽게 볼 수 있도록 했다.

해당 민원 키워드를 주제별로 조합하여 위험민원과 일반민원을 구분하는 토픽 모델링도 실시했다. CoherenceModel을 사용하여 일관성 점수를 계산해 토픽 개수 7개를 선정했고, 단어의 해당 토픽에 대한 기여도를 파악하여 위험민원과 일반민원으로 구분할 수 있었다. 위험민원은 '해약', '해지', '환급금' 등 수익성을 저해하는 키워드로 구분되는 것을 볼 수 있었다.

위험민원 추세를 알아보기 위해 기여도 점수가 70점 이상이라는 조건을 주어 위험민원의 정확도를 높였고, 지수평활법을 활용하여 2022년 8월의 위험민원이 38건 발생할 것으로 예측도 해보았다.

5.3.2 향후 연구

이 과제는 금융권에서 발생한 민원 데이터를 수집했다. 수집한 민원 데이터를 이용하여 토픽 모델링을 통해 위험민원을 정의했고 위험민원 발생에 대한 예측을 시도했다. 이 방법론을 타 도메인에 적용하지 않았기 때문에 일반화된 모델로 제안하기에는 한계가 있을 것으로 판단된다. 향후, 금융권이 아닌 타 도메인에서 활용 가능한지 적용해볼 필요가 있다.

또한 이번 분석에서는 녹취 데이터에서 키워드를 추출하여 진행했다. 그러나 추후에는 해당 녹취 데이터에 대해 머신러닝 기반 문서 분류를 진행하여 민원 유형을 분류하고 이를 바탕으로 키워드 분석을 진행한다면, 고객에게 필요한 대응이 신속하게 처리될 것으로 기대된다. 추가적으로 텍스트 기반으로 민원 유형 분류와 함께 성별과 연령대에 따른 민원 유형을 세분화한다면, 집단별 대응 방안을 체계적으로 모색할 수 있을 것으로 보인다.

이번 민원 분석을 통해 고객 니즈를 파악하고 빠른 대응을 하기 위한 초석으로 삼을 수 있다. 지속적인 데이터 수집과 추가 분석을 통해 위험민원 선제 대응을 함으로써 회피 및 트렌드 분석에 의한 빠른 시장 대응에도 가능하도록 고도화할 수 있다. 향후 다양한 채널에서 발생하는 VoC 데이터를 수집하여 분석의 품질을 높여 활용할 수 있을 것으로 판단된다.

개인화된 상품 추천은 고객이 알맞은 상품을 구매하게 하여 사업의 지속 가능성을 높이고 장기 고객을 확보한다. 따라서 상품 판매를 촉진하기 위해 상품 추천 시스템 전반을 이해하고 고객 분석을 통해 얻은 인사이트를 바탕으로 빅데이터 분석 기반 상품 추천을 구현하는 일련의 과정을 이해해야 한다.

상품 추천

6장 상품 추천 시스템
7장 보유 상품 기반 상품 추천
8장 체크카드 사용 실태에 따른 상품 추천
9장 접촉 로그 데이터 기반 관심상품 추천
10장 서비스화 및 결과 전달

상품 추천 시스템

6장

6.1 개요

상품 및 정보의 양이 늘어나고 고객들의 니즈가 다양해지고 있다. 따라서 고객들은 상품을 탐색하는 데 많은 시간을 소요하고 그에 따른 피로감을 느낄 수 있다. 따라서 대부분의 기업은 고객들이 상품을 탐색하는 데 드는 시간을 줄여주고 피로감을 덜어주어 상품 판매를 촉진하고자 한다. 그러한 방법 중 하나가 상품 추천 시스템이라고 할 수 있다. 이번 장에서는 고객의 선호 방향을 분석하고 이를 고려해 상품을 추천해주는 상품 추천 관련 과제를 다루고자 한다. '보유 상품 기반 상품 추천', '체크카드 사용 실태에 따른 상품 추천', '접촉 로그 데이터 기반 관심상품 추천' 이렇게 총 세 개의 과제가 빅데이터 기반 상품 추천에 해당한다.

6.2 추천 모델

추천 모델에는 다양한 종류가 있으며 과제를 수행할 때마다 상황에 맞는 모델을 선택할 필요가 있다. 그러기 위해서는 우선 추천 모델의 종류에 대해 알 필요가 있다. 추천 방법의 종류가 명확하게 정의된 것은 아니지만, 다양한 업계의 분류 방법을 종합하면 무작위 추천, 그룹 기반 추천, 연관 규칙 분석, 콘텐츠 기반 필터링, 협업 필터링까지 크게 다섯 가지로 나눌 수 있다.

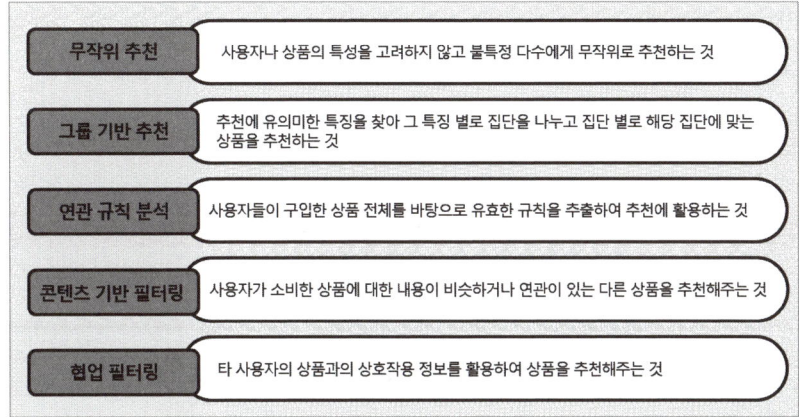

[그림 6-1] 상품 추천 모델 종류

6.2.1 무작위 추천

무작위 추천은 사용자들의 개인적인 성향을 무시하고 불특정 다수에게 무작위로 추천하는 방식이다. [그림 6-2]처럼 판매가 잘 되는 하나의 상품을 정하여 모든 사용자들에게 추천하는 방식이라고 생각하면 된다. 신문기사, 전광판 광고 등이 무작위 추천에 포함된다. 인기가 있는 글 또는 추천이 많은 글을 선정해서 보여주는 방식 또한 무작위 추천에 해당한다.

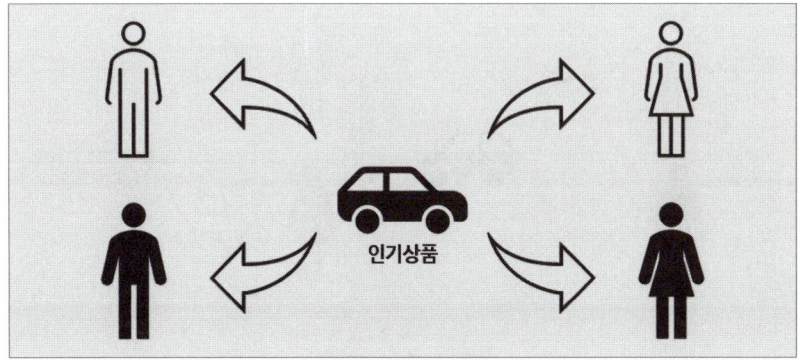

[그림 6-2] 무작위 추천 모델

무작위 추천의 장점은 알고리즘이나 모델을 사용하지 않기 때문에 리소스가 적게 들고, 보통 가장 많이 판매되는 상품을 정해서 추천하기 때문에 판매자의 의도가 사용자에게 명확하게 전달된다는 점이다. 하지만 그만큼 단점도 명확하다. 추천 상품을 보게 되는 사용자를 전혀 고려하지 않기 때문에 노출 대비 추천의 효과가 낮고 개인화된 추천을 제공할 수 없다. 무작위 추천의 경우 우체국에서 이미 적용해 사용하던 방식이기 때문에 고려할 추천 방식에서 제외했다.

모델	장점	단점
무작위 추천	• 특별한 모델을 사용하지 않아 리소스가 적게 든다.	• 개인 맞춤형 추천이 아니다. • 노출 횟수 대비 추천 효과가 적을 수 있다.

[표 6-1] 무작위 추천 모델 장단점

6.2.2 그룹 기반 추천

그룹 기반 추천은 사용자를 세분화하여 그룹을 나눈 후에 그에 맞는 추천을 제공하는 것을 말한다. [그림 6-3]처럼 전체 사용자를 특정 그룹으로 분류한 뒤 그 그룹마다 다른 상품을 추천하는 방식이다. 접촉 지역에 따라 그 지역에 맞는 상품을 추천해주거나 연령에 맞는 상품 추천, 네이버 쇼핑에서 남성, 여성을 선택하면 선택한 성별에 맞게 나오는 상품 추천 등이 그룹 기반 추천에 포함된다.

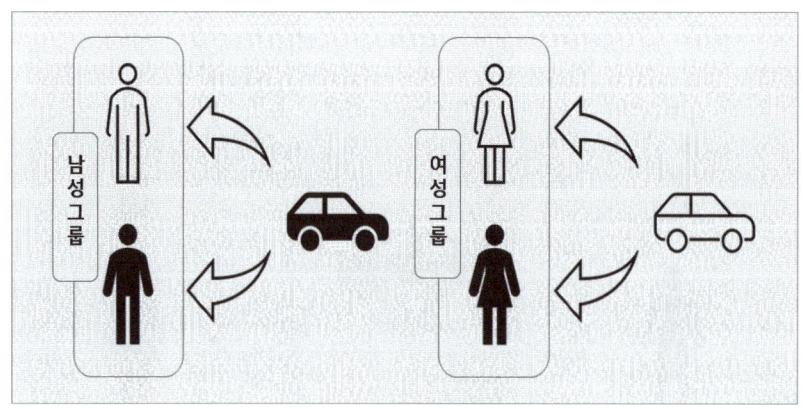

[그림 6-3] 그룹 기반 추천 모델

그룹 기반 추천의 장점은 시간 및 비용이 비교적 적게 들며 그룹에 따라 뚜렷한 차이가 있거나 그룹 구별만으로도 충분한 경우 추천의 효과가 높을 수 있다는 점이다. 하지만 그룹이 추천 설계자의 주관에 의해 나누어지기 때문에 그룹이 잘 분류되었는지 객관적으로 확인하기가 어렵다. 또 분류된 그룹 간에 뚜렷한 차이가 없는 경우 모두에게 비슷한 결과를 추천하게 되며 무작위 추천과 유사해질 수 있다는 단점이 있다. 그룹 기반 추천의 경우 복잡한 알고리즘보다 직관적인 추천 방식이 필요한 접촉 로그 데이터 기반 관심상품 추천 과제에서 고려했다.

모델	장점	단점
그룹 기반 추천	• 무작위 추천보다 노출 횟수 대비 추천의 효과가 크다.	• 개인 맞춤형 추천이 아니다. • 그룹이 잘 나뉘었는지 객관적인 지표로 확인하기 어렵다.

[표 6-2] 그룹 기반 추천 모델 장단점

6.2.3 연관 규칙 분석

연관 규칙 분석은 사용자들이 구입한 상품 전체를 바탕으로 규칙을 추출하는 방식을 말한다. [그림 6-4]와 같이 A 상품을 구매한 고객들이 다른 상품을 구매할 확률을 계산하고 A 상품을 가진 사용자에게 구매할 확률이 가장 높은 B 상품을 추천하는 것이다. 흔히 장바구니 분석이라고 불리는 분석이 이에 해당한다.

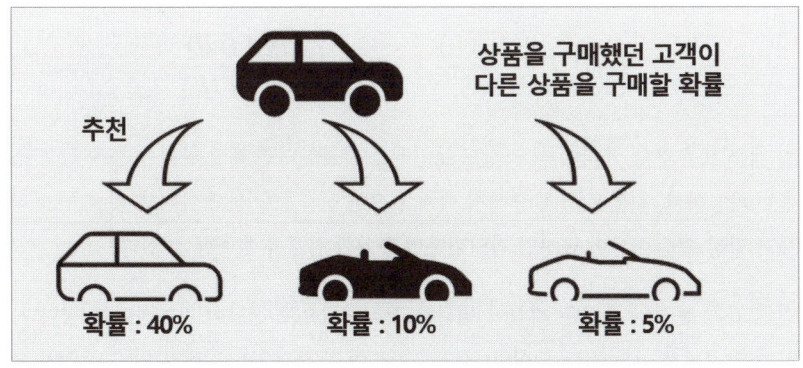

[그림 6-4] 연관 규칙 분석 모델

연관 규칙 분석은 '맥주를 구매한 고객은 육포도 구매한다', '잼 나이프와 식빵을 구입한 고객은 잼도 구매한다'와 같은 규칙들을 추출할 수 있다. 하지만 발생한 모든 규칙이 일반화되는 것은 아니며 어떤 규칙이 어느 정도 일반화 가능한지 분석하는 것이 연관 규칙 분석의 관건이라고 할 수 있다. 선행 아이템 셋과 후행 아이템 셋의 규칙이 얼마나 일반화 가능한지 정도는 다음의 세 가지 지표를 동시에 비교해 파악할 수 있다. 참고로 선행 아이템 셋과 후행 아이템 셋은 각각 단일 상품만이 아니라 다수의 상품도 가능하다.

≫ 지지도(Support)
전체 거래 중 한 거래 안에서 상품 A와 B가 함께 구매될 확률 지표다.

$$Support = P(A \cap B)$$

≫ 신뢰도(Confidence)
상품 A를 구매한 거래 중에서 상품 B를 구매할 확률 지표다.

$$Confidence = \frac{P(A \cap B)}{P(A)}$$

≫ 향상도(Lift)
상품 A를 구매함으로써 상품 B를 구매할 확률이 얼마나 올랐는지 비교하는 지표다. 높을수록 양의 상관관계를 가지며 1일 경우 독립적 관계, 낮을수록 음의 상관관계를 갖는다.

$$Lift = \frac{P(A \cap B)}{P(A)} \div P(B) = \frac{P(A \cap B)}{P(A)P(B)}$$

세 개 지표를 통해 규칙이 어느 정도 보편성을 확보한다면 해당 규칙을 통해 상품 추천이 가능하다. 수많은 규칙 중에서 현재 보유한 상품들을 선행 아이템 셋에 두고 지표가 일정 수준 이상인 규칙만 필터링하면 추천할 상품을 추출할 수 있다.

연관 규칙 분석의 장점은 해석이 명확하고 직관적으로 전달이 가능하다는 점이다. 하지만 지표가 어느 정도 되어야 한다는 기준이 객관적으로 정해져 있지 않으며 상황에 따라 모든 규칙에서 지표가 매우 낮게 나올 수도 있다는 단점이 있다. 이 경우 추천 시스템 설계자는 이 추천 방식이 유효한지 추가적인 검토가 필요하거나 해석이 직관적인 만큼 고객들이 납득할 수 있도록 그 타당성을 확보할 필요가 있다. 이러한 연관 규칙 분석은 사용자들의 상품 구매내역 데이터가 존재하는 '보유 상품 기반 상품 추천' 과제에서 사용할 수 있을 것으로 판단했다.

모델	장점	단점
연관 규칙 분석	• 개인 맞춤형 추천이다. • 추천 결과 설명이 명확하고 직관적이다.	• 기준이 되는 지표를 설계자가 주관적으로 설정해야 한다. • 지표가 어느 정도 나와야 활용 가능하다.

[표 6-3] 연관 규칙 분석 모델 장단점

6.2.4 콘텐츠 기반 필터링

콘텐츠 기반 필터링(Content-Based Filtering, CBF)은 어떤 상품을 열람하거나 구매한 사람에게 그 상품과 유사한 상품을 추천하는 것을 말한다. [그림 6-5]와 같이 상품 특징에 기반해 유사한 상품을 추천해준다. 쇼핑몰에서 흔하게 볼 수 있는 '최근에 본 상품'과 '유사한 상품', OTT 사이트에서 '최근에 본 영화'와 '유사한 영화' 등이 이 모델에 해당한다.

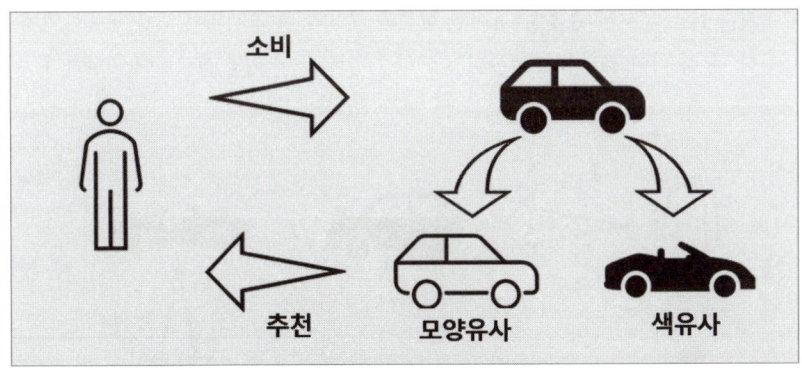

[그림 6-5] 콘텐츠 기반 필터링 모델

콘텐츠 기반 필터링의 장점은 고객이 열람했거나 구매한 콘텐츠와 유사한 상품을 제공하기 때문에 개인화 추천이 가능하다는 점이다. 또한 대중적이지 않은 상품도 추천이 가능하고 추천된 이유 또한 설명하기 쉬운 편이다. 하지만 신규 고객에게는 추천이 어려우며 상품(콘텐츠)에 대한 이해도가 매우 높거나 그에 준하는 시간을 들여 상품 특징을 추출하는 작업이 필수라는 단점이 있다. 프로젝트의 기간이 길지 않고 해당 상품에 대한 정보를 제공받지 못해 도메인 지식을 습득하기 어려우므로 상품에 대한 특징 추출이 힘들다 판단되어 고려할 추천 방식에서 제외했다.

모델	장점	단점
콘텐츠 기반 필터링	• 개인 맞춤형 추천이다. • 신상품 또는 대중적이지 않은 아이템도 추천 가능하다. • 사용자에게 추천 사유 설명이 가능하다.	• 신규 고객에게는 추천이 어렵다. • 상품에 대한 이해도가 매우 높거나 그에 준하는 시간을 들여 상품의 특징을 추출하는 작업이 선행되어야 한다.

[표 6-4] 콘텐츠 기반 필터링 모델 장단점

6.2.5 협업 필터링

협업 필터링(Collaborative Filtering, CF)은 추천할 때 타 사용자의 선호도를 활용하는 방법을 말한다. 여기에서 선호도는 협업 필터링에 필요한 데이터 형태로 점수, 평점 등과 같은 명시적 점수(explicit rating)와 클릭, 노출, 구매 등의 암묵적 점수(implicit rating)로 구분된다. 이는 [그림 6-6]과 같이 유사한 상품을 보유한 타 고객의 정보를 활용하여 추천한다. 흔히 '나와 유사한 고객들이 좋아하는 상품' 등이 협업 필터링에 해당한다.

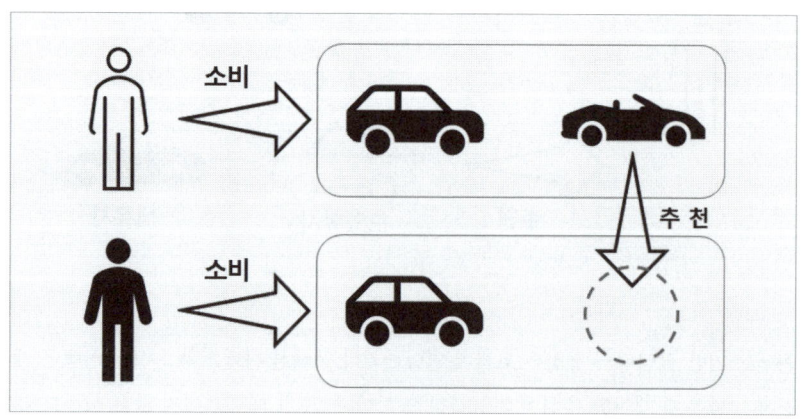

[그림 6-6] 협업 필터링 모델

[그림 6-7]과 같이 이 추천 시스템은 최근접 이웃 방식과 잠재 요인 방식으로 나뉘며, 두 방식 모두 사용자-아이템 평점 행렬 데이터에만 의지해 추천을 수행한다.

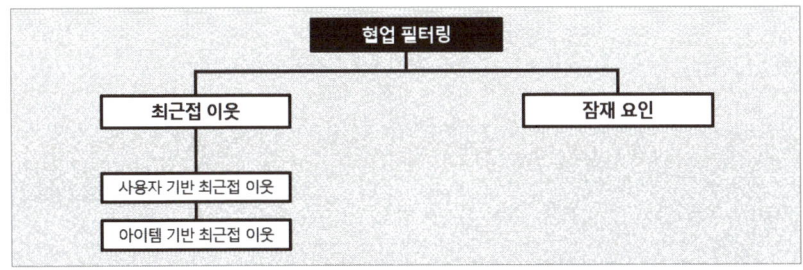

[그림 6-7] 협업 필터링 구분

■ 최근접 이웃 기반 협업 필터링

이 필터링은 사용자들의 상품 소비패턴이나 평점을 이용해 사용자-상품에 대한 행렬을 도출하고 사용자와 가장 유사한 고객의 소비패턴이나 평점을 참고하여 상품을 추천하는 방법이다.

[그림 6-8]에서 User1은 Item4에 대한 평점이 없다. 협업 필터링은 사용자가 평가한 다른 아이템을 기반으로 사용자가 평가하지 않은 아이템의 예측 평가를 도출하는 방식이다.

	Item1	Item2	Item3	Item4
User1	3		3	
User2	4	2		3
User3		1	2	3

[그림 6-8] 최근접 이웃 기반 협업 필터링 방식

최근접 이웃 협업 필터링은 메모리 협업 필터링이라고도 하며, 일반적으로 사용자 기반과 아이템 기반으로 나눌 수 있다.

- **사용자 기반**: 나와 비슷한 고객들이 다음 상품도 구매함
- **아이템 기반**: 이 상품을 선택한 다른 고객들은 다음 상품도 구매함

사용자 기반 최근접 이웃 방식은 특정 사용자와 타 사용자 간의 유사도를 측정한 뒤 유사도가 높은 TOP-N 사용자를 추출해 그들이 선호하는 아이템을 추천하는 것이다.

[그림 6-9]를 보면 User1은 User3보다 User2와 평점 측면에서 유사도가 더 높다. 따라

서 User1에게 User2가 재미있게 본 Item4를 추천하는 것이 사용자 기반 최근접 이웃 협업 필터링이다.

		Item1	Item2	Item3	Item4
상호간 유사도 높음	User1	3	2	3	
	User2	4	3	3	5
	User3	5	1	2	3

[그림 6-9] 사용자 기반 최근접 이웃 방식

아이템 기반 최근접 이웃 방식은 아이템이 가지는 속성과 상관없이 사용자들이 그 아이템을 좋아하는지/싫어하는지의 평가 척도가 유사한 아이템을 추천하는 기준이 되는 방법이다.

[그림 6-10]은 아이템 기반 최근접 이웃 방식에 필요한 데이터 형태다. 위의 사용자 기반 최근접 이웃 방식에 필요한 데이터 형태와 행과 열이 서로 반대인 것을 볼 수 있다. Item1과 Item2가 유사도가 높으므로 User4에게는 Item3보다 Item1을 추천하는 것이 아이템 기반 최근접 이웃 방식이다.

		User1	User2	User3	User4	User5
상호간 유사도 높음	Item1	3	2	3		4
	Item2	4	3	3	3	4
	Item3	5	1	2	3	

[그림 6-10] 아이템 기반 최근접 이웃 방식

추천 시스템에 사용되는 유사도 측정을 위해 다양한 방식의 유사도를 계산하여 가장 유사한 사용자를 식별한다. 여기서 유사도란 유사한 정도를 계산한 것을 통칭한다. 그 종류에는 유클리디안, 코사인, 피어슨, 자카드 유사도 등이 있으며, 주로 코사인 유사도를 이용한다.

≫ 유클리디안 거리(Euclidean Distance)

두 객체의 일반적인 직선거리로 가장 흔히 사용하는 거리이다.

$$L_2 = \sqrt{\sum_{i=1}^{n}(x_i - y_i)^2}$$

≫ 코사인 유사도(Cosine Similarity)

두 벡터의 코사인 각도를 이용하여 구할 수 있는 두 벡터의 유사도를 의미한다. -1 이상 1 이하의 값을 가지며 값이 1에 가까울수록 유사도가 높다고 판단할 수 있다.

$$C(A, B) = cos\,\theta = \frac{A \cdot B}{\|A\| \cdot \|B\|}$$

≫ 피어슨 유사도

두 벡터의 상관계수를 의미한다. -1부터 1 사이의 값을 가지며 값이 클수록 유사한 정도가 높다고 판단 가능하다. 각 사용자의 평점의 평균값을 빼줌으로써 각 사용자의 평가 성향을 반영하지 못한다는 코사인 유사도의 단점을 해결한 유사도 평가 방법이다.

$$corr(A, B) = \frac{cov(A, B)}{\sigma_A \sigma_B} = \frac{E[(A - \mu_A)(B - \mu_B)]}{\sigma_A \sigma_B}$$

≫ 자카드 유사도

가장 간단한 유사도 계산 방식 중에 하나로 두 벡터 간의 교집합을 합집합으로 나누어 구하는 방법이다.

$$J(A, B) = \frac{|A \cap B|}{|A \cup B|} = \frac{|A \cap B|}{|A| + |B| - |A \cap B|}$$

■ **잠재 요인 기반 협업 필터링**

협업 필터링에서 사용하는 데이터는 사용자가 모든 상품을 이미 소비해본 것도 아닐 것이며 소비했다고 하더라도 모든 상품을 평가하지도 않기 때문에 데이터가 희소한 경우가 많다. 또한 만약 평가 점수가 아닌 소비 여부 등의 암시적 점수 데이터를 사용하는 경우 소비를 했는지 안 했는지 여부일 뿐이지 해당 사용자가 선호하는지 비선호하는지 여부는 알 수가 없다. 이러한 두 경우 데이터가 불완전하기 때문에 추천 결과에 악영향을 미칠 수 있는데 그러한 문제를 해결할 방법으로 잠재 요인 기반 협업 필터링을 사용한다. 사용자-상품의 행렬을 행렬분해하는 과정에서 희소행렬(sparse matrix) 사이에 비어 있는 행렬에 예측 값을 부여하기 때문에 밀집 행렬이 도출된다. 따라서 사용자가 어떤 상품을 제일 좋아하는지 예측할 수 있어 새로운 아이템을 추천할 수 있다. 이때 행렬분해하는 방식에 따라서 다양한 종류로 나누어진다.

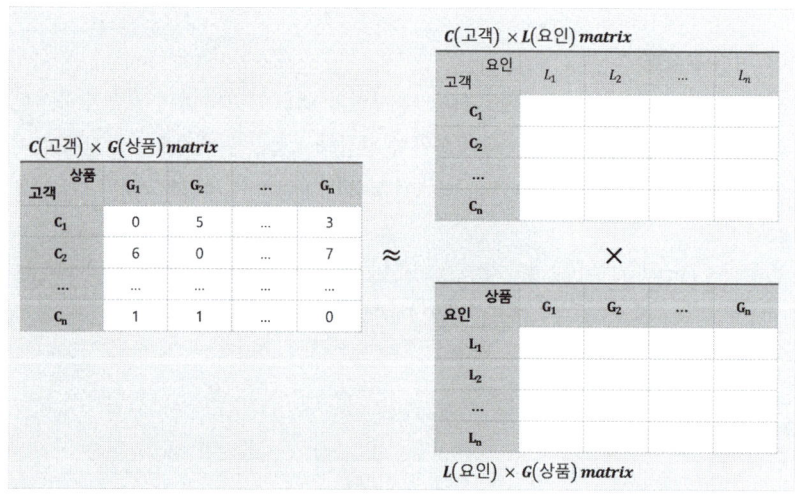

[그림 6-11] 행렬분해

교대 최소 제곱법(Alternating Least Squares, ALS) 알고리즘은 다른 잠재 요인 기반 협업 필터링 방식과 최적화시키는 방법이 약간 다르다. 바로 사용자와 아이템의 잠재 요인을 한 번씩 번갈아가며 학습시킨다는 점이다. 사용자-잠재 요인 행렬을 고정하고 잠재 요인-상품 행렬을 최적화하고, 잠재 요인-상품 행렬을 고정하고 사용자-잠재 요인 행렬을 최적화하는 과정을 반복하여 가장 최적의 잠재 요인을 찾아내는 방법이다.

협업 필터링의 장점은 개인화 추천이 가능하나 콘텐츠 기반 필터링과 다르게 도메인 지식이 많이 필요하지 않으며, 사용자에게서 새로운 취향을 추출할 수 있기 때문에 모델 설계기간이 짧거나 상품 자체에 대한 이해도가 높지 않을 때 사용하기 좋다는 점이다. 하지만 새로운 상품에 대한 추천이 어려우며 타 사용자의 이용 정보가 필수적이어서 처음 설계 시 이용 정보가 없거나 정보량이 많지 않은 경우 추천이 잘 되지 않는다는 단점이 존재한다.

모델	장점	단점
협업 필터링	• 개인 맞춤형 추천이다. • 상품에 대한 많은 이해도를 요구하지 않는다. • 사용자에게 새로운 취향을 추천할 수 있다.	• 타 사용자의 정보가 필요하다. • 신상품 또는 대중적이지 않은 아이템을 추천하기에 한계가 있다. • 개인에게 추천 사유를 설명하기 어렵다.

[표 6-5] 협업 필터링 모델 장단점

사용자들의 상품 구매내역 데이터와 체크카드 사용 행태 데이터가 존재하기 때문에 잠재 요인 기반 협업 필터링 또한 각 보유 상품 기반 상품 추천, 체크카드 사용 실태에 따른 상품 추천 과제에 적용이 가능할 것으로 판단했다. 가장 대표적인 방식을 적용해보기로 하여 최근접 이웃 기반 협업 필터링 방식에서는 코사인 유사도 방식, 잠재 요인 기반 협업 필터링 방식에서는 ALS 알고리즘을 과제에 적용해보기로 결정했다.

그렇다면 보유 상품 기반 상품 추천, 체크카드 사용 실태에 따른 상품 추천, 접촉 로그 데이터 기반 관심상품 추천까지 총 세 개의 과제에서 각 추천 모델이 실제 어떻게 사용되었는지 알아보도록 한다.

보유 상품 기반 상품 추천

7장

7.1 개요

P사는 해당 과제에서 추천의 범위를 넓히고 추천 정확도를 올릴 수 있는 추천 모델 구현을 요구하고 있다. 현재 P사가 사용하는 기존 추천 모델에서는 P사 금융이 가진 특징들을 녹여내기에 한계가 있다고 판단된다. 이 과제는 한계를 개선하고 고객에게 맞춤형 상품 추천 서비스를 제공하는 것을 목표로 한다.

7.1.1 기존 P사의 금융상품 추천 방식

기존 P사의 금융상품 추천 방식은 집계 방식 상향추천(up-selling)을 통해 고객에게 상품을 권유하는 방식이었다. 집계 방식의 추천은 기존에 가입한 고객들이 가장 많이 가입한 상품의 개수를 계산하여 높은 순위의 상품을 추천하는 방식이다. 해당 방식의 추천은 속도가 빠른 대신 고객의 니즈나 금융 거래 정보를 반영하지 않기 때문에 특정 고객에게 맞는 상품을 추천해주지 못한다.

[그림 7-1] 기존 금융상품 추천 방식

여기서 상향추천이란 격상 판매 또는 추가 판매라고도 하며, 업그레이드된 상품의 구매를 유도하는 추천 방식이다. [그림 7-2]를 보면 기존 예금상품A를 보유한 고객에게 다른 예금상품B를 추천하는 것이 상향추천이다. 즉, 상향추천 방식은 다른 상품군으로의 확장된 추천을 고려하지 않는다.

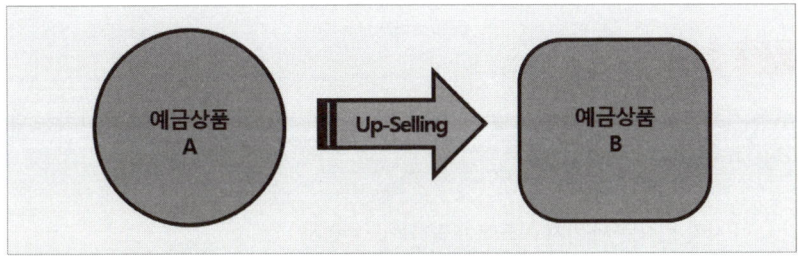

[그림 7-2] 상향추천 방식

교차추천(cross-selling)은 기존 상품을 구입했던 고객이 다른 분야의 연관 상품까지 구매하도록 유도하는 추천 방식이다. [그림 7-3]을 보면 기존 예금상품A를 가진 고객에게 다른 상품인 보험상품A를 추천하는 것이 교차추천이다. 상향추천과는 반대로 교차추천으로는 동일 상품군 내에서의 추천을 고려하지 않는다.

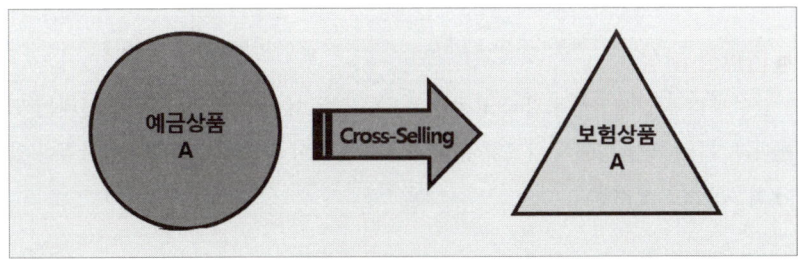

[그림 7-3] 교차추천 방식

7.1.2 목표에 따른 추천 모델 방향성

P사는 이 과제에서 세 가지의 목표를 이룰 수 있는 추천 모델 개발을 원하고 있다.

- 다른 상품군 간의 상품에 대한 교차추천
- 고객의 니즈 및 금융 거래 정보 등을 이용한 고객별 맞춤형 상품 추천
- 사용된 주요 변수 데이터를 통해 추천 결과 설명 가능

해당 목표를 바탕으로 모델 개발에 대한 방향성을 잡았다. 상향추천과 교차추천으로 각 모델을 개발하여 추천 시스템을 구축해보고 고객들의 금융 거래 정보 등을 활용할 수 있는지도 확인해야 한다. 추천 결과에 대한 설명도 필요하기 때문에 데이터 탐색 및 분석도 중요하다고 판단했다.

7.2 설계 방향

추천 시스템 구축에 적합한 모델을 선택하는 과정이 필요하다. 주요 고려 사항은 다음과 같다.

- P사가 원하는 세 가지 목표에 부합하는 모델인지
- P사에서 제공하는 환경에서 학습할 수 있는 모델인지

할당된 운영 환경 내에 GPU가 없어 딥러닝과 같은 최신 모델은 사용하기 어려웠다. 주요 고려 사항과 모델 선정 환경을 생각하여 가벼운 추천 모델을 선정하기로 결정했고 연관성 분석, 최근접 이웃 기반 협업 필터링, 잠재 요인 기반 협업 필터링 모델을 사용할 수 있다고 판단했다. 이를 통해 GPU가 없는 환경에서도 빠르게 실행할 수 있었고 상대적으로 낮은 계산 비용으로 효과적인 결과를 얻었다.

■ 연관성 분석

연관성 분석은 [그림 7-4]와 같이 고객이 보유한 상품 데이터에서 규칙을 찾아내는 모델이다. 가장 계산 비용이 낮고 좋은 결과를 도출하여 설명하기도 쉽다는 장점이 있어 최우선으로 고려했다.

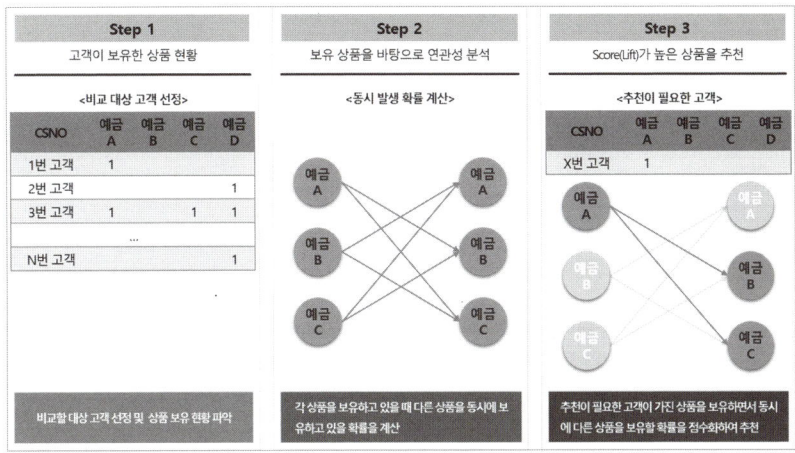

[그림 7-4] 연관성 분석 프로세스

하지만 P사의 시스템상 최소 다섯 개의 상품 추천을 제공해야 하는데, [그림 7-5]와 같이 고객마다 추천된 상품들의 향상도가 1보다 큰 경우가 하나만 나타나는 등 최소한의 보편성을 확보하지 못한 결과가 대부분이었다. 또한 특정 고객에게는 향상도가 1보다 큰 규칙을 가진 추천 상품이 존재하지 않기도 했다. 따라서 연관성 분석을 통해 추천 모델을 개발하는 것은 적절하지 않다고 판단했다.

[그림 7-5] 연관성 분석 추천 결과

■ 최근접 이웃 기반 협업 필터링

최근접 이웃 기반 협업 필터링은 [그림 7-6]과 같이 사용자나 아이템의 유사성을 기반으로 추천을 진행하는 방법 중 하나다. 해당 과제에서는 아이템 기반의 코사인 유사도 추천 모델을 사용했다.

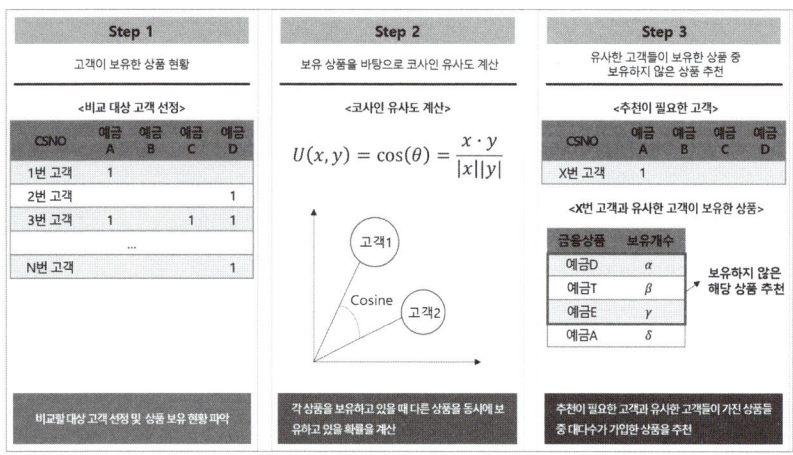

[그림 7-6] 아이템 기반의 코사인 유사도 분석 프로세스

연관성 분석 결과와는 달리 다섯 개의 결과를 모두 도출할 수 있었다. 하지만 연산량이 많기 때문에 코사인 유사도를 구하는 데 필요한 메모리(RAM)의 크기가 부족하다는 에러가 발생했다. 따라서 해당 모델은 사용하지 않기로 결정했다.

> **Tip** Cosine-Similarity 메모리 부족 시 나타나는 오류
>
> MemoryError: Unable to allocate GiB for an array with shape and data type float64

■ 잠재 요인 기반 협업 필터링

잠재 요인 기반 협업 필터링 방식에서 가장 대표적인 방식인 ALS 모델을 사용했다. 해당 모델은 행렬 분해를 이용하여 잠재 요인 행렬을 도출하는 방식이다.

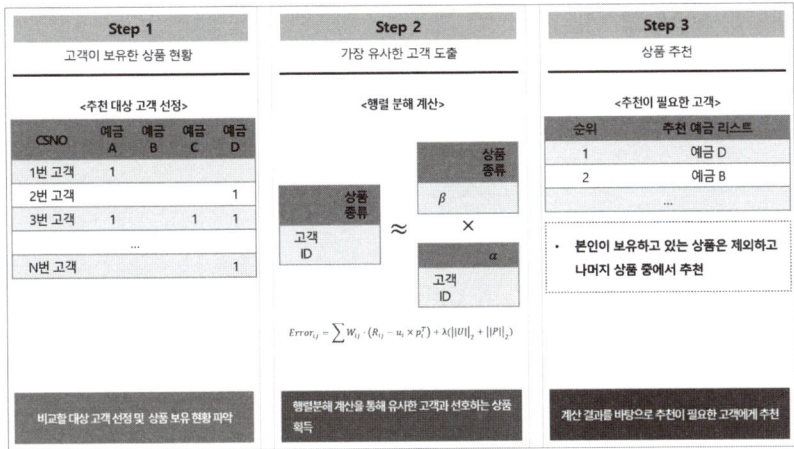

[그림 7-7] ALS 분석 프로세스

ALS 모델은 데이터가 희소행렬일 때 가장 효과적인 잠재 요인 기반 협업 필터링 기법이다. 또한, 파이썬의 Implicit 라이브러리를 이용하면 병렬 처리까지 지원하여 더 효과적으로 처리할 수 있다.

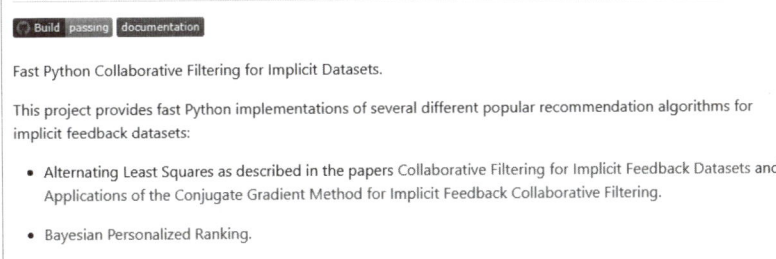

[그림 7-8] Implicit 라이브러리 깃허브 메인 화면

따라서 P사가 원하는 목표를 모두 수행할 수 있고 모든 고객에게 추천 결과를 얻을 수 있는 ALS 모델을 사용하여 추천 모델 개발을 진행했다.

7.3 탐색적 데이터 분석

추천 결과 도출과 추천 결과에 대해 원활하게 설명하기 위해 고객 데이터, 고객이 보유한 상품 데이터, 상품에 대한 데이터에 대해 자세히 살펴볼 필요가 있다.

7.3.1 탐색 테이블 선정

과제에 사용할 테이블은 [표 7-1]과 같이 크게 예금, 보험, 펀드, 상품 및 고객 정보로 구분되었다.

구분	대상 테이블	설명
예금정보	월 예금계좌 현황내역	고객계좌 상황을 담은 테이블
	요구불계좌 내역	고객의 요구불계좌 상황을 담은 테이블
	저축성계좌 내역	고객의 저축성계좌 상황을 담은 테이블
	월대월 약정계좌 현황내역	고객의 대출현황을 담은 테이블
보험정보	보험계약 기본	고객의 보험계약 현황을 담은 테이블
펀드정보	통합펀드계약 기본	고객의 펀드가입 현황을 담은 테이블
상품정보	상품 기본정보	금융상품의 정보를 담은 테이블
	예금상품 코드	예금상품의 정보를 담은 테이블
	보험상품 코드	보험상품의 정보를 담은 테이블
	상품보험관계 기본	보험상품 판매기간 정보를 담은 테이블
	상품판매 상세	예금상품 판매기간 정보를 담은 테이블
고객정보	고객 기본정보	고객들에 대한 기본정보를 담고 있는 테이블

[표 7-1] 분석 대상 테이블

1. 월 예금계좌 현황내역

월 단위로 예금고객이 가입한 예금상품에 대한 기본정보와 현황을 볼 수 있는 테이블이다.

칼럼명	설명	비고
기준연월	데이터가 입력된 연도와 월	PK
계좌번호	고객이 가입한 예금상품을 구분하기 위해 부여한 고유번호	PK

칼럼명	설명	비고
상품코드	예금상품을 구분하기 위해 부여한 코드	
고객번호	고객을 구분하기 위해 부여한 고유번호	
가입일자	예금상품 가입 날짜	
계좌 해지일자	예금상품 해지 날짜	
입금건수	기준일 동안 입금한 총횟수	
입금금액	기준일 동안 입금한 총금액	
지급건수	기준일 동안 지급한 총횟수	
지급금액	기준일 동안 지급한 총금액	
유지잔액	기준일 동안 잔고에 유지한 총금액	
3개월평잔	기준일 동안 통장 잔고에 보유한 3개월 평균 금액	

[표 7-2] 월 예금계좌 현황 테이블 칼럼 설명

2. 요구불계좌 내역

일자별로 예금고객의 요구불계좌 현황을 볼 수 있는 테이블이다.

칼럼명	설명	비고
기준연월	데이터가 입력된 연도와 월	PK
예금 계좌번호	고객이 가입한 예금상품을 구분하기 위해 부여한 고유번호	PK
상품코드	예금상품을 구분하기 위해 부여한 코드	
고객번호	고객을 구분하기 위해 부여한 고유번호	
가입일자	요구불상품에 가입한 날짜	
계좌 해지일자	요구불상품에 해지한 날짜	

[표 7-3] 요구불계좌 내역 테이블 칼럼 설명

3. 저축성계좌 내역

일자별로 예금고객의 저축성계좌 현황을 볼 수 있는 테이블이다.

칼럼명	설명	비고
기준연월	데이터가 입력된 연도와 월	PK
예금 계좌번호	고객이 가입한 예금상품을 구분하기 위해 부여한 고유번호	PK

칼럼명	설명	비고
상품코드	예금상품을 구분하기 위해 부여한 코드	
고객번호	고객을 구분하기 위해 부여한 고유번호	
가입일자	저축성상품에 가입한 날짜	
계좌 해지일자	저축성상품에 해지한 날짜	

[표 7-4] 저축성계좌 내역 테이블 칼럼 설명

4. 월대월 약정계좌 현황내역

월 단위로 예금고객의 대출현황을 볼 수 있는 테이블이다.

칼럼명	설명	비고
기준연월	데이터가 입력된 연도와 월	PK
예금 계좌번호	고객이 가입한 예금상품을 구분하기 위해 부여한 고유번호	PK
고객번호	고객을 구분하기 위해 부여한 고유번호	
연체건수	고객이 대출을 연체한 총횟수	
상품코드	예금상품을 구분하기 위해 부여한 코드	

[표 7-5] 월대월 약정계좌 현황내역 테이블 칼럼 설명

5. 보험계약 기본

실시간으로 보험고객이 가입한 보험상품에 대한 현황을 볼 수 있는 테이블이다.

칼럼명	설명	비고
보험계약ID	고객이 가입한 보험상품을 구분하기 위해 부여한 고유번호	PK
증서번호	고객이 보험상품을 가입할 때 작성하는 서류의 번호	PK
보험상품 코드	보험상품을 구분하기 위해 부여한 코드	
고객번호	고객을 구분하기 위해 부여한 고유번호	
계약일자	보험에 가입한 날짜	
만기일자	보험의 계약기간이 끝나는 날짜	

[표 7-6] 보험계약 기본 테이블 칼럼 설명

6. 통합펀드계약 기본

실시간으로 펀드 고객이 가입한 펀드상품에 대한 현황을 볼 수 있는 테이블이다.

칼럼명	설명	비고
펀드 계좌번호	고객이 가입한 펀드상품을 구분하기 위해 부여한 고유번호	PK
고객번호	고객을 구분하기 위해 부여한 고유번호	PK
상품코드	펀드상품을 구분하기 위해 부여한 코드	
신규일자	펀드에 가입한 날짜	
해지일자	펀드에 해지한 날짜	
만기일자	펀드의 계약기간이 끝나는 날짜	

[표 7-7] 통합펀드계약 기본 테이블 칼럼 설명

7. 상품 기본정보

P사에서 과거에 판매되었던 금융상품과 현재 판매되고 있는 금융상품에 대한 기본정보를 알려주는 테이블이다.

칼럼명	설명	비고
금융상품 구분코드	금융상품별로 구분하기 위해 부여한 고유번호	PK
상품코드	금융상품별로 여러 상품을 구분하기 위해 부여한 코드	PK
상품 한글명	한글 이름으로 부여된 금융상품	
판매 종료일자	금융상품 판매가 종료되는 날짜	
상품 한글약어명	한글 이름으로 부여된 보험상품의 약어	

[표 7-8] 상품 기본정보 테이블 칼럼 설명

8. 예금상품 코드

과거에 판매되었던 예금상품과 현재 판매되고 있는 예금상품에 대한 정보를 알려주는 테이블이다.

칼럼명	설명	비고
상품코드	예금상품을 구분하기 위해 부여한 코드	PK
상품 한글명	한글 이름으로 부여된 예금상품	

칼럼명	설명	비고
상품 한글약어명	한글 이름으로 부여된 예금상품의 약어	
판매 종료일자	예금상품 판매가 종료되는 날짜	

[표 7-9] 예금상품 코드 테이블 칼럼 설명

9. 보험상품 코드

과거에 판매되었던 보험상품과 현재 판매되고 있는 보험상품에 대한 정보를 알려주는 테이블이다.

칼럼명	설명	비고
보험상품 코드	보험상품을 구분하기 위해 부여한 코드	PK
상품판매 종료일자	보험상품 판매가 종료되는 날짜	
보험상품명	한글 이름으로 부여된 보험상품	
보험상품 약어명	한글 이름으로 부여된 보험상품의 약어	

[표 7-10] 보험상품 코드 테이블 칼럼 설명

10. 상품보험관계 기본

과거부터 현재까지 판매했던 보험상품에 대한 정보들이 담긴 테이블이다.

칼럼명	설명	비고
보험상품 코드	보험상품을 구분하기 위해 부여한 코드	PK
보험상품 종료일자	보험상품 판매가 종료되는 날짜	

[표 7-11] 상품보험관계 기본 테이블 칼럼 설명

11. 상품판매 상세

과거부터 현재까지 판매했던 예금상품에 대한 정보들이 담긴 테이블이다.

칼럼명	설명	비고
상품코드	예금상품을 구분하기 위해 부여한 코드	PK
판매 종료일자	예금상품 판매가 종료되는 날짜	

[표 7-12] 상품판매 상세 테이블 칼럼 설명

12. 고객 기본정보

고객들에 대한 기본 정보를 담고 있는 테이블이다. 전체 분석 과정에서 분석 대상이 되는 고객을 기준으로 분석하기 때문에 '고객 기본정보' 테이블에 존재하는 고객 중 5년 이내 거래가 존재하는 고객인지 판단하는 과정이 가장 우선시되었다.

칼럼명	설명	비고
고객번호	고객을 구분하기 위해 부여한 고유번호	PK
고객 구분코드	고객의 유형을 구분해주는 코드(개인, 기업 등)	
예금최종 거래일자	예금고객이 마지막으로 거래한 날짜	
보험최종 거래일자	보험고객이 마지막으로 거래한 날짜	
성별코드	고객의 성별 코드	
고객연령	고객의 나이	
직종코드	고객의 직업	
자동이체 약정여부	자동이체 약정 승인 여부	
전자금융 약정여부	전자금융 약정 승인 여부	
인터넷뱅킹 약정여부	인터넷뱅킹 약정 승인 여부	
폰뱅킹 약정여부	폰뱅킹 약정 승인 여부	

[표 7-13] 고객 기본정보 테이블 칼럼 설명

7.3.2 EDA 분석 및 인사이트

추천에 맞춰 고객과 금융상품 데이터를 혼합하여 EDA를 진행했다. 해당 분석을 통해 총 다섯 가지의 특징을 파악할 수 있었다.

첫째, 금융상품별로 가입된 고객수가 큰 차이가 있다는 것이다. 예금고객과 보험고객은 가입된 고객의 수가 백만 명이 넘었지만 펀드고객의 경우 천 명대로 상대적으로 적었다. 이러한 결과로 학습 데이터의 크기와 상관없이 추천 결과를 도출할 수 있는 모델을 찾아야 했다.

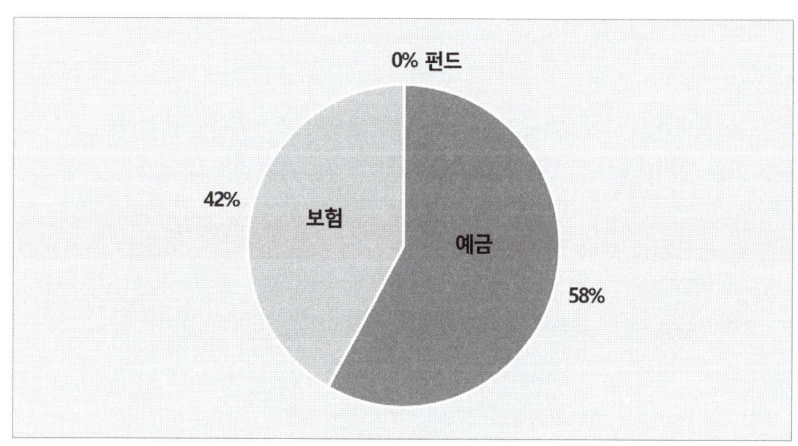

[그림 7-9] 금융상품별 가입 고객수

둘째, 연도마다 가장 많이 가입하는 상품의 순위가 변경되고 있다는 점이다. 2017년부터 2021년 사이에 연간 가입량이 많은 예금 및 보험 상품 위주로 분석을 진행했다.

예금의 경우 '예금A'와 '예금B'와 같이 꾸준히 상위권에 올라있는 상품이 있는 반면 '예금D', '적금A'처럼 특정 상품이 갑자기 상위에 나타나기도 했다.

순위	2017년	2018년	2019년	2020년	2021년
1	예금A	예금A	예금A	예금A	예금D
2	예금B	예금B	예금B	예금B	예금A
3	예금C	예금C	예금C	예금D	적금A
4	E예금	E예금	적금A	적금A	통장G
5	통장A	통장B	예금D	예금C	예금S
6	저축A	저축A	통장B	통장G	예금B
7	통장B	통장A	통장D	통장B	E예금
8	예금S	예금G	예금G	E예금	적금B
9	예금G	통장C	통장E	저축A	예금F
10	예금J	예금S	저축A	적금B	통장B

[그림 7-10] 연도별 예금상품 가입 순위

특정 상품이 갑자기 나타난 원인을 파악하기 위해 순위에 나타난 상품들의 판매 시작일자와 판매 종료일자를 보았다. 확인해본 결과 특정 상품이 상위권에 갑자기 나타난 시기와 판매 시작일자가 비슷한 시기인 상품도 있지만, 그렇지 않은 상품도 존재한다는 사실을 알 수 있었다.

상품명	판매시작일자	판매종료일자
적금A	2010년 7월	9999년 12월
통장B	2011년 4월	9999년 12월
통장A	2012년 9월	2021년 6월
통장G	2020년 3월	9999년 12월

[그림 7-11] 예금상품별 판매 시작일자 및 판매 종료일자

이를 통해 고객들의 예금상품 선호도가 매년 변화한다는 것을 알 수 있었고 가입량에도 영향을 미칠 수 있을 것으로 추측했다.

순위	2017년	2018년	2019년	2020년	2021년
1	질병보험A(1종)	질병보험B	질병보험F	질병보험A(1종)	질병보험E(1종)2103
2	질병보험B	질병보험C	질병보험A(1종)	질병보험D	질병보험E(2종)2103
3	상해보험A	질병보험A(1종)	질병보험D	저축성보험A	저축성보험A2007
4	사망보험A	상해보험A	질병보험B	질병보험B	질병보험B2103
5	질병보험C	질병보험A	저축성보험A	질병보험A	질병보험G2007
6	요양보험	질병보험F	질병보험G	질병보험D2007	저축성보험A2109
7	상해보험B	저축성보험A	상해보험A	질병보험A(1종)2007	질병보험B(1종)2109
8	질병보험E	질병보험A(1종개인)	상해보험C	상해보험C	질병보험D2007
9	질병보험A(3종)	상해보험B	질병보험A(3종)	저축성보험C	질병보험A(1종)2007
10	저축성보험A	질병보험A(3종)	연금보험A	저축성보험D	질병보험D(단체)2007

[그림 7-12] 연도별 보험상품 가입 순위

보험상품 분석 결과 예금과 유사하게 꾸준히 상위권에 올라있는 상품이 존재하지만, 상품명이 같아도 약관이 수정되는 등 1년 주기로 판매가 종료되고 새로운 상품으로 대체되는 경우가 많았다. 이러한 결과를 통해 해마다 달라지는 고객의 선호도를 상품 추천에 반영해야 하고 특히 최근에 구매한 상품에 더 큰 가중치를 부여해야 모델의 정확도가 향상될 것이라 판단되었다.

상품명	판매시작일자	판매종료일자
질병보험A(1종)	2016년 8월	2017년 5월
질병보험A(1종)	2017년 5월	2018년 05월
질병보험A(1종)2007	2020년 9월	2021년 9월
질병보험A(1종)2109	2021년 9월	9999년 12월

[그림 7-13] 보험상품별 판매 시작일자 및 판매 종료일자

셋째, 판매 종료된 상품을 보유한 고객이 존재하므로 판매 종료된 상품을 추천하지 않도록 유의해야 한다. 따라서 학습할 때는 전체 상품을 학습하고 추천할 때는 판매

종료된 상품을 제외하는 방식을 채택했다.

넷째, 금융상품별 상품 수가 다양하다. 예금, 보험, 펀드 등 금융상품 종류에 따라 상품 수가 다양하다. 현재 P사에서 판매 중인 상품 중 이미 판매 종료된 상품을 제외해도 예금은 80여 개, 보험은 400여 개, 펀드는 100여 개다. 다양성이 높을수록 고객들이 P사에서 제공하는 모든 금융상품을 보유하지 않을 가능성이 높아진다. 이는 추천 모델 학습에 사용되는 데이터가 희소행렬일 가능성도 높다는 것을 의미한다. 따라서 모델을 선택할 때 희소행렬인 데이터가 주어지더라도 개별 고객에게 맞춤형 추천이 가능한 모델을 선택해야 한다고 판단했다.

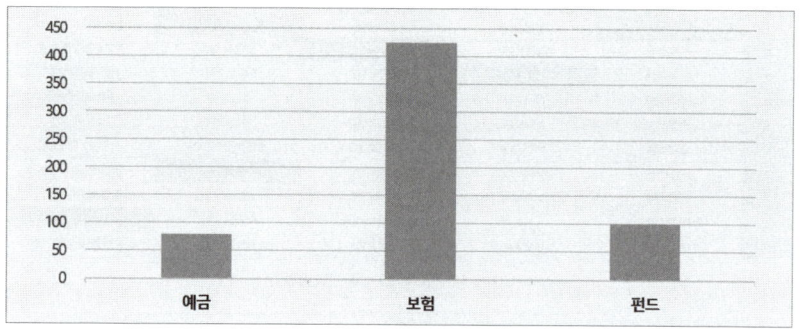

[그림 7-14] 금융상품별 상품 개수

Tip 희소행렬이란?

희소행렬(sparse matrix)은 대부분의 값이 0으로 채워진 행렬을 말하며, 그와 반대되는 표현으로 대부분의 값이 0이 아닌 값으로 채워진 밀집행렬(dense matrix)이 있다.

행렬에서 차지하는 0도 메모리를 사용하기 때문에 희소행렬의 크기가 크면 메모리 사용이 비효율적일 확률이 높다. 희소행렬을 분석 또는 학습에 사용하기 위해서는 행렬 내 0이 아닌 값만 추려서 사용할 수 있는 데이터 형태로 가공해야 한다.

	Item1	Item2	Item3	Item4	Item5
User1	1	0	0	0	0
User2	0	0	0	0	0
User3	0	0	0	0	0
User4	0	0	1	0	0
User5	0	0	0	0	1

[그림 7-15] 희소행렬 예시

다섯째, 성별과 연령대에 따라 가입하는 상품이 다르다는 점이다. 고객의 정보 중 가장 기본적인 정보인 성별과 연령대별로 가장 많이 가입한 상품을 확인해본 결과 선호하는 상품이 모두 달랐다.

순위	10대미만		10대		20대		30대		40대		50대		60대		70대이상	
	남성	여성	남성	여성	남성	여성	남성	여성	남성	여성	남성	여성	남성	여성	남성	여성
1	예금A	예금A	예금A	예금A	예금A	예금A	예금A	예금A	예금A	예금A	예금A	예금A	예금A	예금A	예금A	예금A
2	예금J	예금J	예금B	예금G	통장A	통장A	예금E	예금E	예금A	예금A	예금E	예금E	예금E	예금E	예금D	예금D
3	적금B	적금B	예금A	예금J	예금J	예금E	통장A	통장A	예금F	예금F	예금D	예금D	예금D	예금D	예금E	예금E
4	적금B	적금B	예금E	예금E	예금G	예금G	예금B	예금B	예금C	예금C	예금B	예금B	예금F	예금F	예금F	예금F
5	예금B	예금B	적금C	적금C	E예금	E예금	예금C	예금F	예금D	예금D	예금C	예금C	예금B	예금B	통장B	적금A

[그림 7-16] 성별 및 연령별 예금상품 가입 순위

예금상품과 보험상품의 가입 순위를 통해 고객의 기본정보나 금융정보가 서로 연관 있는 경우에는 비슷한 상품을 가입한다는 사실을 알 수 있었다.

순위	10대미만		10대		20대		30대		40대		50대		60대		70대이상	
	남성	여성	남성	여성	남성	여성	남성	여성	남성	여성	남성	여성	남성	여성	남성	여성
1	연금보험A	연금보험A	상해보험B	상해보험B	질병보험B	질병보험C	질병보험C	질병보험C	질병보험A	질병보험A	질병보험A	질병보험A	질병보험A	질병보험A	상해보험A	상해보험D
2	저축성보험A	저축성보험A	저축성보험A	저축성보험A	사망보험A	사망보험A	질병보험A	질병보험A	어린이보험A	질병보험C	질병보험C	질병보험C	질병보험C	질병보험C	상해보험C	질병보험A
3	저축성보험A	저축성보험A	연금보험A	연금보험A	질병보험C	질병보험C	질병보험A	사망보험A	질병보험C	질병보험C	질병보험B	질병보험B	상해보험A	상해보험A	질병보험C	질병보험C
4	저축성보험A	저축성보험A	저축성보험A	질병보험B	질병보험C(1종)	질병보험B	질병보험B	질병보험B	질병보험B	질병보험B	질병보험B	질병보험B	질병보험B	질병보험F	질병보험C	상해보험C
5	질병보험B	질병보험B	질병보험B	저축성보험B	질병보험B(1종)	질병보험C	질병보험C	사망보험A	질병보험D	질병보험B	질병보험E	질병보험A	사망보험A	질병보험E	질병보험D	질병보험E

[그림 7-17] 성별 및 연령별 보험상품 가입 순위

따라서 전체 고객을 학습 데이터로 쓰는 대신, 클러스터링과 같은 군집화를 먼저 진행한 후 추천 모델 학습을 실행해야 한다고 결론을 내렸다.

여섯째, 예외적으로 다른 추천 시스템을 적용해야 하는 고객들이 존재했다. 금융상품 종류 중 비교적 최근인 2018년에 판매를 개시한 펀드의 경우 고객의 비율이 전체 고객의 0.03%로 매우 적다. 또한 교차추천을 위해서는 펀드와 다른 금융상품을 동시에 보유하고 있어야 하는데 조건을 충족하는 고객의 수는 더 적기 때문에 추천이 어려울 것으로 판단했다. 과거에 가입한 상품이 존재했지만 해지 또는 만기로 인해 현재는 보유한 상품이 없는 고객도 존재했는데 이러한 경우 예외적으로 다른 추천 방법을 고민할 필요가 있다.

7.4 모델 개발

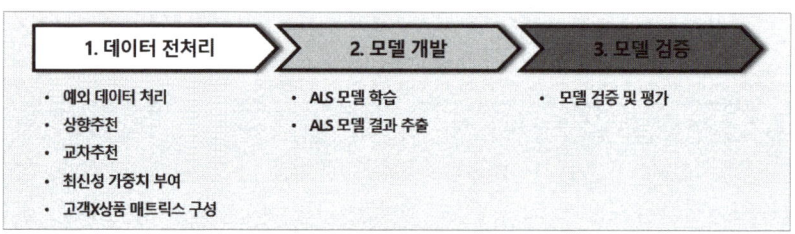

[그림 7-18] 모델 개발 프로세스

모델 개발은 [그림 7-18]과 같은 과정으로 진행되었다. 먼저 DB에 저장된 데이터를 '데이터 전처리' 단계에서 ALS 모델 학습에 적합한 형태로 전환했다. '모델 개발' 단계에서는 전처리된 데이터를 사용하여 ALS 모델을 학습시키고 결과를 도출한다. 마지막으로, '모델 검증' 단계에서 도출된 결과의 성능을 평가한다. 만약 모델이 좋은 성능을 보이지 않는다면, 모델 개발 단계로 돌아가 파라미터를 수정하여 모델을 개선한다.

7.4.1 데이터 전처리

■ **예외 데이터 처리**

탐색적 데이터 분석 결과 상향추천과 교차추천이 어려운 경우, 같은 성별 및 연령대에서 가장 많이 판매된 상품을 추천하도록 했다.

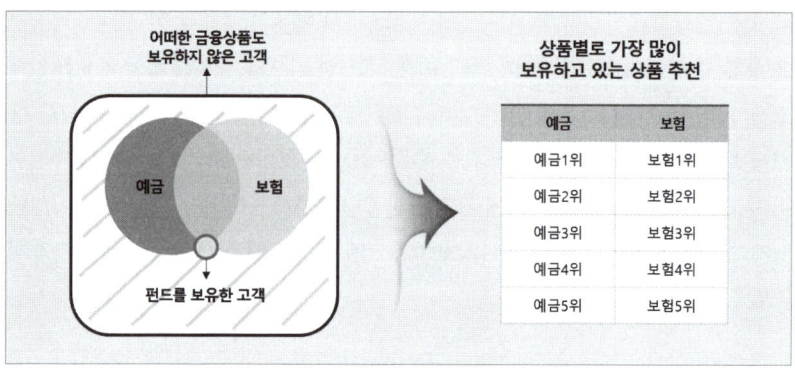

[그림 7-19] 상향과 교차추천 대상이 아닌 고객의 추천 방식

따라서 이후에 진행될 상향추천 시스템은 예금과 보험 상품을 보유한 고객을 대상으로 진행한다.

■ 상향추천

상향추천을 위해 [표 7-14]와 같이 고객×보유상품 테이블 형태로 전처리해야 한다. 추가적으로 세밀한 추천 시스템을 위해 '**3장 통합 고객 다차원 분석 및 고객 세분화**'에서의 K-means 방식으로 군집화한 결과를 적용하고 같은 군집 고객 간의 데이터를 사용하여 추천하도록 한다. 이를 위해 군집마다 구분하는 전처리가 필요하였으며 [표 7-14]의 클러스터링 칼럼과 같이 처리했다.

고객번호	성별	연령대	상품1	상품2	상품3	...	Clustering
1	1	10	0	0	1	...	5
2	2	30	0	0	0	...	8
3	2	40	0	0	0	...	7
4	1	20	0	1	1	...	2
⋮	⋮	⋮	⋮	⋮	⋮	⋮	⋮

[표 7-14] 고객별 클러스터링 후 전처리 테이블 형태

■ 교차추천

교차추천에도 고객×보유상품 테이블 형태로의 전처리가 필요하다. 하지만 앞서 살펴본 K-means 방식의 군집 분석 결과는 예금 및 보험 고객이 구분되었기에 [그림 7-20]과 같이 금융상품 한 개만 보유한 군집도 존재했고 이 경우에는 교차추천을 할 수 없었다.

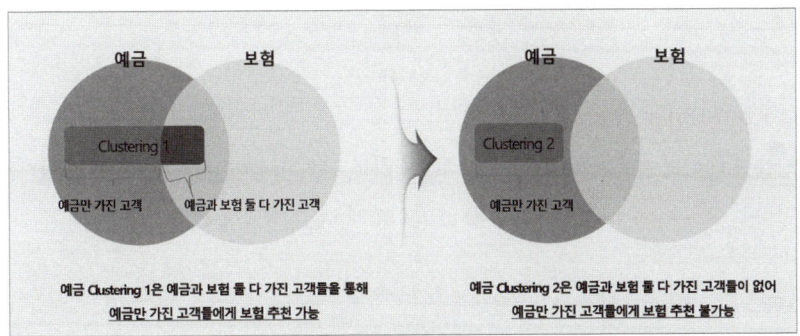

[그림 7-20] 예금과 보험 클러스터링을 통한 교차추천 시 나타날 수 있는 문제점

따라서 다음과 같은 순서로 방향성을 수정했다. 우선 전체 고객과 전체 상품에 대해 테이블을 생성하고 연산하니 메모리 부족이 발생했다.

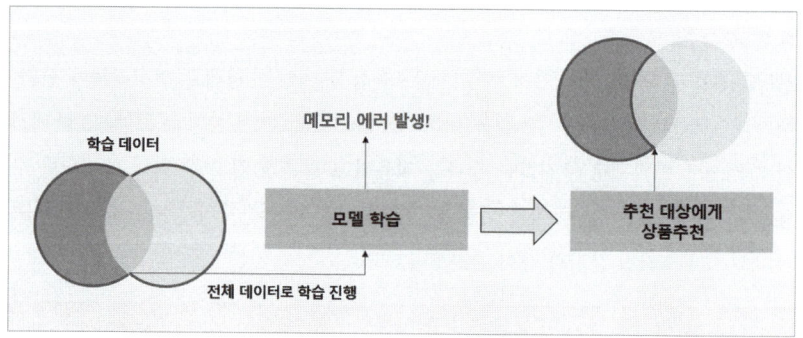

[그림 7-21] 전체 고객을 대상으로 교차추천 모델 수행

문제를 해결하기 위해 [그림 7-22]와 같이 금융상품별로 모델을 나누었다. 각 모델에 입력될 데이터의 크기가 줄어 메모리 부족 문제를 해결할 수 있었다.

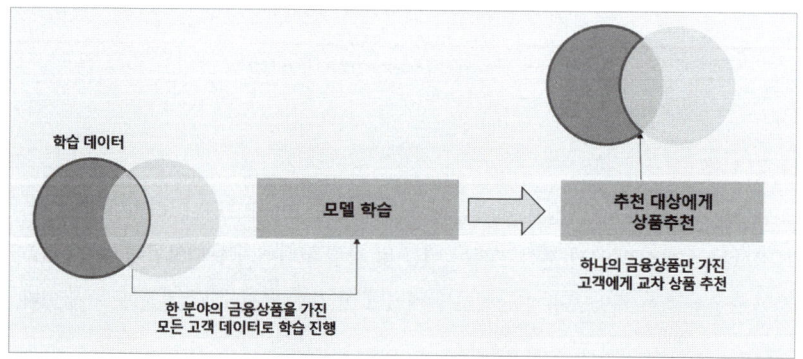

[그림 7-22] 교차 상품이 있는 고객과 없는 고객 학습 후 추천 모델 수행

■ 최신성 가중치 부여

탐색적 데이터 분석 결과로 매년 고객들의 상품 선호 성향이 변한다는 것을 알았다. 따라서 [그림 7-23]과 같이 최근 상품 선호 성향에 더 큰 가중치를 부여했다.

일자	가중치
배치 일자 기준 ~ 1년 이내	6
1년 이후 ~ 2년 이내	5
2년 이후 ~ 3년 이내	4
3년 이후 ~ 4년 이내	3
4년 이후 ~ 5년 이내	2
5년 이후 ~	1

[그림 7-23] 최신성 가중치 부여 기준

다음은 가입일을 이용해 가중치를 생성하는 코드다. apply 함수를 활용하여 적용한다.

μ Code

```
def weights(x):
    if int(x)<20170301:
        return 1
    elif (int(x)>=20170301)&(int(x)<20180301):
        return 2
    elif (int(x)>=20180301)&(int(x)<20190301):
        return 3
    elif (int(x)>=20190301)&(int(x)<20200301):
        return 4
    elif (int(x)>=20200301)&(int(x)<20210301):
        return 5
    elif int(x)>=20210301:
        return 6
```

추가적으로 갱신 등의 이유로 같은 상품을 중복으로 보유한 경우 [그림 7-24]와 같이 최근에 가입한 상품만을 사용했다.

[그림 7-24] 가중치를 부여하는 작업 시 문제점과 해결 방법

다음은 가중치 부여 작업에서 발생하는 문제를 해결하기 위해 중복 데이터를 처리하는 코드다.

μ Code
```
# 상향추천
전체_상향 = 전체_상향.sort_values(['고객번호','가입날짜','상품명'])
전체_상향 = 전체_상향.drop_duplicates(['고객번호','상품명'],keep='last')


# 교차추천
보험_교차 = 보험_교차.sort_values(['고객번호','계약일자','상품명'])
보험_교차 = 보험_교차.drop_duplicates(['고객번호','상품명'],keep='last')
예금_교차 = 예금_교차.sort_values(['고객번호','가입일자','상품명'])
예금_교차 = 예금_교차.drop_duplicates(['고객번호','상품명'],keep='last')
```

■ 고객×상품 매트릭스 구성

ALS 모델에서는 모델 학습을 위해 데이터 형태가 고객번호가 행이고 상품이 열인 고객×상품 행렬 형식으로 구성되어 있어야 했다. 그래서 전처리한 고객별 상품의 가중치 데이터를 피벗 테이블을 통해 고객×상품 행렬로 가공했다.

μ Code
```
# 고객×상품 가중치 행렬 생성 코드
pd.pivot_table(전체_상향,index='고객번호',columns='상품명',values='가중치').fillna(0).astype('int8')
```

고객×상품 행렬로 만든 뒤에도 추가 작업이 더 필요하다. ALS 모델은 압축희소열 (Compressed Sparse Row, CSR) 매트릭스 형식의 데이터만 인식하기에 DataFrame 데이터를 CSR 매트릭스 형식으로 바꾸었다.

> **Tip) CSR 매트릭스란?**
>
> 대다수 값이 0으로 구성된 희소행렬은 메모리 사용이 비효율적이라는 문제가 있다. CSR 매트릭스는 이러한 문제를 해결하는 방법 중 하나로, 행렬을 압축하여 해당 매트릭스가 차지하는 메모리를 줄이고 계산도 용이하게 만든다.
>
> **CSR 매트릭스 생성 과정**
>
>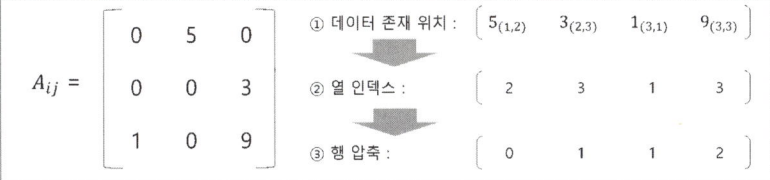
>
> [그림 7-25] CSR 매트릭스 생성 과정
>
> CSR 매트릭스를 만드는 과정은 첫째로 매트릭스에서 데이터가 존재하는 위치를 찾아낸다. 둘째, 위치에서 열 인덱스만을 가져온다. 셋째, 행별로 해당 열 인덱스를 압축한다. 이 과정을 통해 나온 CSR 매트릭스를 해석하면 첫째 요소는 최초로 데이터가 존재하는 행의 번호다. 이후의 요소는 최초로 데이터가 존재하는 행에서 데이터가 존재하는 곳의 누적 개수, 그다음 행에서 존재하는 곳의 누적 개수를 나타낸다.

상향추천에서는 금융상품 종류마다 군집별로 고객×상품 매트릭스를 만든 후 CSR 매트릭스로 바꾸는 작업을 진행했다.

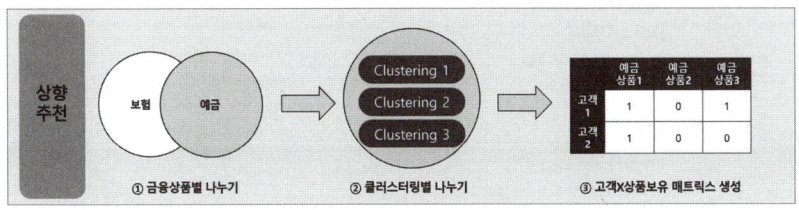

[그림 7-26] 추천별 CSR 매트릭스 상향추천

교차추천에서는 상향추천과 달리 군집별 구분이 없이 금융상품별로 고객×상품 매트릭스를 만든 후 CSR 매트릭스로 변환하는 과정을 진행했다.

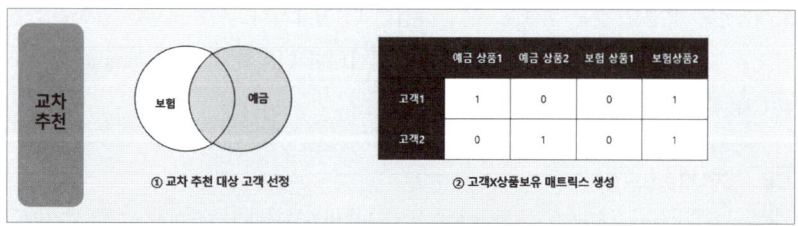

[그림 7-27] 추천별 CSR 매트릭스 교차추천

7.4.2 모델 학습

모델 학습을 위해서는 먼저 학습에 사용할 데이터를 생성해야 하며 이용하는 학습 데이터에 최적화된 모델 파라미터를 찾아야 한다. 이렇게 찾아낸 최적화 파라미터를 이용하여 모델을 생성하고 학습 데이터에 학습을 시켜 고객마다 추천하는 상품을 예측할 수 있는 모델을 최종적으로 생성하였다.

학습 데이터에 이용하는 데이터는 전처리 과정에서 생성한 고객×상품 매트릭스를 이용한다. 상향추천과 교차추천 각각 학습에 이용되는 고객이 다르기 때문에 모델에 맞는 고객을 추출하여 고객×상품 매트릭스를 구성하여 학습에 이용했다.

상향추천과 교차추천 모델에 이용하는 모델은 Implicit에서 제공하는 ALS 모델을 의미하는 AlternatingLeastSquares 함수를 사용했다. [그림 7-28]은 공식 문서에서 확인할 수 있는 설정이 가능한 파라미터의 정보를 나타낸 그림이다.

```
def AlternatingLeastSquares(
    factors=100,
    regularization=0.01,
    alpha=1.0,
    dtype=np.float32,
    use_native=True,
    use_cg=True,
    use_gpu=implicit.gpu.HAS_CUDA,
    iterations=15,
    calculate_training_loss=False,
    num_threads=0,
    random_state=None,
):
```

Parameters
----
factors : int, optional
    The number of latent factors to compute
regularization : float, optional
    The regularization factor to use
alpha : float, optional
    The weight to give to positive examples.
dtype : data-type, optional
    Specifies whether to generate 64 bit or 32 bit floating point factors
use_native : bool, optional
    Use native extensions to speed up model fitting
use_cg : bool, optional
    Use a faster Conjugate Gradient solver to calculate factors
use_gpu : bool, optional
    Fit on the GPU if available, default is to run on GPU only if available
iterations : int, optional
    The number of ALS iterations to use when fitting data
calculate_training_loss : bool, optional
    Whether to log out the training loss at each iteration
num_threads : int, optional
    The number of threads to use for fitting the model. This only
    applies for the native extensions. Specifying 0 means to default
    to the number of cores on the machine.
random_state : int, np.random.RandomState or None, optional
    The random state for seeding the initial item and user factors.
    Default is None.

[그림 7-28] ALS 모델 설정 함수에 대한 설명

11개의 파라미터 중에서 조정한 파라미터는 총 4개로 factors, alpha, regularization, iterations이다. 이후 이 4개의 파라미터 값을 변경하며 모델 학습을 진행하였고 추천 적중률을 지표로 결정하여 가장 높은 값의 파라미터를 찾아내었다. 다음은 4개의 파라미터에 대한 설명이다.

≫ factors
고객×상품 매트릭스를 분해해서 나오는 고객 행렬에서 열 개수로 아이템 행렬에서 행 개수를 정하는 데 사용되는 변수이다.

≫ regularization
과대적합을 방지하기 위해 규제를 시행하는 변수이다. 과대적합이란 모델 학습에서만 높은 예측률을 보이고 테스트 데이터, 즉 일반적인 데이터에서는 예측률이 낮은 상태임을 의미한다. 해당 변수의 값이 높다면 규제가 강하기 때문에 예측률이 떨어지지만 과대적합 가능성이 낮아지고, 값이 낮다면 규제가 약해져서 예측률이 떨어지지만 과대적합 가능성이 높아진다.

≫ alpha
고객이 보유한 상품과 보유하지 않은 상품의 선호도를 조절하는 데 사용되는 변수이다. 이 변수는 함수 내에서 지정해도 되지만 따로 밖에서 alpha값을 지정하여 CSR 매트릭스에 곱해도 똑같은 효과를 나타낼 수 있다.

μ Code
```
# AlternatingLeastSquares 함수 내에서 alpha값을 반영하는 예시
als = implicit.als.AlternatingLeastSquares(alpha = 1.0)

# input_data 생성에서 alpha 값을 반영하는 예시
input_data = (고객×상품행렬 * alpha).astype('double')
```

Tip) Double 형태로 지정하는 이유

Implicit은 Double형태인 데이터만 학습할 수 있기에 변환 과정이 꼭 필요하다.

≫ iterations

iterations은 모델이 데이터를 학습하는 횟수를 의미한다. 모델 학습이 일부분만 되었을 때 학습을 중단하면 좋은 결과를 얻을 수 없으며 반대로 많은 횟수를 학습시키면 많은 자원과 시간이 낭비된다. 따라서 좋은 결과를 얻을 수 있는 최적의 학습 횟수를 찾아야 한다.

최적의 파라미터 값을 찾는 방법은 [그림 7-29]와 같다. 먼저, 모델의 각 파라미터를 개별적으로 고려하여 값을 찾는다. 이때 다른 파라미터들은 고정된 값을 사용하여 모델을 학습시킨다. 학습이 끝나면 해당 모델을 사용하여 추천 결과를 생성하고 추천 적중률을 계산하여 가장 좋은 파라미터의 값을 선택한다. 이후 다른 파라미터 값들을 차례로 넣어가며 적중률을 계산하고 사용자가 설정한 값을 모두 고려한 경우에 얻은 추천 적중률을 토대로 최적의 파라미터 값을 찾았다.

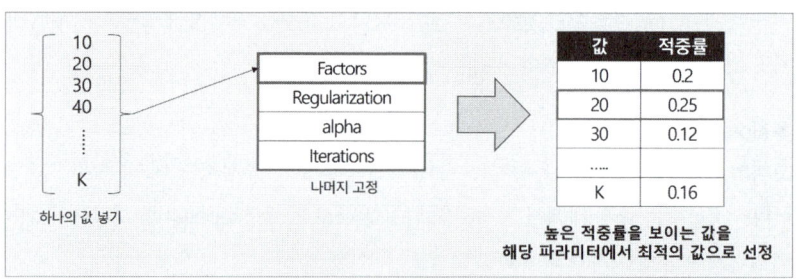

[그림 7-29] 최적의 파라미터를 찾는 과정

factors는 칼럼의 수에 영향을 많이 받기 때문에 칼럼 수와의 비율로 결정하였고 나머지 파라미터의 경우 alpha는 10~300 범위의 값을, regularization은 0.001~1 범위의 값을, iterations은 10~300 범위의 값을 넣어 최적의 파라미터 값을 탐색하였다.

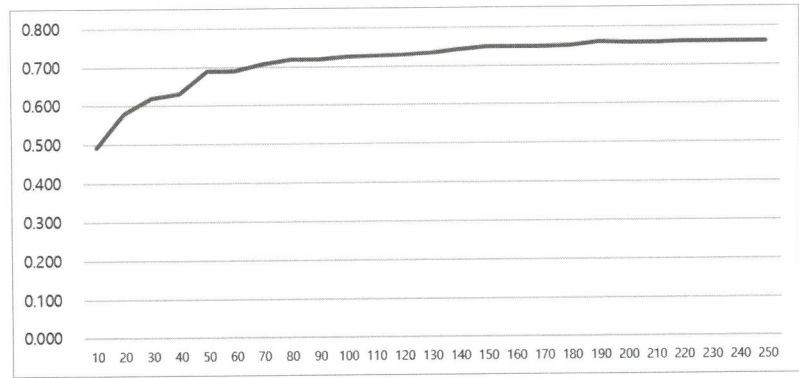

[그림 7-30] 파라미터 최적화 실험 결과 예시

최적의 파라미터 값을 결정하였으면 이를 기반으로 추천 모델을 학습한다. 이를 위해 ALS 클래스의 fit 함수를 사용하여 모델 학습을 진행했다.

```
def fit(self, user_items, show_progress=True, callback=None):
    """
    Trains the model on a sparse matrix of user/item/weight

    Parameters
    ----------
    user_items : csr_matrix
        A sparse CSR matrix of shape (number_of_users, number_of_items). The nonzero
        entries in this matrix are the items that are liked by each user.
        The values are how confident you are that the item is liked by the user.
    show_progress : bool, optional
        Whether to show a progress bar during fitting
    callback: Callable, optional
        Callable function on each epoch with such arguments as epoch, elapsed time and progress
    """
```

[그림 7-31] fit 함수에 대한 설명

fit 함수에서 제공하는 파라미터는 [그림 7-31]에서 볼 수 있듯이 총 세 가지이며 학습을 진행할 때는 전처리 과정에서 만든 고객×상품 매트릭스를 입력하는 user_items만을 사용했다.

■ 상향추천

상향추천 모델에서 도출된 최적의 파라미터는 다음과 같다. factors는 CSR 매트릭스의 칼럼 개수의 0.75배, alpha는 1.0, regularization은 0.01, iterations은 100으로 최적의 파라미터 값을 결정했다. 아래 코드는 ALS 모델에 해당 최적 파라미터 값을 적용하는 코드와 상향추천 모델 학습을 수행하는 코드다.

µ Code
```
# 파라미터 설정
len_columns = len(고객×상품행렬.columns)
als = implicit.als.AlternatingLeastSquares(
factors = (len_columns * 0.75)
, alpha = 1.0
, regularization = 0.01
, iterations = 100
, random_state = 0)

# 상향추천 모델 학습
input_data=고객×상품행렬.astype('double')
als.fit(input_data)
```

■ 교차추천

상향추천 모델에서 도출된 최적의 파라미터는 다음과 같다. factors는 CSR 매트릭스의 칼럼 개수의 0.25배, alpha는 1.0, regularization은 0.01, iterations은 100으로 최적의 파라미터 값을 결정했다. 아래 코드는 ALS 모델에 해당 최적 파라미터 값들을 적용하는 코드와 교차추천 모델 학습을 수행하는 코드이다.

µ Code
```
# 파라미터 설정
len_columns = len(고객×상품행렬.columns)
als = implicit.als.AlternatingLeastSquares(
factors = (len_columns * 0.25)
, alpha = 1.0
, regularization = 0.01
, iterations = 100
, random_state = 0)
```

```
# 교차추천 모델 학습
input_data=고객×상품행렬.astype('double')
als.fit(input_data)
```

7.4.3 상품 추천 결과 추출

상품 추천 결과 추출 과정에서 중요한 점은 추천 대상 고객을 식별하는 것이다. 상향추천과 교차추천 시스템의 추천 대상 고객 범위가 [그림 7-32]와 같이 다르기 때문에 주의해야 한다. 상향추천은 해당 금융상품 내에서 추천을 하기 때문에 추천 대상 고객이 A+B이고 교차추천은 하나의 금융상품은 보유하고 있는 고객 중 다른 금융상품을 보유하고 있지 않은 고객에게 추천을 하기 때문에 추천 대상 고객이 A이다.

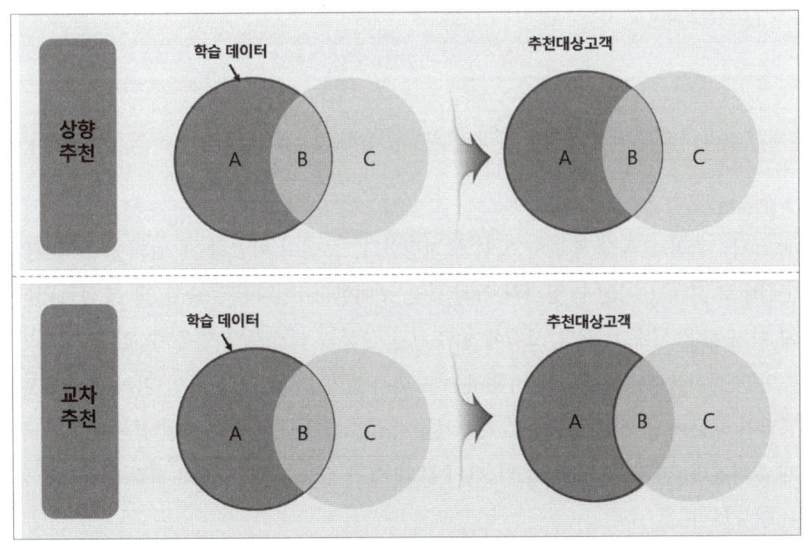

[그림 7-32] 상향추천과 교차추천의 추천 대상 고객 비교

추천 대상 고객을 식별한 뒤 ALS 모델에서 지원하는 함수인 recommend 함수를 사용하여 추천을 한다. recommend 함수를 다룰 때 조정이 필요한 몇 개의 파라미터가 존재한다. Implicit 공식 문서에는 [그림 7-33]과 같이 설명되어 있다.

```
Parameters
----------
userid : Union[int, array_like]
    The userid or array of userids to calculate recommendations for
user_items : csr_matrix
    A sparse matrix of shape (users, number_items). This lets us look
    up the liked items and their weights for the user. This is used to filter out
    items that have already been liked from the output, and to also potentially
    recalculate the user representation. Each row in this sparse matrix corresponds
    to a row in the userid parameter: that is the first row in this matrix contains
    the liked items for the first user in the userid array.
N : int, optional
    The number of results to return
filter_already_liked_items: bool, optional
    When true, don't return items present in the training set that were rated
    by the specified user.
filter_items : array_like, optional
    List of extra item ids to filter out from the output
recalculate_user : bool, optional
    When true, don't rely on stored user embeddings and instead recalculate from the
    passed in user_items. This option isn't supported by all models.
items: array_like, optional
    Array of extra item ids. When set this will only rank the items in this array instead
    of ranking every item the model was fit for. This parameter cannot be used with
    filter_items
```

[그림 7-33] recommend 함수에 대한 설명

7개의 파라미터 중에서 조정한 파라미터는 총 4개로 userid, user_items, N, items이다.

> **userid**

userid는 추천 결과를 추출할 고객을 지정한다. 모델이 학습할 때 입력했던 고객의 순서대로 새로운 자연수 형태의 위치 값을 부여한다. 결과를 추출할 때 이 파라미터에 위치 값을 넣으면 해당 고객에게 추천할 상품의 리스트를 얻을 수 있다. 하지만 주의할 점이 있다. 과제에서 사용하는 고객식별자가 새로운 숫자인 위치 값으로 변경되기 때문에 고객번호를 따로 저장해놓지 않으면 누구에게 추천된 결과인지 알 수가 없어진다. 따라서 고객번호와 위치 값의 매핑 정보를 다른 곳에 저장해놓는 과정이 필요하다.

> **user_items**

user_items는 고객×상품 매트릭스를 입력하는 파라미터이다. 기존에 모델 학습을 위해 사용했던 CSR 매트릭스를 입력하면 되는데, 결과 추출 시 에러가 발생할 수 있다. 이 변수는 userid와 상호작용을 하기 때문에 userid에 입력한 값을 user_items에 대괄호 형태로 넣지 않는다면 결과를 얻지 못한다. 따라서 [그림 7-34]와 같이 추천 결과를 얻을 userid에 넣은 값이 k라고 한다면 user_items[k]라고 넣어주어야 원하는 결과를 얻을 수 있다.

```
# calculate the top recommendations for a single user
ids, scores = model.recommend(0, user_items[0])
```

[그림 7-34] user_items 파라미터 추천 결과 추출 시 사용 방법

≫ N

N은 상위 몇 개의 추천 상품을 추출할 것인지 선택할 수 있다. 과제에서 다섯 개의 상품 추출을 요구하였기 때문에 5를 사용한다.

≫ items

items는 추천 결과로 특정 상품만을 지정하여 결과를 추출하고 싶을 때 사용할 수 있다. 사용 방법은 고객×상품 CSR 매트릭스에서 상품에 해당되는 열에서 원하는 상품의 위치 값을 리스트 형태로 만들어 입력하면 된다. 지정할 수 있는 상품의 개수는 한 개부터 사용한 전체 상품 개수까지 가능하다.

이 파라미터에 현재 판매 중인 상품의 위치 값을 넣어 판매가 종료된 상품이 추천 리스트에 들어가지 않도록 하는 데 활용했다. 그 과정은 [그림 7-35]의 순서로 진행하였다. 먼저 금융상품별로 판매 종료일자가 존재하는 테이블에서 추천 모델이 학습하는 날짜를 기준으로 판매가 종료되지 않은 상품을 추출했다. 이후, 종료되지 않은 상품들이 고객×상품 매트릭스의 열에서 몇 번째 위치에 해당되는지를 모두 찾아 items 파라미터에 입력했다.

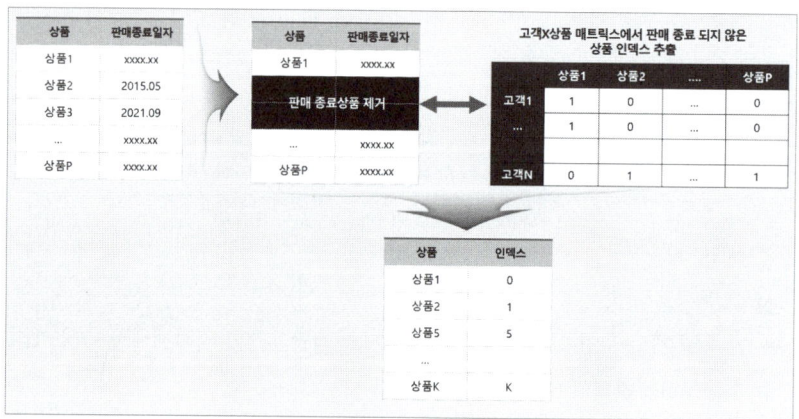

[그림 7-35] 판매 종료되지 않은 상품만을 사용하여 상품 추천을 해주는 과정

Implicit에서 계산 비용을 줄이고 효율적으로 처리하기 위해서 몇 가지 추가적인 조치가 가능하다. 고객 한 명당 한 건으로 처리할 수도 있지만 Implicit 5.x 버전 이상에서는 userid 파라미터에 array 형식을 지원한다. 따라서 Implicit 5.x 이상의 버전 설치를 권장한다. 추출할 고객들의 인덱스를 array 형식으로 변환한 뒤에 userid 파라미터에 넣었을 때 처리 속도가 3배 이상 더 빨랐다.

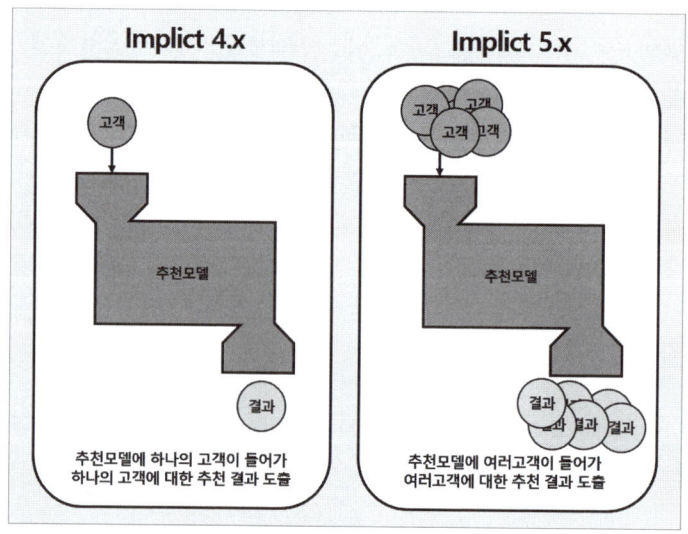

[그림 7-36] Implicit 버전에 따른 추천 결과 추출 방법의 차이

추가적으로 더 빠른 방법을 찾는다면 멀티프로세스를 사용하는 것을 고려할 수 있다. 멀티프로세스를 하지 않았을 때 일반적인 방법으로 파이썬에서 for문을 사용한다면 하나의 코어만 사용하기 때문에 속도가 느리다. 하지만 이 방법은 [그림 7-38]에서 알 수 있듯이 CPU가 보유한 코어 수 중 사용자가 직접 사용할 코어 수를 지정하여 지정된 수만큼 for문을 나눠 돌려 여러 코어를 동시에 사용할 수 있다. 즉, 병렬처리로 for문을 돌리는 것이다. 파이썬에서는 multiprocessing이라는 라이브러리를 통해 지원하고 있다. 멀티프로세스 방식을 사용하여 CPU 세 개를 할당했을 때 처리 속도가 2.5배 향상되었다.

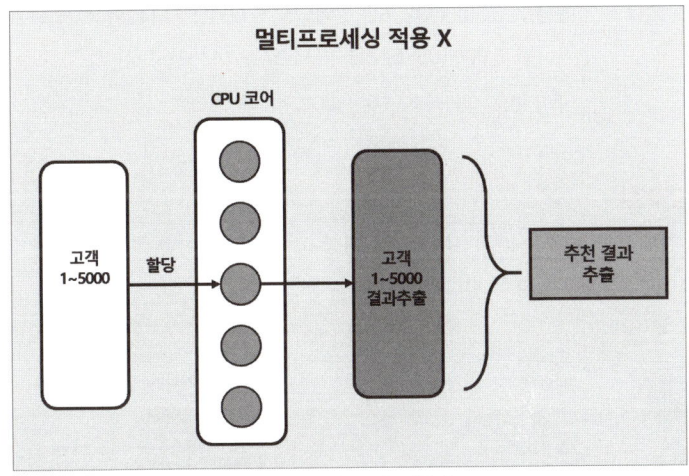

[그림 7-37] 멀티프로세스 적용 전

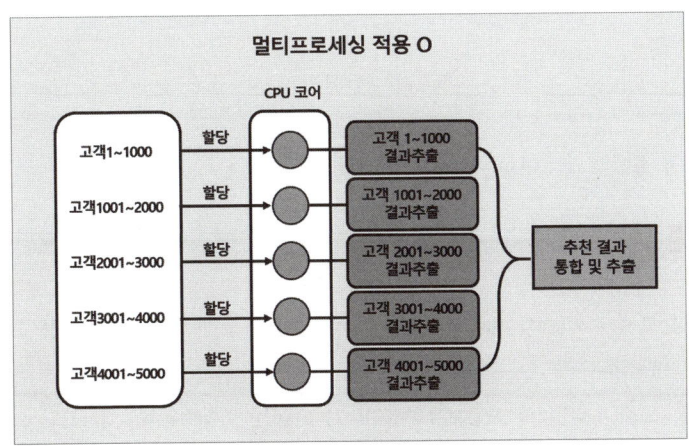

[그림 7-38] 멀티프로세스 적용 후

마지막으로, 추천 결과 추출 코드를 실행하게 된다면 [그림 7-39]와 같이 튜플 형태로 추천된 아이템과 해당 아이템의 점수가 같이 도출된다. 두 값이 모두 필요하다면 도출된 값을 사용하면 되지만, 아이템이나 점수 둘 중에 하나만 필요한 경우도 존재할 수 있다. 이런 경우라면 추천된 아이템은 맨 끝에 [0], 점수는 맨 끝에 [1]을 넣기만 하면 원하는 값만 추출해낼 수 있다.

[('예금E', 0.12048073), ('예금D', 0.005509703),
('예금H', 0.008703619), ('통장D', 0.0005669426),
('예금C', 0.0053139403), ('통장F', 0.00027800724),
('예금B', 0.0023908366), ('예금S', 0.00015274435),
('예금Y', 0.00010676426), ('통장S', 9.74381e-06)]

[그림 7-39] 추천 결과 추출 시 얻을 수 있는 기본 형태(예시)

■ **상향추천**

상향추천에서는 [그림 7-40]과 같이 추천 대상 고객이 A+B이다. 따라서 해당 고객들의 리스트를 추출할 필요가 있다.

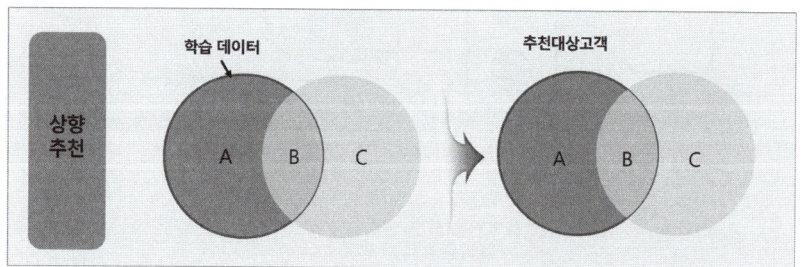

[그림 7-40] 상향추천의 추천 대상 고객

상향추천 결과를 추출하는 코드는 다음과 같다.

μ Code

```
# 추천 대상 고객번호 추출
A_해당_고객 = df[(df['예금보유여부']==1) & (df['보험보유여부']==0)]['고객번호'].tolist()
B_해당_고객 = df[(df['예금보유여부']==1) & (df['보험보유여부']==1)]['고객
```

번호'].tolist()
C_해당_고객 = df[(df['예금보유여부']==0) & (df['보험보유여부']==1)]['고객번호'].tolist()

추천대상고객 = A_해당_고객 + B_해당_고객

추천 대상에 대한 추천 결과
대상고객_위치값=np.array(추천대상고객.index.tolist())
추천결과 = als.recommend(대상고객_위치값, 고객×상품행렬[대상고객_위치값], N=5, items=re_item)[0]

■ 교차추천

교차추천에서는 [그림 7-41]과 같이 추천 대상 고객이 A다. 따라서 해당 고객들의 리스트를 추출할 필요가 있다.

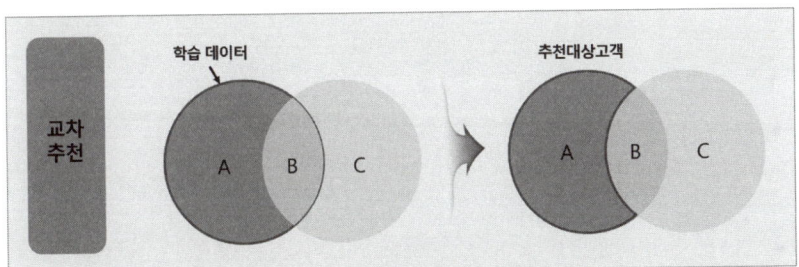

[그림 7-41] 교차추천의 추천 대상 고객

상향추천 결과를 추출하는 코드는 다음과 같다.

μ Code

```
# 추천 대상 고객번호 추출
A_해당_고객 = df[(df['예금보유여부']==1) & (df['보험보유여부']==0)]['고객번호'].tolist()
B_해당_고객 = df[(df['예금보유여부']==1) & (df['보험보유여부']==1)]['고객번호'].tolist()
```

```
C_해당_고객 = df[(df['예금보유여부']==0) & (df['보험보유여부']==1)]['고객번호'].tolist()

추천대상고객 = A_해당_고객

# 추천 대상에 대한 추천 결과
대상고객_위치값=np.array(추천대상고객.index.tolist())
추천결과 = als.recommend(대상고객_위치값, 고객×상품행렬[대상고객_위치값], N=5, items=re_item)[0]
```

체크카드 사용 실태에 따른 상품 추천

8장

8.1 개요

P사에서 체크카드 사용 실태에 따른 상품 추천 분석 과제를 요구를 하게 된 배경은 다음과 같다. 기존 P사에서는 체크카드에 특화된 추천 시스템이 없었으며, 빅데이터를 이용한 고객별 체크카드 이용 현황 분석과 분석 결과에 따른 체크카드 상품 추천을 추진하고자 했다.

8.1.1 체크카드 사용 실태에 따른 상품 추천 배경 및 목적

과제를 수행하기 위해 테이블 탐색부터 EDA를 통한 P사의 카드 발급 현황, 카드 이용 현황, 카드 이용 내역 등 여러 특징을 살펴보았고, 발견한 내용을 바탕으로 'P사 체크카드 사용 고객 분석 및 체크카드 상품 추천 알고리즘'을 구현했다. 아래에서 과제를 진행한 과정을 자세하게 소개하도록 하겠다.

8.1.2 기존 P사의 체크카드 추천 방식

기존 P사의 체크카드 추천 방식을 살펴본 결과 전략 추천 방식과 이벤트 기반 마케팅(Event Based Marketing, EBM) 추천 방식, 이렇게 두 가지 방식을 통해 추천이 이뤄지는 것을 확인할 수 있었다.

전략 추천 방식이란 새로운 상품이 출시되거나 대내외 환경변화에 따른 특정 상품

홍보 필요 시 P사 요청에 의해 전략 상품으로 등록되어 추천이 진행되는 방식이다. 주로 신규 상품 및 전략 상품이 대상이 되는데, 대상이 되는 상품들은 누적된 데이터가 적어 분석에 의해 추천이 불가능한 특징을 가지고 있다.

EBM 추천 방식이란 고객의 상황변화에 따른 사건을 감지하고, 감지한 사건에 기반해 마케팅 캠페인을 통해 추천하는 방법이다. EBM 추천 방식은 고객의 상황변화를 감지하기 때문에 적절한 시점에 고객에게 정보를 제공하는 장점이 존재한다. 두 추천 방식을 살펴보면 두 방식 모두 고객의 카드 이용 현황을 분석하고 분석한 결과를 활용해 체크카드를 추천하고 있지 않다는 것을 확인할 수 있다.

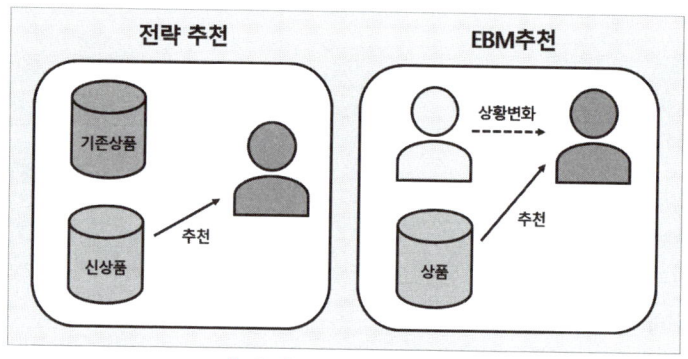

[그림 8-1] 기존 P사의 카드 추천 방식

8.1.3 타사의 카드 추천 방식

신한카드 외 7개의 전업카드사는 카드모집인의 오프라인 영업, TM(Tele Marketing), DM(Direct Marketing) 방식을 주로 활용했으나, 최근에는 인터넷의 발달과 사용 인구의 증가로 카드사 홈페이지를 통해 맞춤 카드 찾기, 내게 맞는 카드 찾기, 혜택별 인기 있는 카드 등의 온라인 마케팅을 강화하고 있다.[38]

기존의 추천 방식인 오프라인 영업, TM, DM 방식을 통해 상담원이 추천해주는 방식에는 한계점이 존재한다. 상담원이 카드별로 상이한 카드의 특징을 파악하기 어려울 뿐만 아니라, 고객의 소비 현황을 짧은 시간에 파악하여 반영하는 것 또한 어렵다.

---

[38]. 신용카드 추천을 위한 다중 프로파일 기반 협업필터링(이원철 외, 2017)

국내에서 카드 추천 서비스를 제공하는 대표적인 곳은 '카드 고릴라'와 '뱅크 샐러드'이다. '카드 고릴라'는 국내 최초의 신용카드 포털 사이트로, 다양한 카드사에서 출시한 신용카드와 체크카드에 관한 정보를 찾을 수 있다. 카드 고릴라는 집계를 기반으로 여러 유형에 따라 카드상품을 집계하여 상위 순위에 있는 카드상품을 추천한다. 집계한 유형으로는 실시간 발급 카드 순위, 연회비 가격별 인기 카드 순위, 연령별 인기 카드 순위 등 다양한 유형을 집계하고 유형에 따라 최대 세 개의 카드를 추천하는 방식을 이용한다.

'뱅크 샐러드'는 통합 자산 조회, 맞춤형 자산 관리, 금융상품 추천 등의 서비스를 제공하는 플랫폼 회사로, 금융상품 속 카드상품 추천도 하고 있다. 뱅크 샐러드에서 이뤄지는 카드 추천은 사용자가 설문 형식으로 소비 패턴을 입력하면 데이터 기반으로 혜택이 가장 큰 카드를 추천해주는 방식을 이용한다.

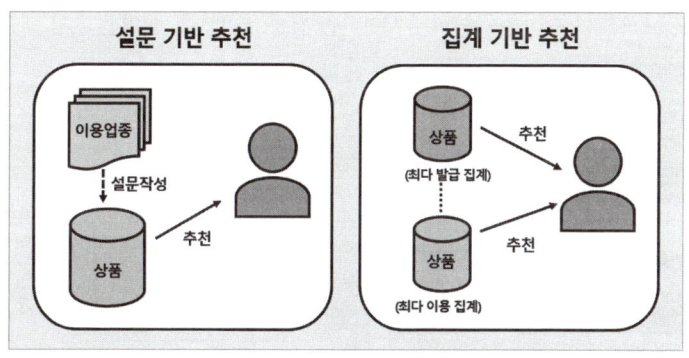

[그림 8-2] 타사의 카드 추천 방식

8.2 설계 방향

8.2.1 진행 추천 방식

P사는 다음 두 가지 목표를 달성할 수 있는 추천 모델 개발을 요청했다.

- 체크카드 사용 고객의 이용 현황 분석을 통한 추천
- 고객이 필요로 하는 체크카드 추천

타사의 카드 사례를 보아 여러 유형에 따라 집계하는 집계 기반 추천 방식과 소비패턴을 입력받아 최대 혜택을 받을 수 있는 카드를 추천해주는 설문 기반 추천 방식이 존재한다.

두 추천 방식은 P사에서 요구한 고객의 카드 이용 현황을 활용하는 것과는 다르다. P사의 요구사항과 유사한 추천 방식을 선택한다면 집계 기반 추천 방식과 설문 기반 추천 방식 중에서 설문 형식 기반 추천 방식과 유사하다. 하지만 설문 형식을 통해 입력하는 경우에는 이용 내역을 빠트리고 입력할 가능성이 존재하고, 직접 개인의 소비 내역을 짐작해서 입력해야 한다. 또한 P사에서는 체크카드 상품별 혜택이 포함된 데이터를 보유하고 있지 않기 때문에 설문 형식 기반 추천은 불가능한 상황이다.

P사의 요구사항과 P사가 보유한 데이터를 고려하여 고객의 카드 이용 내역을 기반으로 고객 간 유사도를 산출하여 추천해주는 방법을 최종적으로 선택했다. 유사도가 높은 고객은 카드 이용 내역이 유사하다는 것을 의미한다. 이러한 추천 방법은 대표적인 추천 알고리즘인 협업 필터링 추천 방식을 이용한 방법이다.

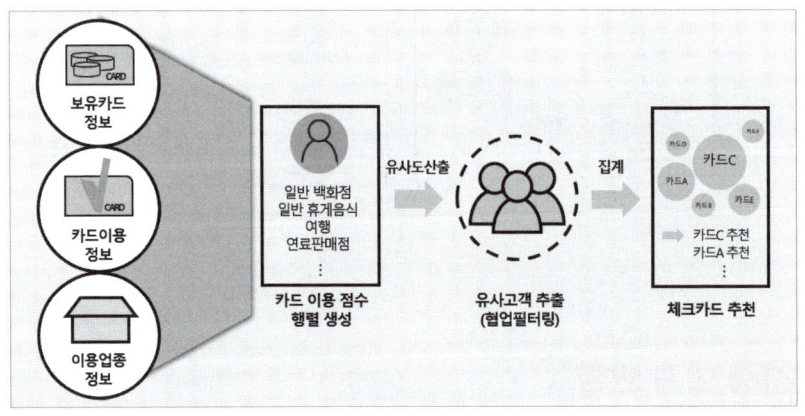

[그림 8-3] 체크카드 추천 방식

유사도 계산은 고객의 카드 이용 내역을 기반으로 고객-변환 업종의 카드 이용 점수 행렬을 구축하고 유사도가 높은 순으로 일부 고객을 추출할 것이다. 이후 추출한 고객들이 이용하고 있는 카드를 집계하여 추천할 예정이다.

카드의 특성상 발급한 카드를 무조건 사용하는 것이 아니며 보유 중인 여러 개의 카드 중에서 특정 카드만을 사용하는 것이 가능하다. 따라서 발급한 카드와 이용한 카드를 비교해볼 것이며 차이가 존재하는 경우는 이용한 카드를 집계하여 추천하고 차이가 존재하지 않는 경우는 발급한 카드를 집계하여 추천할 예정이다.

8.2.2 최종 모델 선정

초기에는 고객이 변환 업종별 카드를 이용한 내역을 기반으로 구축한 고객-변환 업종의 카드 이용 점수 행렬을 생성한 후 코사인 유사도를 이용하여 고객 간 유사도 산출을 시도했다. 카드 이용 및 패턴 보유 고객 약 60만 명을 대상으로 60개 업종별 점수를 담은 행렬은 60만*60 크기를 가진 행렬이다. 이 행렬로 코사인 유사도를 이용해 유사도를 산출하면 60만*60만 크기의 고객 간 유사도를 담은 행렬이 만들어진다. 이와 같은 행렬로 코사인 유사도를 산출한 결과 메모리 부족 현상이 나타났다.

필요한 메모리를 파악하기 위해 행렬의 크기를 분리하여 행렬 크기별 메모리 차지 용량을 계산해보았다. 50만 고객의 유사도를 구한다고 가정하면 약 2,000GB가 소요된다.

행렬크기	유사도 행렬 크기	차지용량
(5,000 X 60)	(5,000 X 5,000)	0.2MB
(50,000 X 60)	(50,000 X 50,000)	20GB
(100,000 X 60)	(100,000 X 100,000)	80GB
(500,000 X 60)	(500,000 X 500,000)	2,000GB

[그림 8-4] 행렬 크기별 메모리 차지 용량

패턴 보유 고객을 인구통계학적 군집으로 분리한 뒤 코사인 유사도를 산출해도 메모리 부족 문제가 발생하는지 확인해보았다.

패턴 보유 고객을 인구통계학적 군집으로 분리한 결과, 50대 남성 군집이 약 9만 명으로 가장 많은 고객들이 속해 있다. 위에서 산출한 '행렬 크기별 메모리 차지 용량'에서 나타난 것과 같이 10만 명 고객은 80GB를 차지하므로 주어진 환경의 메모리인 64GB의 용량보다 더 큰 메모리가 필요하다는 것을 알 수 있다.

주어진 환경의 메모리에서 처리가 충분히 가능하며 병렬 처리를 통해 빠른 속도로 연산이 가능한 모델을 찾아보았고, 그 결과 ALS 모델을 발견했다. 또한 고객-변환 업종의 카드 이용 점수 행렬은 0이 많은 sparse한 데이터이다. Sparsity 값[39]을 산출한 결과 0.91로 나왔는데, 이는 행렬이 가진 100개의 요소들 중 91개가 0의 값으로 들어 있는 것을 의미한다. 이와 같이 sparse한 데이터를 0이 아닌 값만 따로 추출하여 새로운 배열로 구성하는 압축희소행 매트릭스, 즉 CSR 매트릭스로 변환하여 메모리 효율을 높일 수 있다.

8.2.3 설계 방향 선정

분석 과제를 수행하기 위해 진행한 분석 프로세스는 [그림 8-5]와 같다.

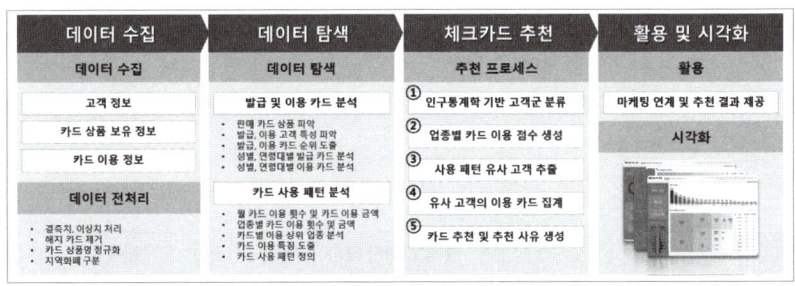

[그림 8-5] 분석 프로세스

체크카드 사용 내역에 기반한 카드상품 추천을 위해 고객정보를 담고 있는 데이터, 카드 발급 내역에 대한 데이터, 카드 이용 내역 정보를 보유한 데이터를 수집하여 데이터를 재구성했다. 이후 고객별 체크카드 사용 내역을 파악하기 위해 전월 기준으로 카드 이용 횟수 및 금액을 성별, 연령대, 업종, 카드상품 등 여러 측면에서 살펴보았다. 이를 통해 카드상품과 카드 이용 내역의 특징을 도출하는 작업을 실행했으며 카드 사용 패턴의 정의와 고객 구분의 필요성을 발견했다.

추천을 진행하기에 앞서 P사의 고객을 카드 보유 여부 및 카드 패턴 보유를 통해 세 종류로 분류하고 이에 따라 추천 프로세스를 다르게 설계했다. 추천 프로세스를 통해 고객별로 보유한 카드를 제외한 총 다섯 개의 카드상품을 추천했고 추천 사유를

---

[39]. 전체 행렬에서 0인 값들의 비율을 나타낸다.

반영하기 위해 고객별로 이용하는 상위 다섯 개의 업종과 전월 이용한 카드 금액 및 카드 횟수를 제공했다.

추천 결과와 추천 사유는 마케팅팀에 제공하여 활용이 가능하도록 했다. 또한 데이터 탐색을 진행한 내용 중 카드 발급 내역, 카드 이용 내역, 카드 고객의 특징을 한눈에 파악하기 용이하도록 시각화 파일을 별도로 구성하여 전달했다.

8.3 탐색적 데이터 분석

체크카드 상품 추천을 위해 고객정보에 관한 데이터, 카드 발급 내역에 대한 데이터, 카드 이용 내역 정보를 보유한 데이터를 찾아보았다. 존재하는 약 2,000개의 테이블 중에서 테이블명과 테이블 정의서를 살펴보면서 과제와 관련 테이블을 1차로 선정했고, 이를 오라클에서 직접 조회하면서 데이터 유무와 관련된 테이블인지 파악하고 선정하는 2차 작업을 진행했다.

8.3.1 탐색 테이블 선정

선정한 테이블 중에 접근 권한이 없는 테이블과 구축 진행 중인 테이블도 존재했다. 따라서 2차 작업을 진행하는 과정에서 분석에 바로 활용 가능한 테이블과 확인 후 필요 유무를 파악해야 하는 테이블을 분리했다. 이러한 과정을 거쳐 최종적으로 분석에 이용한 테이블은 [표 8-1]과 같다.

구분	테이블명	설명
카드정보	체크카드 기본	체크카드 발급 내역 정보
	카드 이용 내역	카드 사용 내역 정보
	카드 가맹점 업종 정보	가맹점 업종별 분류 정보
상품정보	상품 기본정보	전체 상품의 정보가 담긴 테이블
고객정보	고객 기본정보	전체 고객의 정보가 담긴 테이블

[표 8-1] 분석 활용 테이블

[표 8-2]~[표 8-6]에 분석 활용 테이블의 주요 변수들과 변수들이 의미하는 바를 간단하게 요약하여 작성했다.

1. 체크카드 기본

기준연월에 나타난 일자를 기준으로 고객이 발급한 카드 및 해지 이력을 관리하는 테이블이다.

칼럼명	설명	비고
기준연월	테이블이 집계된 기준일자 정보	PK
체크카드 번호	체크카드 번호를 나타내는 식별자	PK
체크카드 회원번호	체크카드를 발급한 고객의 회원번호	
카드 유효연월	체크카드의 유효기간을 연월로 나타낸 정보(YYYYMM)	
카드 가입일자	체크카드를 신청한 일자	
카드 해지일자	체크카드를 해지한 일자	
체크카드 상품코드	발급한 체크카드의 상품코드	

[표 8-2] 체크카드 기본 테이블의 주요 칼럼 및 설명

2. 카드 이용 내역

고객의 체크카드 이용 및 취소 내역을 관리하는 테이블이다. 해당 테이블에서 고객별 업종에 따라 이용한 횟수와 금액을 알 수 있다.

칼럼명	설명	비고
체크카드 번호	체크카드 번호를 구분하는 식별자	PK
체크카드 승인번호	체크카드 결제가 이뤄지는 승인번호 정보	PK
승인일자	체크카드 결제 승인이 이뤄진 시간정보	PK
원승인 취소 여부	기존의 체크카드 결제 승인이 취소되었는지 여부	
체크카드 회원번호	체크카드를 발급한 고객의 회원번호	
승인금액	결제 승인이 이뤄진 금액	
가맹점 상호명	체크카드 결제 승인이 이뤄진 가맹점의 상호명	
가맹점업종 구분값	체크카드 결제 승인이 이뤄진 가맹점의 업종을 나타내는 식별자	

[표 8-3] 카드 이용 내역 테이블의 주요 칼럼 및 설명

3. 카드 가맹점업종 정보

가맹점업종 코드를 중분류와 대분류로 나타내 관리하는 테이블이다. 해당 테이블은

카드 이용 내역 테이블과 함께 이용하여 업종별 카드 이용 현황을 파악할 수 있다.

칼럼명	설명	비고
가맹점업종 코드	가맹점의 업종을 나타내는 식별자	PK
가맹점업종명	가맹점의 업종의 한글명	
가맹점업종 대분류 코드	가맹점의 업종을 대분류로 나타내는 식별자	
가맹점업종 대분류명	가맹점의 업종 대분류의 한글명	

[표 8-4] 카드 가맹점업종 정보 테이블의 주요 칼럼 및 설명

4. 상품 기본정보

예금, 보험, 카드, 펀드상품의 모든 정보를 관리하는 테이블이다. 해당 테이블을 체크카드 기본 테이블과 함께 이용하여 고객이 보유한 카드의 상품명을 파악할 수 있다.

칼럼명	설명	비고
상품코드	상품에 부여된 고유한 상품코드	PK
금융상품 구분코드	예금, 보험, 카드, 펀드상품을 구분해주는 식별자	PK
상품 한글명	상품코드에 해당하는 상품 한글명	

[표 8-5] 상품 기본정보 테이블의 주요 칼럼 및 설명

5. 고객 기본정보

P사의 모든 고객의 정보를 관리하는 테이블이다. 모든 과제와 공통적으로 해당 테이블에서 분석 대상 고객의 정보를 추출하는 작업이 선행되며, 추출된 고객들을 대상으로 추천이 이뤄진다.

칼럼명	설명	비고
고객번호	고객을 식별하는 고유번호	PK
고객연령	고객의 현재 연령정보	
고객연령대	고객의 연령을 바탕으로 연령대를 구분한 정보	
성별코드	고객의 성별정보	

[표 8-6] 고객 기본정보 테이블의 주요 칼럼 및 설명

체크카드 기본, 상품 기본정보, 고객 기본정보라는 세 개의 테이블을 결합하여 체크카드 고객의 정보와 카드 발급 정보를 추출한다. 또한 카드 이용 내역, 카드 가맹점 업종 정보, 통합 고객정보라는 세 개의 테이블을 결합하여 전월 한 달간 고객의 카드 이용 내역 정보와 가맹점 및 업종 정보를 추출한다.

고객별 카드 발급 정보와 고객별 카드 이용 내역 정보를 통해 체크카드 발급 및 이용 현황과 거래 패턴을 도출하고 고객을 분류할 예정이다. 분류한 고객에 맞게 추천 모델을 적용하여 체크카드 추천 결과를 제공할 예정이며 카드 이용 내역을 기반으로 체크카드 추천 사유를 함께 제공할 것이다.

8.3.2 데이터 탐색

■ **고객번호 추출**

고객번호는 고객을 특정 지을 수 있는 중요한 변수이다. 예금, 보험, 펀드 관련 테이블에서는 '고객번호' 변수가 존재한다. 반면에 체크카드 관련 테이블인 체크카드 기본 테이블과 카드 이용 내역 테이블을 탐색한 결과 고객번호 변수가 존재하지 않았다. 고객번호와 유사하게 체크카드 고객을 특정할 수 있는 변수로는 '체크카드 회원번호' 변수가 존재했다. 고객번호가 9자리로 구성된 것과 비교하면 체크카드 회원번호는 12자리로 구성되어 모든 값의 앞 세 자리가 999처럼 특정 숫자로 공통적으로 반복된다는 것을 발견했다. 반복되는 세 자리의 숫자를 제거한 후 통합 고객정보 테이블의 고객번호와 일치하는지를 확인해보니 확인 결과가 일치했다. 이를 통해 체크카드 회원번호에서 고객번호를 추출하여 분석에 활용했다.

체크카드회원번호	고객번호
999100000001	100000001
999100000002	100000002
999100000003	100000003
999100000004	100000004
999100000005	100000005

[그림 8-6] 고객번호 추출

■ 고객들의 한 달간 이용 횟수 및 금액 파악

카드 사용 패턴의 특징을 파악하기 위해 카드 이용 내역을 담고 있는 테이블인 카드 이용 내역과 가맹점 정보를 담고 있는 카드 가맹점업종 정보 테이블을 결합하고 한 달간 고객의 카드 이용 내역을 추출하여 탐색을 진행했다.

첫째, 한 달간 이용 횟수에 대한 데이터를 파악했다.

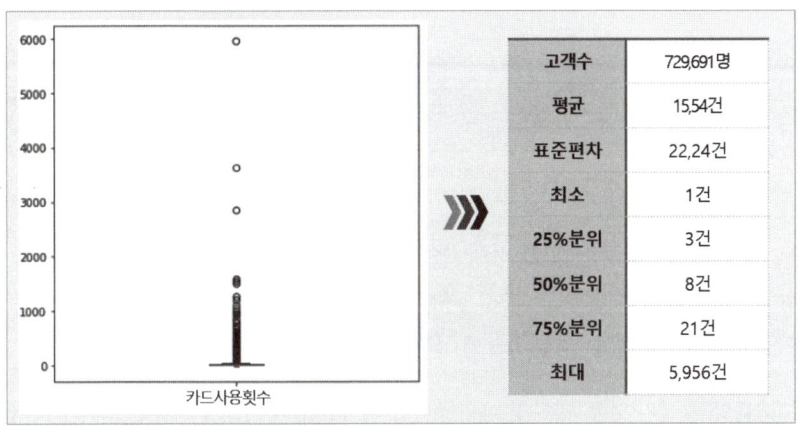

[그림 8-7] 한 달간 카드 이용 횟수 분포

카드 이용 내역 테이블의 2022년 2월 내역을 확인한 결과 [그림 8-7]에 볼 수 있듯이 사용 횟수가 최소 1건부터 최대 5,956건까지 다양했다. 한 달 동안 카드를 사용한 고객의 수는 729,691명으로 나타났다. 해당 고객 중 24%는 한 달 동안 1~2건을 사용하는 것을 확인할 수 있었다. 또한 한 달에 600건 이상 사용하는 고객도 24명 존재했다.

600건이라는 수는 카드를 일평균 20회 사용해야 하는 것으로 해당 고객들은 정상적인 카드 사용에서 벗어나는 고객이라고 판단했다. 한 달 동안 600건 이상 카드를 이용하는 고객들의 이용 가맹점을 확인한 결과 임대와 관련된 업종 혹은 하나의 업종에만 반복적으로 결제하는 것으로 파악되었다. 탐색 결과, 카드 사용 횟수 관점에서 비정상적인 고객은 한 달 안에 3건 미만 이용 혹은 600건 이상 사용하는 고객이라고 판단했다. 둘째, 한 달간 이용 금액에 대한 데이터를 파악했다.

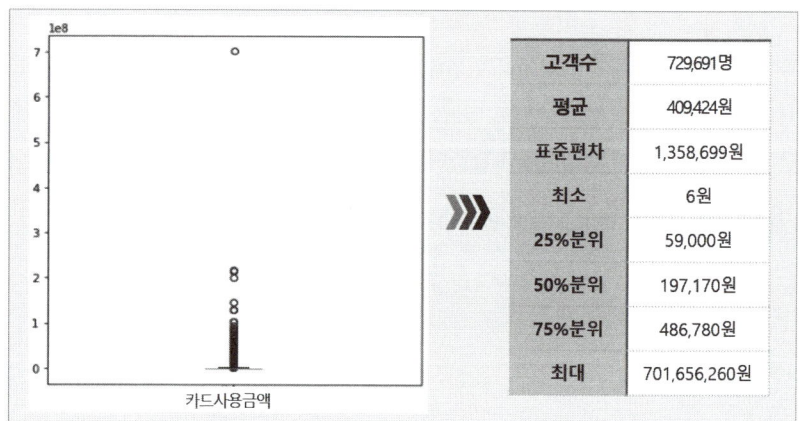

[그림 8-8] 한 달간 카드 이용 금액 분포

[그림 8-8]에서 확인할 수 있는 것과 같이 약 73만 명 고객의 한 달간 평균 카드 이용 금액은 409,424원임을 알 수 있다. 또한 카드 이용 금액의 분포를 통해 최솟값 6원을 이용한 고객과 최댓값 7억을 이용한 고객이 존재함을 알 수 있다.

고객들의 한 달간 사용 횟수 및 이용 금액을 파악한 결과 카드를 이용한 고객 중에서 정상적인 카드 사용 범위 내에 있는 고객을 찾기 위한 기준이 필요했다. 기준을 만들기 위해 하나의 카드로 모든 생활비를 이용한다고 가정해보았다. 2022년 4인 기준 중위소득이 512만 원임을 고려하면 500만 원 이상 쓰는 고객 또한 비정상적으로 카드를 많이 이용하는 것으로 판단할 수 있다.

비정상적으로 카드를 사용하는 고객을 제거하기 위해 정상적으로 카드를 사용하는 조건을 '카드 사용 패턴 보유' 조건이라고 정의했다. 그리고 카드 이용 횟수와 카드 이용 금액을 동시에 고려하여 다음과 같이 정의했다.

- **카드 이용 횟수**: 전월 3회 이상 600회 미만 카드를 이용한 고객
- **카드 이용 금액**: 전월 500만 원 이하 카드를 이용한 고객

이를 통해 카드 사용 패턴 기반 추천 결과가 일반적인 고객을 대상으로 나타날 것으로 예상하며 분석을 진행했다.

■ **업종의 분류별 데이터 파악 및 변환 업종 변수 생성**

업종별 카드 이용 횟수를 파악하면서 데이터를 탐색했다. 카드 가맹점업종 정보 테이블을 확인한 결과, 가맹점업종 정보를 대분류와 중분류로 분류하여 관리하고 있었다.

고객들의 카드 사용 내역을 대분류와 중분류로 각각 나누어 파악한 결과, 유통업(영리)과 유통업(비영리)이 차지하는 비중이 가장 높았다. 또한 [그림 8-9]에서 보이는 것과 같이 유통업(영리/비영리)에는 '편의점', '슈퍼마켓', '인터넷Mall'과 같이 카드의 혜택과 밀접한 업종이 포함되어 있었다.

유통업(영리)			유통업(비영리)
PG 상품권	CATV홈쇼핑	면세점	공무원연금매점
일반백화점	통신판매2	전자상거래 상품권	농,축협직영매장
자사카드발행백화점	인터넷상거래1	농축수산가공품	농협하나로클럽
대형할인점	인터넷상거래2	전자상거래상품권 전문판매	사원 매점
편 의 점	인터넷P/G	농협식품점	구내매점(국가기관등)
슈퍼 마켓	인터넷종합Mall	기타쇼핑점	구내 매점-1
연 쇄 점	인터넷Mall	통신판매1	농수축협직판
보훈 매점	상품권	기타유통	대우사내판매
보훈,복지매장	상품권 전문판매		기타비영리유통

[그림 8-9] 유통업(영리/비영리) 업종

결과적으로 업종은 대분류를 이용하지만, 유통업(영리/비영리)에 한해서는 중분류 업종을 이용한 '변환 업종'이라는 파생 변수를 생성했다.

■ **변환 업종별 카드 이용 횟수 및 금액 파악**

[그림 8-10]~[그림 8-13]은 변환 업종별 고객의 카드 이용 횟수 및 카드 이용 금액을 표와 트리맵(tree map)으로 나타낸 것이다.

순위	변환 업종명	횟수(건)	비율(%)	순위	변환 업종명	횟수(건)	비율(%)
1	일반 휴게음식	2,226,101	19.62	11	농,축협직영매장	208,822	1.84
2	편 의 점	1,919,969	16.92	12	인터넷종합Mall	157,738	1.39
3	슈퍼 마켓	1,276,319	11.25	13	레저업소	154,400	1.36
4	인터넷P/G	999,175	8.81	14	신변잡화	132,037	1.16
5	병원	858,196	7.56	15	보건위생	124,294	1.10
6	음료식품	727,229	6.41	16	연 쇄 점	103,996	0.92
7	여행	525,342	4.63	17	인터넷Mall	84,288	0.74
8	연료판매점	424,556	3.74	18	자동차정비,유지	83,303	0.73
9	대형할인점	348,233	3.07	19	의류	64,578	0.57
10	용역서비스	283,122	2.50	20	자사카드발행백화점	63,367	0.56

[그림 8-10] 변환 업종별 카드 이용 횟수 및 비율(상위 20개)

[그림 8-11] 변환 업종별 카드 이용 횟수 및 비율

순위	변환 업종명	금액(원)	비율(%)	순위	변환 업종명	금액(원)	비율(%)
1	일반 휴게음식	52,155,677,676	17.46	11	농,축협직영매장	5,991,806,183	2.01
2	병원	36,236,297,416	12.13	12	인터넷종합Mall	5,487,116,822	1.84
3	인터넷P/G	30,298,130,978	10.14	13	자사카드발행백화점	4,582,184,345	1.53
4	슈퍼 마켓	22,107,572,368	7.40	14	보건위생	4,577,146,805	1.53
5	연료판매점	20,996,295,719	7.03	15	여행	4575957472	1.53
6	편 의 점	16,097,642,141	5.39	16	자동차정비,유지	4401420745	1.47
7	음료식품	15,648,205,430	5.24	17	의류	3962778658	1.33
8	용역서비스	14,941,490,377	5.00	18	레저업소	3847624417	1.29
9	대형할인점	11,731,446,043	3.93	19	레저용품	3547294262	1.19
10	학원	6,371,276,838	2.13	20	신변잡화	2943624613	0.99

[그림 8-12] 변환 업종별 카드 이용 금액 및 비율(상위 20개)

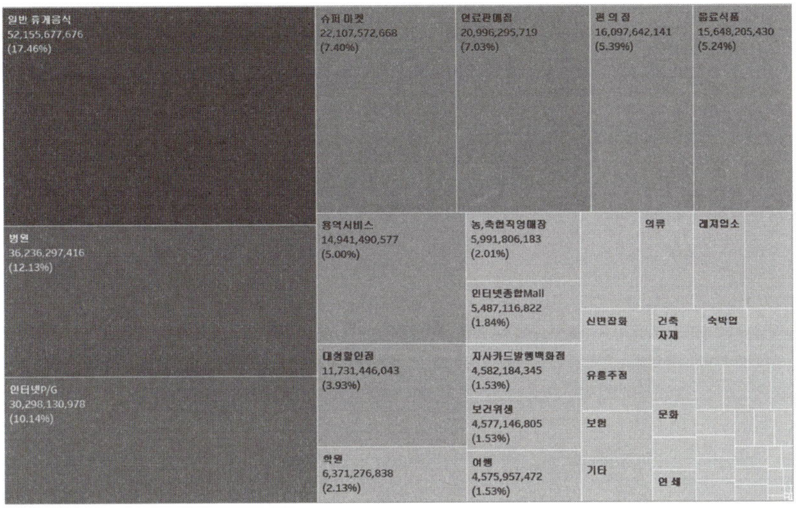

[그림 8-13] 변환 업종별 카드 이용 금액 및 비율

카드 이용 횟수는 '일반 휴게음식' 다음으로 '편의점', '슈퍼마켓', '인터넷P/G', '병원' 순으로 나타나고, 카드 이용 금액은 '일반 휴게음식' 다음으로 '병원', '인터넷P/G', '슈퍼마켓', '연료판매점' 순으로 나타났다. 카드 이용 횟수에서 2위를 차지한 '편의점'이 카드 이용 금액에서는 6위로 밀려난 점과 이용 횟수에서 20위 내에 보이지 않던 '학원' 업종이 이용 금액에서는 10위에 자리잡은 것으로 보았을 때 업종마다 1회 결제하는 금액이 상이하다는 것을 알 수 있다.

이를 통해 카드 패턴을 도출하는 경우 단순하게 카드 이용 횟수 혹은 카드 이용 금액 한 가지만 고려하여 도출하면 안 된다는 것을 알게 되었다. 카드 사용 패턴을 통해 고객의 유사도를 산출하는 경우에는 카드 이용 횟수와 카드 이용 금액을 활용하여 새로운 지표를 생성하고 이를 기반으로 고객 간 유사도를 산출할 예정이다.

■ 업종별 카드 이용 내역을 활용한 카드 이용 점수 산출

앞서 변환 업종별 카드 이용 횟수와 금액을 모두 고려한 지표 생성의 필요성을 파악했다. 고객별로 카드 이용 횟수 및 카드 이용 금액이 다른 점을 고려하여 업종별 카드 이용 횟수의 비율과 업종별 카드 이용 금액의 비율을 산출하고, 이를 더해 '카드 이용 점수'라는 새로운 지표를 생성했다. 산출한 점수는 고객별로 200점을 가지게 되며 업종별로 최소 0점부터 최대 200점까지 가질 수 있다.

고객번호	변환 업종명	변환 업종 이용횟수	변환 업종 이용금액
100000001	인터넷 P/G	10회	74,510원
100000001	일반 휴게음식	6회	68,000원
100000001	병원	2회	40,000원
100000001	서적문구	2회	5,490원
100000001	건강식품	1회	30,000원
총합		21회	218,000원

고객번호	변환 업종명	변환 업종 이용횟수	변환 업종 이용금액	변환 업종 이용횟수비율	변환 업종 이용금액비율	변환 업종 점수
100000001	인터넷 P/G	10회	74,510원	47.62	30.04	77.66
100000001	일반 휴게음식	6회	68,000원	28.57	27.42	55.99
100000001	병원	2회	40,000원	9.52	16.13	25.65
100000001	서적문구	2회	5,490원	9.52	2.21	11.73
100000001	건강식품	1회	30,000원	4.76	24.19	28.95
총합		21회	218,000원	100%	100%	200점

[그림 8-14] 업종별 카드 이용 내역을 활용한 '카드 이용 점수' 산출(예시)

'고객번호' 변수가 100000001인 고객을 보면 변환 업종 '인터넷P/G'에 한 달간 10회 사용했고 금액은 74,510원이다. 전월에 이용한 총횟수 21회와 전월에 이용한 총금액 248,000원을 이용하여 각각의 비율을 산출했다. 그 결과 '인터넷P/G' 업종의 이용 횟수 비율과 이용 금액 비율은 각각 47.62%, 30.04%로 나타났으며, 두 비율을 합한 '카드 이용 점수'는 77.66점으로 산출되었다. 이와 같은 방법으로 패턴이 존재하는 모든 고객에 대해 변환 업종별 '카드 이용 점수'를 산출했고, 이를 통해 '고객-변환 업종의 카드 이용 점수 행렬'을 생성했다.

■ **성별과 연령대에 따라 업종별 카드 이용 횟수 및 금액 파악**

성별과 연령대에 따라 업종별 카드 이용 횟수와 카드 이용 금액에 차이가 있는지 확인해보고자 데이터를 탐색했다. 성별과 연령대별 카드 이용 횟수와 금액을 업종별로 산출한 다음 이를 순위로 상위 다섯 개만 나타내었다. 성별과 연령대에 따른 이용 횟수 및 이용 금액 상위 다섯 개 업종은 [그림 8-15]~[그림 8-18]에서 확인할 수 있다.

순위	10대	20대	30대	40대	50대	60대	70대이상
1	편의점	편의점	편의점	편의점	일반휴게음식	일반휴게음식	일반휴게음식
2	인터넷P/G	일반휴게음식	일반휴게음식	일반휴게음식	편의점	편의점	병원
3	일반휴게음식	인터넷P/G	인터넷P/G	슈퍼마켓	슈퍼마켓	슈퍼마켓	슈퍼마켓
4	레저업소	슈퍼마켓	슈퍼마켓	인터넷P/G	병원	병원	편의점
5	음료식품	레저업소	음료식품	음료식품	음료식품	음료식품	음료식품

[그림 8-15] 연령대에 따른 카드 이용 횟수 상위 다섯 개 업종(남성)

순위	10대	20대	30대	40대	50대	60대	70대이상
1	인터넷P/G	일반휴게음식	일반휴게음식	일반휴게음식	일반휴게음식	일반휴게음식	병원
2	일반휴게음식	인터넷P/G	인터넷P/G	인터넷P/G	연료판매점	병원	일반휴게음식
3	편의점	편의점	편의점	편의점	병원	연료판매점	연료판매점
4	레저업소	유흥주점	용역서비스	병원	슈퍼마켓	슈퍼마켓	슈퍼마켓
5	여행	용역서비스	병원	연료판매점	편의점	음료식품	음료식품

[그림 8-16] 연령대에 따른 카드 이용 금액 상위 다섯 개 업종(남성)

순위	10대	20대	30대	40대	50대	60대	70대이상
1	일반휴게음식	일반휴게음식	일반휴게음식	일반휴게음식	일반휴게음식	슈퍼마켓	병원
2	편의점	인터넷P/G	인터넷P/G	인터넷P/G	슈퍼마켓	일반휴게음식	슈퍼마켓
3	인터넷P/G	편의점	편의점	편의점	편의점	병원	일반휴게음식
4	여행	여행	슈퍼마켓	슈퍼마켓	병원	음료식품	음료식품
5	음료식품	슈퍼마켓	병원	음료식품	인터넷P/G	편의점	편의점

[그림 8-17] 연령대에 따른 카드 이용 횟수 상위 다섯 개 업종(여성)

순위	10대	20대	30대	40대	50대	60대	70대이상
1	인터넷P/G	인터넷P/G	학원	인터넷P/G	일반휴게음식	병원	병원
2	일반휴게음식	일반휴게음식	인터넷P/G	일반휴게음식	병원	일반휴게음식	슈퍼마켓
3	편의점	병원	일반휴게음식	병원	인터넷P/G	슈퍼마켓	일반휴게음식
4	대형할인점	용역서비스	병원	슈퍼마켓	슈퍼마켓	음료식품	음료식품
5	여행	편의점	용역서비스	학원	음료식품	인터넷P/G	연료판매점

[그림 8-18] 연령대에 따른 카드 이용 금액 상위 다섯 개 업종(여성)

[그림 8-15]~[그림 8-18]을 통해 모든 성별과 연령대에서 '편의점'과 '일반 휴게음식' 업종이 나타난 것을 볼 수 있으며, 상위 다섯 개 업종의 순위가 모두 다른 것도 확인할 수 있다.

성별로 나눠 살펴보면 10~40대 남성이 가장 많이 이용하는 업종은 '편의점'이고, 10~40대 여성은 '일반 휴게음식' 업종을 가장 많이 이용하는 것으로 나타난다. 40~70대 이상의 남성은 여성에 비해 '연료판매점' 업종에서 카드 이용 금액이 큰 것을 확인할 수 있다. 30~40대 여성은 '학원' 업종이 이용 금액 상위 업종으로 나타난다. 이는 모든 남성 연령대의 카드 이용 횟수와 카드 이용 금액에서 '학원' 업종이 나타나지 않은 점과 대비된다.

연령대로 나눠 살펴보면 연령대가 증가할수록 '인터넷P/G' 업종의 이용 횟수와 금액 순위가 동시에 하락하는 모습을 보인다. 또한 50대 이상부터는 '병원' 업종의 이용 횟수와 금액 순위가 동시에 상승하는 모습이 나타나기 시작한다.

성별과 연령대에 따라 업종별 카드 이용 현황을 파악한 결과, 성별과 연령대에 따른 카드의 이용 패턴이 다른 것으로 파악되었다. 이를 통해 성별과 연령대에 따라 인구통계학적 군집을 형성하고, 고객이 포함된 군집 내에서 추천 시스템을 통해 체크카드를 추천하는 방법을 채택했다. 이로써 전체를 대상으로 추천 시스템을 적용하는 경우보다 정교한 추천 시스템을 만들 수 있다고 판단했다. 또한 인구통계학적 군집으로 나눠 작업하기 때문에 빠른 학습 시간과 빠른 연산이 가능하다는 장점이 존재한다.

■ 체크카드 상품명 정규화

카드별 데이터 탐색에 앞서 체크카드 상품의 수를 확인해보니 200여 개의 체크카드 상품이 존재했다. 체크카드 상품 수가 많은 이유를 파악한 결과는 다음과 같다. 동일한 카드임에도 체크카드의 '복지', '학생증', '체크카드', '하이브리드', '교통', '비교통', '포인트 기부', '포인트 적립' 등 여러 옵션에 따라 각각 다른 체크카드 상품코드와 체크카드 상품명을 붙여 관리하고 있었다. 또한 판매하고 있지 않은 카드, 지역카드, '근로자카드'와 같이 특정 조건에 해당할 때만 가입할 수 있는 특수 카드도 포함되어 있는 것을 발견했다.

체크카드 상품명		체크카드 상품명		체크카드 상품명(정규화)	구분
친환경 체크카드		친환경 체크카드		친환경 카드	일반카드
친환경 하이브리드 카드(MASTER)		친환경 하이브리드 카드(MASTER)		친환경 카드	일반카드
친환경 체크카드(MASTER)		친환경 체크카드(MASTER)		친환경 카드	일반카드
(첨자)친환경 하이브리드 카드(MASTER)	➡	(첨자)친환경 하이브리드 카드(MASTER)	➡	친환경 카드	일반카드
(첨자)친환경 체크카드(MASTER)		(첨자)친환경 체크카드(MASTER)		친환경 카드	일반카드
친환경(학생증) 체크카드(P대학교)		친환경(학생증) 체크카드(P대학교)		친환경 카드	일반카드
(첨자)친환경 체크카드		(첨자)친환경 체크카드		XX사랑 카드	지역카드
XX사랑 체크카드		XX사랑 체크카드		YY사랑 카드	지역카드
YY사랑 체크카드		YY사랑 체크카드			
...		...			
<기존 카드 상품명>		<옵션 제거 및 지역카드 구분>		<정규화 체크카드 상품명>	

[그림 8-19] 체크카드 상품명 정규화 및 지역카드 구분

옵션에 따라 체크카드의 특성이 달라지는 것이 아니며 판매 중지된 카드는 판매할 수 없다. 또한 현 상황에서 체크카드를 추천한다면 옵션만 다른 동일한 카드를 추천할 가능성도 높다. 현 과제가 개인 고객들에게 체크카드를 추천하는 것이기 때문에 특수 카드를 추천해주는 것도 부적절하며 부정확한 추천 결과를 나타낼 수 있다.

따라서 [그림 8-19]에서 확인할 수 있는 것과 같이 체크카드 상품명에 대해 정규화 과정을 통해 상품 수를 줄이고 판매 중지된 카드 및 특수 카드를 제거했다. 또한 추천 고려 대상이 아닌 지역카드는 카드상품명을 통해 분리한 뒤 분석 대상에서 제거했다.[40] 최종적으로 13종의 카드를 도출하여 데이터 탐색에 이용했다.

---

[40] 기존 P사가 보유한 카드상품 데이터에는 지역카드가 구분되지 않았다. 대부분의 지역카드는 '사랑'이라는 상품명을 붙이는 특징이 있지만, 모든 지역카드가 이 같은 방식을 택하지는 않았다. 따라서 P사의 홈페이지를 참고하여 지역카드를 구분했다. 새로운 지역카드가 출시되는 경우 직접 입력해야 하는 단점이 존재한다.

■ 카드명에 따른 업종별 카드 이용 횟수와 금액 파악

정규화 과정을 통해 도출된 카드상품명에 따라 업종별 카드 이용 횟수와 카드 이용 금액의 차이가 존재하는지 확인해보고자 데이터를 탐색했다.

순위	영리 카드	드림 카드	행복 카드	마일리지 카드	생활 카드	우리아이 카드
1	일반 휴게음식	일반 휴게음식	기타	일반 휴게음식	일반 휴게음식	인터넷P/G
2	편의점	편의점	일반 휴게음식	편의점	편의점	학원
3	인터넷P/G	슈퍼마켓	편의점	인터넷P/G	슈퍼마켓	일반 휴게음식
4	슈퍼마켓	인터넷P/G	인터넷P/G	슈퍼마켓	인터넷P/G	편의점
5	음료식품	병원	슈퍼마켓	병원	병원	슈퍼마켓

순위	어디든 카드	친환경 카드	우리동네 카드	싱글족 카드	여행 카드	의료혜택 카드	글로벌 카드
1	일반 휴게음식	일반 휴게음식	일반 휴게음식	일반 휴게음식	일반 휴게음식	일반 휴게음식	일반 휴게음식
2	편의점	편의점	편의점	편의점	편의점	편의점	편의점
3	슈퍼마켓	슈퍼마켓	슈퍼마켓	인터넷P/G	슈퍼마켓	슈퍼마켓	슈퍼마켓
4	인터넷P/G	인터넷P/G	병원	슈퍼마켓	병원	병원	인터넷P/G
5	병원	음료식품	음료식품	병원	음료식품	음료식품	병원

[그림 8-20] 카드 상품명별 카드 이용 횟수 상위 다섯 개 업종

[그림 8-20]에서 발견되는 특이한 부분은 '행복 카드'와 '우리아이 카드'라는 두 카드에서 다른 카드에서 나타나지 않은 '기타'와 '학원' 업종이 나타난 점이다.

순위	영리 카드	드림 카드	행복 카드	마일리지 카드	생활 카드	우리아이 카드
1	일반 휴게음식	일반 휴게음식	학원	일반 휴게음식	일반 휴게음식	학원
2	인터넷P/G	병원	기타	인터넷P/G	병원	인터넷P/G
3	병원	슈퍼 마켓	병원	병원	인터넷P/G	일반 휴게음식
4	편의점	인터넷P/G	연료판매점	연료판매점	연료판매점	슈퍼 마켓
5	슈퍼 마켓	연료판매점	일반 휴게음식	슈퍼 마켓	슈퍼 마켓	대형할인점

순위	어디든 카드	친환경 카드	우리동네 카드	싱글족 카드	여행 카드	의료혜택 카드	글로벌 카드
1	일반 휴게음식	일반 휴게음식	일반 휴게음식	일반 휴게음식	일반 휴게음식	일반 휴게음식	일반 휴게음식
2	병원	인터넷P/G	병원	인터넷P/G	병원	병원	병원
3	인터넷P/G	병원	슈퍼 마켓	병원	슈퍼 마켓	슈퍼 마켓	인터넷P/G
4	슈퍼 마켓	슈퍼 마켓	연료판매점	연료판매점	연료판매점	인터넷P/G	슈퍼마켓
5	연료판매점	연료판매점	인터넷P/G	슈퍼 마켓	음료식품	연료판매점	연료판매점

[그림 8-21] 카드 상품명별 카드 이용 금액 상위 다섯 개 업종

P사의 홈페이지에는 카드별 혜택에 대한 정보가 존재한다. 두 카드의 혜택을 살펴본 결과, 두 카드는 '육아·교육' 부분에 할인 혜택이 있는 카드로 확인되었다. 또한 '기타' 업종에서 카드를 이용한 내역을 살펴본 결과, '기타' 업종에는 어린이집, 돌봄 서비스 등 '육아·교육'과 관련된 업종이 많이 포함되어 있었다. 따라서 고객들은 자신의 카드 혜택에 맞게 카드를 이용한다는 것을 알 수 있었다. 카드별 이용 횟수 및 금액을 확인한 결과 고객들은 각자 소비 패턴에 맞게 할인되는 카드를 발급하고 이용하는 것으로 볼 수 있다.

■ 고객의 카드 발급 내역 및 이용 카드 내역 파악

고객들이 발급한 카드와 이용하는 카드에 차이점이 존재하는지 확인하기 위해 고객들의 발급 카드와 이용 카드를 각각 집계해 순위를 확인해보았다. [그림 8-22]를 보면 1~7위는 발급과 이용 카드 순위가 모두 일치하지만 8~12위는 순위가 모두 다르다.

<카드 발급 순위>		<카드 이용 순위>	
순위	카드상품명(정규화)	순위	카드상품명(정규화)
1	어디든 카드	1	어디든 카드
2	의료혜택 카드	2	의료혜택 카드
3	영리 카드	3	영리 카드
4	드림 카드	4	드림 카드
5	우리동네 카드	5	우리동네 카드
6	글로벌 카드	6	글로벌 카드
7	생활 카드	7	생활 카드
8	행복 카드	8	친환경 카드
9	마일리지 카드	9	싱글족 카드
10	친환경 카드	10	여행 카드
11	여행 카드	11	마일리지 카드
12	싱글족 카드	12	행복 카드
13	우리아이 카드	13	우리아이 카드

[그림 8-22] 카드 발급 순위 및 카드 이용 순위

이를 통해 카드 발급 순위가 카드 이용 순위와 비례하는 관계를 가진다고 할 수 있지만, 카드를 발급했다고 해서 반드시 카드를 사용하는 것이 아님을 알 수 있다.

따라서 이용자들이 혜택에 맞게 카드를 이용한다는 것과 카드 발급과 카드 이용의 차이점이 존재한다는 것을 발견했다. 이를 고려하여 체크카드 상품을 추천하는 경우 카드 이용 패턴이 유사한 고객들을 일부 추출하고 추출된 고객들이 발급하는 카드를 집계하는 것이 아니라 이용하는 카드를 집계하는 방법을 고안했다. 해당 방식은 단순히 많이 발급한 카드를 추천해주는 기존 방식보다 소비 패턴에 기반하여 혜택을 더 많이 반영하는 카드를 추천할 수 있을 것이라고 판단된다.

■ 혜택 기반 추천이 불가능한 이유

혜택 기반 추천이 불가능한 이유는 크게 두 가지이다. 첫째는 동일한 가맹점에 다양한 업종 정보를 가지고 있는 문제다. [그림 8-23]을 보면 네 가지의 예시를 볼 수 있는데 데이터를 탐색하는 과정에서 동일한 가맹점임에도 다른 업종 정보가 들어 있는 것을 발견할 수 있었다. 가맹점을 등록하는 과정에서 입력한 업종 정보가 반영되는 것으로 보이는데, 통일되어 있지 않다 보니 이를 활용하는 데 어려움이 존재했다.

가맹점명	업종명(중분류)	가맹점명	업종명(중분류)
OO 스터디카페	인터넷 P/G	보드게임카페	기타레저업
	사무서비스		일반한식
	기타음료식품		서양음식

가맹점명	업종명(중분류)	가맹점명	업종명(중분류)
도넛카페	서양음식	카페 아OO	서양음식
	제과점		일반한식
	인터넷 P/G		카테일바

[그림 8-23] 동일 가맹점 내 여러 업종 정보 보유

둘째로는 카드 혜택에 대한 DB를 보유하고 있지 않은 문제다. [그림 8-24]는 P사에서 판매 중인 특정 카드인 '친환경 카드'에 대한 혜택 정보를 나타낸 것이다.

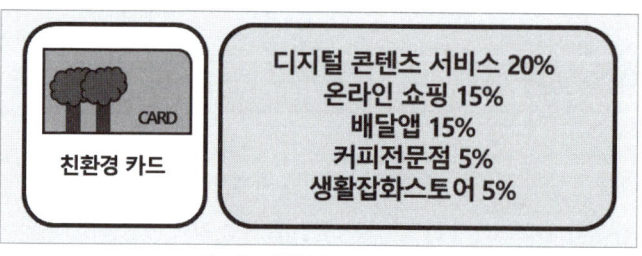

[그림 8-24] '친환경 카드' 혜택 정보

어느 항목에 혜택이 있는지 명시되어 있지만, 가맹점업종 정보에는 '디지털 콘텐츠 서비스', '온라인 쇼핑', '배달 앱', '커피전문점' 등의 정보가 포함되어 있지 않다. 만일 혜택을 반영하고자 한다면 '디지털 콘텐츠 서비스'에 있는 항목들이 카드 이용 내역에 있는지를 확인하는 과정을 거쳐야 한다.

이 과정에서도 문제점이 발생한다. [그림 8-25]에 있는 카드를 예로 보면, '친환경 카드'와 '행복 카드' 모두 커피전문점에서 할인되는 상황이다. 하지만 할인되는 가맹점과 할인 비율이 상이한 것을 확인할 수 있다.

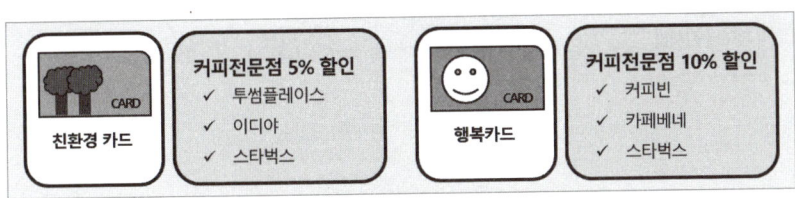

[그림 8-25] 카드별로 상이한 할인 비율과 할인 가맹점 정보

'친환경 카드'와 '행복 카드'의 혜택을 모두 반영하기 위해서는 가맹점명을 기준으로 할인되는 가맹점을 추출한 뒤 할인 금액을 적용해야 한다. 이와 같은 과정이 실행되려면 카드별로 할인되는 업종과 할인 비율에 대한 DB를 구축해놓은 상태여야 한다. 하지만 P사에서는 할인과 관련된 내용을 DB를 통해 관리해오지 않았기 때문에 혜택을 반영한 방법을 이용할 수 없었다.

분석 시점에서 카드별 혜택에 대한 DB를 임시적으로 구축하고 분석을 진행한다고 가정해보자. 분석 시점에는 DB를 통해 혜택을 반영하는 것이 가능하지만, 새로운 카드가 출시되는 경우 해당 카드는 구축한 시스템에 적용되지 않아 영원히 추천이 불가능한 상품이 되어 버린다. 이러한 다양한 문제점들로 인해 혜택 기반의 체크카드 추천 시스템을 구현하지 않았다.

8.4 모델 개발

모델 프로세스는 Pod 내 파이썬(python) 환경에서 진행했다. 모델 프로세스는 아파치 하이브(Apache Hive)에서 분석 활용 테이블과 테이블별로 필요한 변수만을 추출하여 메모리 용량을 최소한으로 만든 후에 진행했다. 모델 프로세스는 아래 그림과 같이 네 부분으로 나눠져 있다. 추천 대상인 고객의 유형이 카드 유무와 패턴 유무로 인해 총 세 가지로 구분되기 때문에 추천 모델이 세 개로 구성되었다.

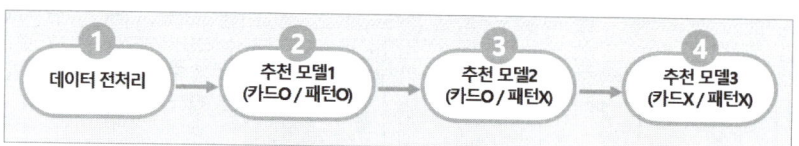

[그림 8-26] 체크카드 추천 모델 프로세스

8.4.1 데이터 전처리

■ 10대 미만 고객 제거

여신전문금융법시행령 제14조 3항 2호에 의하면 만 12세 미만은 카드를 발급할 수 없으므로 10대 미만은 분석 대상에서 제외하는 과정을 거쳤다.[41] 데이터 탐색 과정에서 10대 미만의 고객이 카드를 발급한 경우를 발견할 수 있었다. 해당 고객의 발급한 카드 정보를 살펴보니 모두 '행복 카드(보조금 결제 전용)'로 특수한 경우에 발급되는 카드였다. 이에 10대 미만의 고객을 제거하고 분석을 진행했다.

■ 판매 중인 카드 리스트 생성

P사의 금융상품을 관리하는 '금융상품 정보' 테이블이 있지만 문제점이 존재했다. 해당 테이블에는 '판매 시작일자'와 '판매 종료일자' 변수가 존재하지만, 테이블이 관리되고 있지 않은 상황이었다. 그 결과 '판매 시작일자' 변수는 모두 Null 값으로 되어 있고, '판매 종료일자' 변수의 모든 값은 '99991231'로 입력되어 있었다. 따라서 P사 홈페이지에서 판매하고 있는 카드를 직접 확인하고 '판매 중인 카드 리스트'를 생성

---

[41]. 제14조 3항 2호에서 "대통령령으로 정하는 연령 이상인 자"란 민법 제4조에 따른 성년 이상인 사람을 말한다. 다만, 다음 각 호의 어느 하나에 해당하는 경우에는 성년 연령 미만인 사람(제2호의 경우에는 18세 이상인 사람을 말하고 제3호의 경우에는 12세 이상인 사람을 말한다)에게도 발급할 수 있다. 〈개정 2017. 10. 17., 2019. 6. 11〉

하여 해당 카드들을 카드 추천 과정에서 이용했다.

■ 고객별 이용 카드 및 보유 카드 테이블 생성

이용 카드 테이블은 카드 추천 과정에서 추출한 유사 고객의 이용 카드를 집계하는 데 사용된다. 이후 보유 카드 테이블을 통해 고객이 보유한 카드를 제거하고 추천이 이뤄진다. 이에 활용되는 테이블을 만들기 위해 집계에 필요한 변수들로만 구성하여 테이블을 재생성했다. 해당 테이블은 고객번호와 정규화를 진행한 체크카드 상품명 두 변수만을 가진다.

■ 대표 상품 코드 생성

체크카드 추천 결과는 정규화를 진행한 체크카드 상품명으로 제공하는 것이 아니라, 체크카드 상품코드로 제공해야 한다. 체크카드 상품명으로 정규화를 진행하여, 동일한 체크카드 상품명에 다양한 체크카드 상품코드가 존재하기 때문이다.

동일한 체크카드 상품명에 대해서는 발급한 카드 전체를 집계하여 가장 많이 발급한 카드의 체크카드 상품코드를 이용한다. 이 방식을 통해 동일한 체크카드 상품명에서 가장 일반화되어 있는 카드를 추출할 수 있을 것으로 판단했다. 이렇게 추출한 상품코드는 딕셔너리[42] 형태로 생성하여 보관하고 있다가 추후 정규화를 진행한 체크카드 상품명을 상품코드로 변환하는 과정에 이용한다.

---

[42] 파이썬의 딕셔너리(dictionary)는 사전이라는 의미로, person(key):사람(value)과 같이 서로 부합되는 대응관계를 키(key)와 값(value)으로 가지는 자료형이다. 딕셔너리의 기본 모습은 {Key1:Value1, Key2:Value2, Key3:Value3}으로 키와 값의 여러 쌍이 중괄호({ })로 둘러싸이고 쉼표(,)로 구분된다.

상품코드	카드 상품명	발급 카드 수	카드 상품명(정규화)
100000000001	드림 체크카드	225,227	드림 카드
100000000002	드림 체크카드(MASTER)	24,394	드림 카드
100000000003	드림 체크카드(보험서비스)	15,065	드림 카드
100000000004	드림 하이브리드 카드(MASTER)	1,718	드림 카드
100000000005	(점자) 드림 체크카드	9	드림 카드
100000000006	(점자) 드림 체크카드(MASTER)	5	드림 카드
100000000007	(점자) 드림 체크카드(보험서비스)	1	드림 카드
100000000008	(점자) 드림 하이브리드 카드(MASTER)	1	드림 카드

➡ "드림 카드"는 "드림 체크카드"의 상품 코드 100000000001 제공

상품코드	카드 상품명	발급 카드 수	카드 상품명(정규화)
200000000001	영리 체크카드	333,023	영리 카드
200000000002	영리(복지) 체크카드	19,352	영리 카드
200000000003	영리 체크카드(UnionPay)	14,756	영리 카드
200000000004	영리 체크카드(모바일)	2,749	영리 카드
200000000005	영리(복지) 체크카드(UnionPay)	1,028	영리 카드
200000000006	영리(학생증) 체크카드(S대학)	711	영리 카드
200000000007	영리(학생증) 체크카드(K대학)	346	영리 카드
200000000008	영리(학생증) 체크카드(Y대학)	176	영리 카드
200000000009	영리(학생증) 체크카드(G대학)	149	영리 카드
200000000010	영리(학생증) 체크카드(D대학)	32	영리 카드
200000000011	(점자) 영리 체크카드	26	영리 카드
200000000012	영리(학생증) 체크카드(H대학)	6	영리 카드
200000000013	(점자) 영리 체크카드(UnionPay)	3	영리 카드

➡ "영리 카드"는 "영리 체크카드"의 상품 코드 200000000001 제공

[그림 8-27] 대표 상품코드 생성(예시)

■ **카드 패턴 보유 고객 대상 업종별 점수 테이블 생성**

앞서 데이터 탐색에서 언급한 '업종별 카드 이용 내역을 활용한 변환 업종별 카드 이용 점수' 산출과 동일한 방법으로 진행하여 카드 패턴이 존재하는 고객들의 카드 이용 내역을 기반으로 점수를 피벗 테이블 형태로 생성했다. 이를 통해 '고객-변환 업종의 카드 이용 점수 행렬'을 구성했다.

	변환 업종 1	변환 업종 2	변환 업종 3	변환 업종 4
고객1	10	5	3	-
고객2	1	2	4	16
고객3	2	2	8	2
고객4	20	-	-	-
고객5	-	-	-	10

[그림 8-28] 고객-변환 업종의 카드 이용 점수 행렬(예시)

고객-변환 업종의 카드 이용 점수 행렬을 통해 다양한 방법으로 유사도를 구할 수 있는데 체크카드 상품 추천 과제에서는 ALS 모델을 이용하여 고객 간 유사도를 도출했다.

■ 인구통계학적 군집별 주 이용 업종 상위 다섯 개 생성

체크카드 추천 결과는 마케팅팀에게 전달되고 활용될 예정이다. 체크카드 추천과 더불어 추천 사유도 중요한 사항이다. 직접적인 추천 사유는 '협업 필터링 알고리즘을 이용하여 카드 사용 패턴이 유사한 고객의 이용 카드를 집계한 결과'다. 하지만 마케팅과 빅데이터를 잘 모르는 행원이 이와 같은 사유를 전달받는다면 추천된 이유를 이해하지 못하고 그 결과 추천된 카드에 대해 설명하지 못하는 문제가 발생한다.

따라서 알고리즘 내용을 배제하고 직관적으로 파악할 수 있는 내용을 추천 사유로 반영하기 위해 변환 업종 중 카드 이용 점수 상위 다섯 개의 변환 업종을 제공하기로 결정했다.

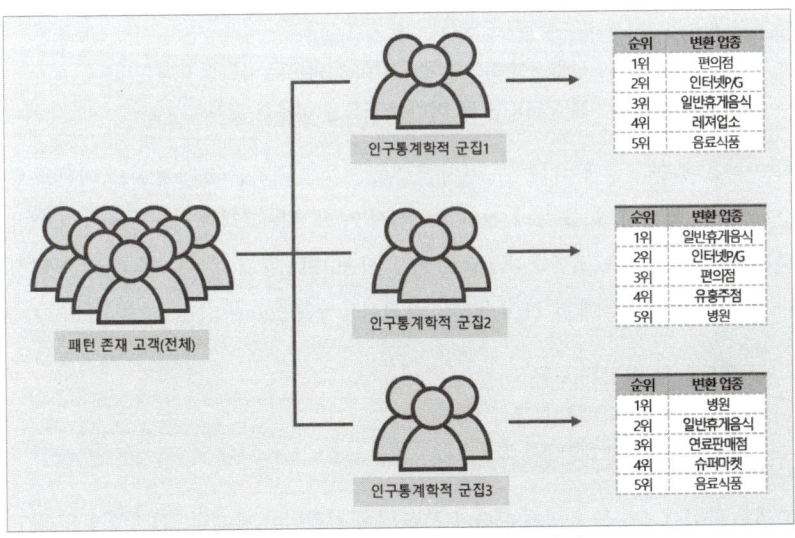

[그림 8-29] 군집 세분화 및 상위 다섯 개 변환 업종 계산(예시)

성별과 연령대 정보를 바탕으로 구성한 인구통계학적 군집으로 카드 사용 패턴이 존재하는 고객을 세분화했다. 이후 세분화된 군집별 점수에 기반하여 상위 다섯 개 변환 업종을 산출한 테이블을 생성했다. 그리고 이 테이블을 카드 사용 패턴이 없는 고객의 추천 사유 생성에 이용했다.

■ 인구통계학적 군집별 평균 카드 이용 횟수 및 금액 생성

이 과정 또한 알고리즘 내용을 배제하고, 직관적으로 파악이 가능한 추천 사유를 반영하기 위한 작업이다. 패턴이 존재하는 고객을 인구통계학적 군집으로 세분화한 뒤, 각 군집의 월평균 카드 이용 횟수와 금액을 산출하여 이를 테이블로 생성했다. 이 또한 추후 카드 사용 패턴이 없는 고객의 추천 사유로 제공한다.

카드 사용 패턴이 없는 고객은 동일한 인구통계학적 군집 내 카드 사용 패턴이 있는 고객이 많이 이용하는 카드 상위 다섯 개와 변환 업종 상위 다섯 개의 업종 그리고 평균 카드 이용 횟수 및 금액 정보를 제공해주며 추천이 이뤄지게 된다.

■ 고객을 카드 보유 및 패턴 보유 기반 세 가지 유형으로 분류

모든 전처리 과정 후 고객을 카드 및 패턴 보유를 기반으로 총 세 가지 유형으로 분류한다. 앞서 한 달간 고객들의 카드 이용 횟수와 금액에 대해 데이터 탐색을 진행했으며, 탐색 내용을 바탕으로 카드 사용 패턴 보유 조건을 정의했다.

- **카드 이용 횟수**: 전월 3회 이상부터 600회 미만으로 카드를 이용한 고객
- **카드 이용 금액**: 전월 500만 원 이하로 카드를 이용한 고객

카드 이용 횟수와 금액이라는 두 가지 조건을 모두 만족하는 고객이 카드 패턴을 보유한다고 판단했다. 이를 통해 전체 고객에서 카드 보유 고객과 카드 미보유 고객을 분리한 후 카드 보유 고객을 대상으로 카드 사용 패턴 존재 여부로 한 번 더 분리했다. 이러한 과정을 통해 세 가지 유형으로 고객을 구분했다.

- 카드 보유 및 패턴 보유
- 카드 보유 및 패턴 미보유
- 카드 미보유 및 패턴 미보유

고객은 자신이 속하는 유형에 따라 추천 모델이 실행되어 체크카드를 추천받게 되고 이에 따른 추천 사유도 생성된다.

8.4.2 모델 추천 프로세스

P사의 분석 대상 고객을 유형별로 나눈 결과는 [그림 8-30]과 같다.

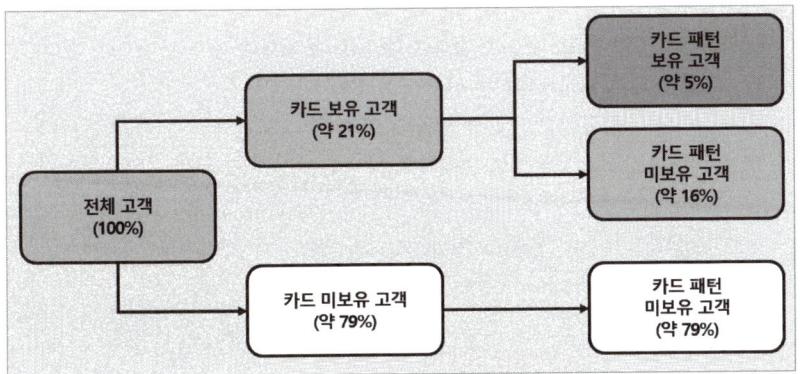

[그림 8-30] 고객 유형 분류

분석 대상 고객 중 '카드 보유 및 패턴 보유' 고객은 전체의 약 5%를 차지한다. 해당 고객들은 카드를 발급한 고객 중 직접 카드를 사용한 고객들이다. 이 고객들을 인구통계학적 군집으로 나눈 후 동일 인구통계학적 군집에서 카드 이용 내역을 기반으로 고객 간 유사도를 산출할 계획이다. 또한 유사한 고객들이 이용한 카드를 집계하여 가장 많이 이용하는 카드를 집계할 예정이며, 고객이 이미 보유한 카드를 제외하고 추천할 예정이다.

'카드 보유 및 패턴 미보유' 고객은 전체의 약 16%를 차지한다. 해당 고객들은 카드를 발급한 고객 중 전월에 카드를 사용하지 않거나 비정상적으로 카드를 이용한 고객들이다. 이 고객들은 카드를 사용한 내역이 없다. 따라서 인구통계학적 군집으로 나눈 후, 동일 인구통계학적 군집에서 사람들이 이용하고 있는 카드를 집계하여 상위 카드를 추천할 예정이다. 이 또한 고객이 이미 보유한 카드를 제외하고 추천할 예정이다.

'카드 미보유 및 패턴 미보유' 고객은 전체의 약 79%로 가장 많은 비율을 차지한다. 해당 고객들에게 추천하는 방법은 '카드 보유 및 패턴 미보유' 고객과 동일하다. 이 고객들은 카드 자체를 발급하지 않았기 때문에, 보유한 카드를 제외하는 프로세스가 빠져 있는 것이 차이점이다.

- **카드 보유 및 카드 패턴 보유 고객 대상 추천**
    ① 추천 대상 고객을 인구통계학적 군집으로 분류(성별, 연령대)
    ② 속도 향상을 위해 이용 카드를 더미 변수로 생성
    ③ 고객-변환 업종의 카드 이용 점수 테이블 생성
    ④ 테이블을 CSR 매트릭스로 변형하여 협업 필터링 학습
    ⑤ ALS를 통해 10%에 해당하는 유사 고객 추출
    ⑥ 유사 고객이 보유한 카드를 집계하여 순위 부여
    ⑦ 추천 대상 고객이 보유한 카드 제거 후 상위 다섯 개 카드 추천
    ⑧ 고객별 주 이용 업종 상위 다섯 개와 월 카드 이용 횟수 및 금액 도출
    ⑨ 추천 결과 및 추천 사유를 DataFrame으로 생성
    ⑩ 하이브 외부 테이블(hive external table)에 저장

① 추천 대상 고객을 인구통계학적 군집으로 분류(성별, 연령대)

추천 모델을 적용하기 전에 인구통계학적 군집으로 고객을 세분화했다. 연령대 구분은 기존 P사에서 구분하는 10대 미만, 10대, 20대, 30대, 40대, 50대, 60대, 70대 이상이라는 총 8개의 구분 값 중에서 10대 미만을 제외한 7개의 구분 값을 이용했고, 이를 성별로도 구분하여 총 14가지 유형으로 구분했다.

② 속도 향상을 위해 이용 카드를 더미 변수로 생성

초기에는 보유 카드, 이용 카드라는 두 테이블을 이용하여 추천 모델을 생성했으나, 속도가 매우 느린 문제점을 마주했다. '카드 보유 및 카드 패턴 보유' 유형에 속한 고객 개개인마다 유사 고객 N명을 추출하고, 유사 고객의 이용 카드를 이용 카드 테이블에서 불러와야 하는 작업을 반복해야 했다. 그 결과 속도가 매우 느린 문제점이 존재했다.

이용 카드 테이블에서 유사 고객들의 카드만을 불러오는 과정에서 isin 함수뿐만 아니라 in1d, loc, iloc 등 다양한 함수로 불러오면서 속도를 측정해보았지만 작은 차이가 있을 뿐 속도 개선에 큰 효과가 없었다. 다양한 시도 끝에, 이용 카드 테이블에서 집계하는 것이 아닌 이용 카드를 더미 변수로 생성하는 방법을 고안했다.

고객번호	카드 상품명 (정규화)
고객1	영리 카드
고객1	드림 카드
고객2	영리 카드
고객3	행복 카드
고객4	여행 카드
고객5	생활 카드

카드명 고객번호	영리 카드	드림 카드	행복 카드	여행 카드	생활 카드
고객1	1	1	0	0	0
고객2	1	0	0	0	0
고객3	0	0	1	0	0
고객4	0	0	0	1	0
고객5	0	0	0	0	1

[그림 8-31] 이용 카드의 더미 변수화(예시)

더미 변수로 생성하는 것의 장점은 크게 두 가지다. 첫째는 더미 변수를 통해 고객번호가 고유한 값이 되고, 이로 인해 유사 고객을 추출하는 과정에서 속도의 개선이 이뤄졌다. 둘째는 더미 변수를 통해 카드 보유 여부를 1과 0으로 표현함으로써, 열 방향으로 합산하는 경우에 집계한 결과와 동일한 결과를 나타내며 빠른 속도의 연산이 가능해진다. 이 방법을 통해 속도를 측정해본 결과, 1분간 처리할 수 있는 고객 연산의 수가 2,250명에서 3,350명으로 약 50% 증가한 것을 확인했다. 이로 인해 속도 향상에 큰 영향을 주었다.

③ 고객-변환 업종의 카드 이용 점수 테이블 생성

고객별 카드 거래 패턴을 도출하고 유사도를 산출하기 위해, 변환 업종별 이용 횟수와 금액을 기반으로 생성한 점수를 가지고 '고객-변환 업종의 카드 이용 점수 행렬'을 생성한다. 이는 전처리 과정 ⑤와 동일한 내용이다. 차이점은 전처리 과정 ⑤에서 생성한 테이블을 이용하여 추천 대상이 되는 인구통계학적 군집에 맞게 데이터를 추출하고 분석을 진행한다는 부분이다.

④ 테이블을 CSR 매트릭스로 변형하여 협업 필터링 모델 학습

'고객-변환 업종의 카드 이용 점수 행렬'은 0이 많은 sparse한 상태이다. 이를 그대로 사용하는 경우, 연산에 필요 없는 0의 값을 갖기에 메모리 낭비가 심하고 연산 속도도 오래 걸리는 문제가 있다. 이러한 데이터 형태를 효율적으로 관리하기 위해 압축희소 행 매트릭스, 즉 CSR 매트릭스로 변환한다. 그 후 거래 패턴이 유사한 고객을 추출하기 위해 implicit 라이브러리에 있는 ALS 모델에 CSR 매트릭스를 넣어 학습시킨다.

⑤ ALS를 통해 10%에 해당하는 유사 고객 추출

인구통계학적 군집으로 나눈 군집의 크기에서 각 10%에 해당하는 고객을 유사도가 높은 순으로 추출하는데 이때 학습이 완료된 ALS 모델을 이용한다. ALS 모델을 통해 유사 고객을 추출하는 경우, 고객번호를 추출하는 것이 아니라 학습에 이용된 고객번호의 인덱스를 추출하기 때문에 이용 카드를 더미 변수로 생성한다면 고객번호의 인덱스[43]가 일치하도록 생성해야 한다.

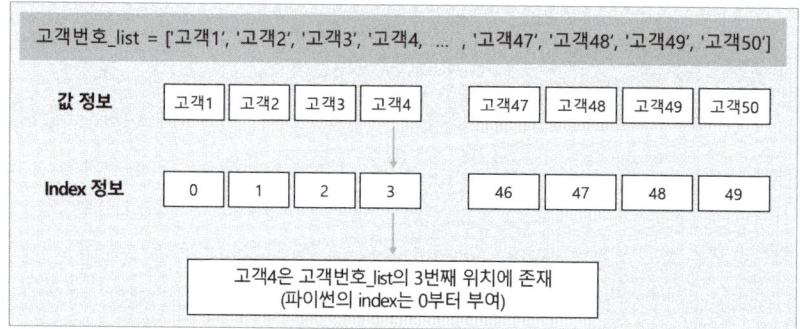

[그림 8-32] 고객번호_list를 이용한 인덱스 설명(예시)

[그림 8-33]은 이를 설명하는 간단한 그림이다. 군집에 해당하는 고객이 50명이라고 가정해보자. 군집 크기의 10%에 해당하는 크기는 5이고, '고객-변환 업종의 카드 이용 점수' 행렬에서 고객1을 기준으로 유사한 고객을 ALS 모델로 계산하고 다섯 명을 추출한 결과가 인덱스로 나와 화살표 우측에 있는 번호로 나타난다. 번호에 해당하는 고객번호를 매핑한 후 해당 고객번호가 사용하는 카드를 집계해도 되지만, 매핑하는 경우 시간이 더 소요되는 문제점이 있다. 따라서 이용 카드를 더미 변수로 생성 시 인덱스와 고객번호가 일치하도록 생성하여 추출한 인덱스를 바로 이용하는 방식을 취한다.

[그림 8-33] 군집의 10%에 해당하는 유사 고객 추출(예시)

---

43. 리스트, 튜플, 문자열과 같이 값이 연속적으로 이어진 자료형인 시퀀스 자료형에서 값이 들어 있는 위치 정보를 의미하며, 0부터 순차적으로 부여된다.

⑥ 유사 고객이 보유한 카드를 집계하여 순위 부여

[그림 8-34]는 이용 카드 더미 변수에서 인덱스에 해당하는 행을 추출한 후 열 방향으로 더한 결과를 나타내는 예시 그림이다. 유사 고객의 인덱스를 이용 카드 더미변수 테이블에서 loc 함수를 이용해 추출한 다음 테이블을 열 방향으로 더한 후 결과를 정렬한다. 이 과정을 통해 가장 많이 이용하는 카드 순위를 부여할 수 있다. 이렇게 만들어진 정보는 '카드 순위' 리스트를 생성한다.

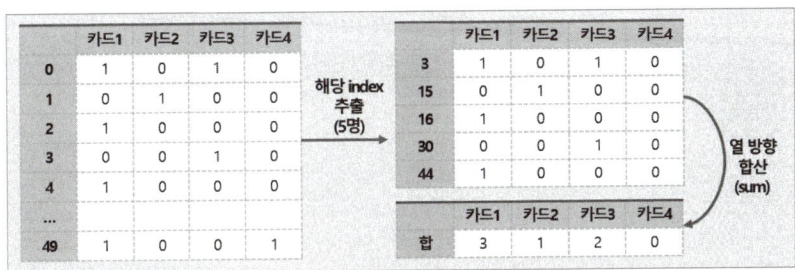

[그림 8-34] 유사 고객의 이용 카드 집계(예시)

⑦ 추천 대상 고객이 보유한 카드 제거 후 상위 다섯 개 카드 추천

유사 고객들이 이용하는 카드를 집계하고 순위를 부여한 '카드 순위' 리스트에서 추천 대상의 고객이 보유한 카드는 제거하고 추천해야 한다. '카드 순위' 리스트에서 반복문을 통해 추천 대상의 고객이 보유한 카드를 제거하고 상위 다섯 개 카드를 추천해준다.

⑧ 고객별 주 이용 업종 상위 다섯 개와 월 카드 이용 횟수 및 금액 도출

해당 프로세스가 동작 중인 고객은 카드 보유 및 카드 사용 패턴이 존재하기 때문에, 고객별로 카드를 이용한 변환 업종 중에서 점수가 높은 상위 다섯 개 변환 업종을 나타내었다. 다섯 개 미만의 업종을 이용한 경우에는 이용한 업종만을 나타내고 나머지에는 Null값을 넣었다. 또한 고객별로 전월의 카드 이용 횟수와 금액 정보를 담은 변수를 추가하여 추천 사유에 반영했다.

⑨ 추천 결과 및 추천 사유를 DataFrame으로 생성

추천 프로세스를 통해 총 두 개의 DataFrame을 생성했다. 다섯 개의 카드 추천 결과 테이블과, 추천 사유를 위해 만든 고객별 주 이용 업종 상위 다섯 개 및 전월 이용 횟수 및 금액 테이블이다. 두 개의 DataFrame은 각각 '상품 추천 결과 테이블'과 '체크 카드 추천 사유 테이블'로 생성하여 하이브에 적재한다.

고객번호	금융상품구분	추천상품1	추천상품2	추천상품3	추천상품4	추천상품5
고객A	카드	영리 카드	어디든 카드	글로벌 카드	드림 카드	의료혜택 카드
고객B	카드	영리 카드	친환경 카드	어디든 카드	글로벌 카드	의료혜택 카드
고객C	카드	친환경 카드	어디든 카드	글로벌 카드	드림 카드	의료혜택 카드
고객D	카드	어디든 카드	글로벌 카드	친환경 카드	의료혜택 카드	드림 카드
고객E	카드	영리 카드	어디든 카드	글로벌 카드	친환경 카드	의료혜택 카드

대표 상품 코드(딕셔너리 자료형)

고객번호	금융상품구분	추천상품1	추천상품2	추천상품3	추천상품4	추천상품5
고객A	카드	200000000001	700000000001	130000000001	100000000001	120000000001
고객B	카드	200000000001	800000000001	700000000001	130000000001	120000000001
고객C	카드	800000000001	700000000001	130000000001	100000000001	120000000001
고객D	카드	700000000001	130000000001	800000000001	120000000001	100000000001
고객E	카드	200000000001	700000000001	130000000001	800000000001	120000000001

[그림 8-35] 카드상품명을 대표 상품 코드로 변환

추천된 다섯 개의 카드는 [그림 8-35] 상단에 있는 그림과 같이 상품코드가 아닌, 정규화를 진행한 체크카드 상품명으로 되어 있다. 이를 상품코드로 변환하기 위해 전처리 과정에서 생성한 딕셔너리 자료형인 '대표 상품 코드'를 이용한다. 파이썬의 replace 함수에 '대표 상품 코드'를 적용하여 값을 치환해준다. 치환한 결과는 [그림 8-35] 하단에 있는 그림과 같다.

⑩ **하이브 외부 테이블(hive external table)에 저장**

추천 결과를 마케팅팀에서 활용하도록 외부 테이블을 이용하여 저장한다. 하이브뿐만 아니라 다른 서비스에서도 동일한 데이터에 접근하거나 다른 서비스에서 만들어진 테이블에 접근해야 하는 경우가 생길 수 있다. 이런 경우 외부 테이블을 사용하고 적절한 Location을 지정하면, 데이터를 공유할 때 매우 편리하게 사용할 수 있다. 적재와 관련된 부분은 모든 추천 과제에서 동일하게 이뤄지기 때문에 '**10장 서비스화 및 결과 전달**'에서 자세하게 다루겠다.

■ **카드 보유 및 카드 패턴 미보유 고객 대상 추천**

카드 보유 및 카드 패턴 미보유 고객을 대상으로 하는 추천 프로세스와 카드 보유 및 카드 패턴 보유 고객을 대상으로 하는 추천 방법에 차이점이 존재한다. 카드 패턴 보유 고객은 패턴을 통해 유사한 고객을 추출하는데, 추출하는 크기는 군집의 10%로 한다. 반면, 패턴 미보유 고객은 패턴이 있는 동일한 군집에 속한 모든 고객의 카드 이용 내역 정보 전부를 이용한다. 또한 속도 향상을 위해 한 개 카드 보유 고객과 두 개 이상 카드 보유 고객을 분리하여 진행하는 차이점도 존재한다. 각기 다른 추천 프로세스에서 동일한 방식의 프로세스가 적용되는 부분도 있다. 이러한 부분은 완전하게 동일한 내용이기 때문에 반복하여 설명하지 않았다.

① 속도 향상을 위해 고객 분리(한 개 보유/두 개 이상 보유)
② 한 개 보유 고객 추천
③ 동일 군집의 고객 중 카드 패턴이 있는 고객의 이용 카드 집계
④ 추천 대상 고객이 보유한 카드 제거 후 상위 다섯 개 카드 추천
⑤ 두 개 이상 보유 고객 추천
⑥ 동일 군집의 고객 중 패턴이 있는 고객의 이용 카드 집계
⑦ 추천 대상 고객이 보유한 카드 제거 후 상위 다섯 개 추천

① 속도 향상을 위해 고객 분리(한 개 보유/두 개 이상 보유)

카드 보유 및 카드 패턴 미보유 고객은 전체 고객에서 약 16%를 차지한다. 초기에는 카드 보유 개수와 상관없이 인구통계학적 군집으로 분리한 뒤 추천 모델을 적용했는데, 많은 시간이 소요되었다. 원인은 '보유 카드 정보를 불러오는 과정'과 '집계 카드에서 보유 카드를 제거하는 과정'에서 찾을 수 있었다.

체크카드 추천은 고객 개개인이 반복문을 통해 추천이 이뤄지는데, 전체 고객의 16%에 해당하는 고객정보에서 한 명씩 고객의 정보를 가져오는 것은 속도 측면에서 비효율적이다. 이를 개선하기 위해서, 추천이 인구통계학적 군집으로 나눈 후 이뤄지므로, 보유 카드 정보 또한 인구통계학적 군집별로 카드 보유 정보를 나눈 후 데이터를 불러오는 것이 더 효율적이다. 또한 초기에는 보유 카드가 두 개 이상인 고객들이 존재하기 때문에 '보유 카드 정보를 불러오는 과정'과 '집계 카드에서 보유 카드를 제거하는 과정' 모두에서 isin 함수를 이용하여 데이터를 추출했다. 이 과정에서 속도 저하 문제가 발생했다.

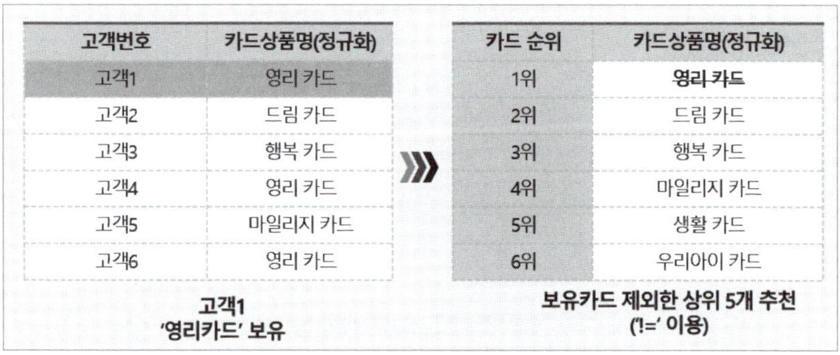

[그림 8-36] 보유 카드 제거 후 추천 예시(카드 한 개 보유)

속도 개선을 위해 카드의 보유 개수 현황을 파악한 결과, 대부분의 고객들은 한 개의 카드를 보유하고 있는 것을 확인했다. 따라서 카드 한 개 보유 고객과 카드 두 개 이상 보유 고객을 분리했고, 한 개 카드를 보유한 경우에는 '!='을 통해 산출했으며, 두 개 이상 카드를 보유한 고객은 '~isin()'을 사용했다.

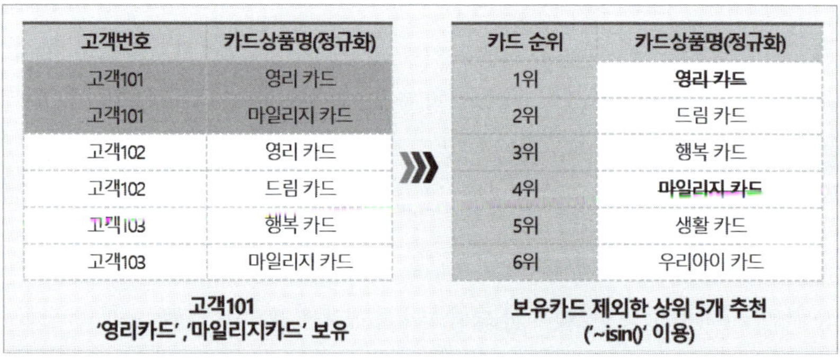

[그림 8-37] 보유 카드 제거 후 추천 예시(카드 두 개 이상 보유)

개선한 부분이 속도 향상에 얼마나 영향을 주는지 수치로 비교하기 위해 고객정보와 보유한 카드 정보가 담긴 '카드 고객 및 보유 카드' 테이블을 이용하여 실험했다. 속도 측정에서는 파이썬의 %timeit 기능을 활용하여 여러 번 반복한 실행 시간의 평균을 산출하여 비교했다.

첫째로, 보유하고 있는 카드를 추출하는 시간을 측정하는 실험을 했다. 두 개 이상 보유한 60대 여성을 대상으로 세 가지 경우로 나눠서 시간을 측정했다.

- 전체 보유 카드 정보에서 특정 고객의 카드 추출
- 60대 여성 카드 정보에서 특정 고객의 카드 추출
- 두 개 이상 보유한 60대 여성 카드 정보에서 특정 고객의 카드 추출

케이스별로 소요된 시간을 비교한 결과, 테이블을 작게 만든 후 고객의 카드를 추출하는 것이 속도가 빠른 것으로 나타났다. 속도가 최대 12배[44]까지 차이 나는 것을 확인할 수 있다.

```
① 전체 보유 카드 정보에서 특정 고객의 카드 추출
   2.94 ms ± 30.8 µs per loop (mean ± std. dev. of 7 runs, 100 loops each)
② 60대 여성 카드 정보에서 특정 고객의 카드 추출
   352 µs ± 5.02 µs per loop (mean ± std. dev. of 7 runs, 1,000 loops each)
③ 2개 이상 보유한 60대 여성 카드 정보에서 특정 고객의 카드 추출
   237 µs ± 4.51 µs per loop (mean ± std. dev. of 7 runs, 1,000 loops each)
```

[그림 8-38] 카드 추출 속도 비교

둘째로, 보유 카드 제거 후 추천 과정에서 ~isin 함수와 != 함수의 속도를 비교하는 실험을 했다. 카드를 두 개 이상 가진 특정 60대 여성을 대상으로 세 가지 경우로 나눠 시간을 측정했다.

- 보유한 두 개의 카드를 ~isin을 통해 제거
- 보유한 한 개의 카드를 ~isin을 통해 제거
- 보유한 한 개의 카드를 != 통해 제거

속도를 측정해 비교한 결과 한 개의 카드를 제거하는 것보다 두 개의 카드를 제거하는 것이 시간이 더 많이 소요되는 것을 확인할 수 있다. 한 개의 카드를 제거할 경우에는 ~isin()을 이용하는 것이 !=을 이용하는 것보다 약 15% 더 소요되는 것을 확인할 수 있다.

---

44. ms는 microseconds의 약자로 1ms는 10e-3를 의미하고, µs는 nanoseconds의 약자로 1µs는 10e-6를 의미한다.

```
① 보유한 2개의 카드를 제거하고 5개의 인기 카드 추출(~isin() 이용)
343 µs ± 2.58 µs per loop (mean ± std. dev. of 7 runs, 1,000 loops each)
② 보유한 1개의 카드를 제거하고 5개의 인기 카드 추출(~isin() 이용)
307 µs ± 8.18 µs per loop (mean ± std. dev. of 7 runs, 1,000 loops each)
③ 보유한 1개의 카드를 제거하고 5개의 인기 카드 추출(!= 이용)
266 µs ± 2.67 µs per loop (mean ± std. dev. of 7 runs, 1,000 loops each)
```

[그림 8-39] 보유 카드 제거 후 카드 추출 속도 비교

또한 카드 보유 및 카드 패턴 미보유 고객 16% 중에서 한 개의 카드를 보유한 고객과 두 개 이상의 카드를 보유한 고객은 각각 87.5%(전체 고객의 14%), 12.5%(전체 고객의 2%)이다. 상대적으로 시간이 적게 소요되는 != 코드를 적용할 수 있는 고객은 한 개의 카드를 보유한 고객이며, 이들은 두 개 이상의 카드를 보유한 고객보다 훨씬 많은 비율을 차지하기 때문에 시간을 효율적으로 줄일 수 있었다.

② 한 개 보유 고객 추천

카드를 한 개 보유한 고객에 대해 고객의 인구통계학적 정보와 고객번호, 보유 카드에 대한 정보를 구성한다. 이때 고객번호는 PK값이 된다.

고객번호 [PK]	카드상품명(정규화)	성별	연령대
고객1	영리 카드	남	20대
고객2	드림 카드	남	20대
고객3	행복 카드	남	40대
고객4	영리 카드	여	30대
고객5	마일리지 카드	여	50대
고객6	영리 카드	남	30대

[그림 8-40] 카드 한 개 보유 고객의 정보 구성

③ 동일 군집의 고객 중 카드 패턴이 있는 고객의 이용 카드 집계

성별과 연령대 정보에 따라 인구통계학적 군집으로 분리한 후 동일 인구통계학적 군집에서 카드 패턴이 존재하는 모든 고객들이 이용하고 있는 카드를 집계한다.

④ 추천 대상의 고객이 보유한 카드 제거 후 상위 다섯 개 추천

해당 고객들은 카드를 한 개만 보유한 고객들이다. 따라서 집계한 카드에서 추천 대

상 고객이 보유한 카드를 !=를 이용해 제거한 후 상위 다섯 개 카드를 추천한다.

⑤ 두 개 이상 보유 고객 추천

두 개 이상의 카드를 보유한 고객에 대해 고객의 인구통계학적 정보와 고객번호, 보유 카드에 대한 정보를 구성한다. 이때 고객번호와 카드상품명(정규화)은 PK값이 된다.

고객번호 [PK]	카드상품명(정규화)	성별	연령대
고객101	행복 카드	남	30대
고객101	마일리지 카드	남	30대
고객102	영리 카드	남	50대
고객102	행복 카드	남	50대
고객103	영리 카드	여	20대
고객103	생활 카드	여	20대

[그림 8-41] 두 개 이상 카드 보유 고객의 정보 구성

⑥ 동일 군집의 고객 중 패턴이 있는 고객의 이용 카드 집계

성별과 연령대 정보에 따라 인구통계학적 군집으로 분리한 후 동일 인구통계학적 군집에서 카드 패턴이 존재하는 모든 고객들이 이용하고 있는 카드를 집계한다.

⑦ 추천 대상의 고객이 보유한 카드 제거 후 상위 다섯 개 추천

해당 고객들은 두 개 이상 보유한 고객들이다. 따라서 집계한 카드에서 추천 대상 고객이 보유한 카드를 !=가 아닌 isin 함수를 이용해 제거한 후 상위 다섯 개 카드를 추천한다.

■ 카드 미보유 및 카드 패턴 미보유 고객 대상 추천

① 추천 대상 고객을 인구통계학적 군집으로 분류(성별, 연령대)
② 동일 군집의 고객 중 패턴이 있는 고객의 이용 카드 집계
③ 집계 결과 상위 다섯 개 카드 추천
④ 추천 사유 생성
⑤ 추천 결과 및 추천 사유를 DataFrame으로 생성
⑥ 하이브 외부 테이블에 저장

카드 미보유 및 카드 패턴 미보유 고객을 대상으로 하는 추천 프로세스에는 해당 고객들이 카드 자체를 발급하지 않은 고객이므로 카드를 제거하는 과정이 포함되지 않

는다. 따라서 해당 고객의 인구통계학적 정보의 주 이용 카드를 집계하여 다섯 개 카드를 추천해준다. 추천 사유도 마찬가지로 인구통계학적 정보가 일치하는 고객 중 카드를 이용하는 고객의 주 이용 업종 상위 다섯 개와 월평균 이용 횟수 및 금액 정보를 제공해준다.

해당 내용은 '카드 보유 및 카드 패턴 보유 고객 대상 추천' 및 '카드 보유 및 카드 패턴 미보유 고객 대상 추천' 과정과 대부분 동일하기 때문에 따로 언급하지 않겠다.

접촉 로그 데이터 기반 관심상품 추천

9장

9.1 개요

상품 추천에서 놓치지 말아야 할 부분이 고객이 직접 조회했거나 알아봤던 상품이 무엇인지 파악하는 것이다. 실제로 관심 있는 상품을 파악할 수 있기 때문에 어떠한 니즈가 있는지 쉽게 볼 수 있기 때문이다. 이번 장에서는 고객이 관심을 가진 상품 리스트를 보여주고 해당 상품을 추천하는 기법을 다루고자 한다.

9.1.1 현 상태 우체국의 상품 추천 방식

개별사업부(예금, 보험 등)별 상품 판매량 정보에만 의존한다. 즉, 다른 고객이 많이 구매한 상품을 추천해주는 방식이라고 할 수 있다.

9.1.2 과제의 목적

과제 초기에는 고객 기본정보, 고객 접촉정보, 상품정보, 통합 상담정보, 계좌정보, 고객 실적정보 등을 아울러 옴니채널을 구성하여, '심리스 서비스[45]'의 형태로 관심상품을 추천하는 방식의 프로세스를 구현하고자 했다. 우체국의 어떤 채널로든 접촉하기만 하면 그 기록을 바탕으로 고객의 니즈를 파악하고 그에 맞춰 관련된 상품을 추천해줄 수 있게 하는 것이 목적이다.

---

[45]. 경계 없이 매끄럽다는 의미를 가진 심리스(seamless)와 서비스를 결합한 단어로, 사용자가 채널 간 경계를 느끼지 못하게 매끄럽게 다른 채널로 넘어갈 수 있는 서비스를 말한다.

9.1.3 접촉정보 분석 사례

KB 국민은행에서는 분석모델 기반의 상품 추천 프로젝트를 진행했는데, 웹 로그를 기반으로 하는 프로젝트였다. 로그를 제공받아 정제작업을 통해 의미 있는 로그만 남기고 전처리하여, 어떠한 상품을 가입했는지를 시간의 순서에 따라 파악했다. 그 결과 각 상품을 구매하기 전에 고객들이 어떤 행동을 보였는지 알 수 있었고, 이를 바탕으로 상품 구매를 예측하여 해당 상품을 추천하도록 했다.

NH 농협은행에서는 비대면 채널 로그와 다른 데이터들을 결합하여 대면, 비대면 통합 마케팅을 구현하고자 했다. 이처럼 고객의 접촉정보를 금융권에서는 상품 추천에 활용하기도 하고 옴니채널을 통한 '심리스 서비스'를 구현하는 재료로 활용하기도 한다.

9.2 설계 방향

하지만 초기에 계획했던 서비스를 실현하기 어려운 여러 가지 한계점이 있었다. 첫째, 예금, 보험, 펀드, 카드별로 데이터 관리가 동일하게 되어 있지 않았다. 예를 들어, 예금과 보험은 고객 실적정보가 존재하지만, 펀드와 카드는 고객 실적정보가 존재하지 않았다. 이와 같이 금융상품별(예금, 보험, 펀드, 카드)로 각기 다른 상황이 많았으며, 다른 점이 많을수록 설계를 달리해야 하며 해당 정보를 사용하기 어려워진다.

둘째는 통합 상담정보를 정제하는 과정이 매우 어렵다는 점이다. 상담목적이 분류되어 있으나 내용을 읽어보았을 때 전혀 다른 목적으로 표기되어 있는 등 체계적으로 관리되지 않고 있었으며 텍스트 내에서 해당 상품명을 필터링하기가 매우 어려웠다. 마지막으로 다양한 채널 때문에 채널별로 가중치를 어느 정도 주어야 하는지 비교하기가 무척 어려운데다가 실제 접촉 데이터는 서비스가 개시된 후에 제대로 들어오기 때문에 비교하기가 더더욱 어려웠다.

따라서 옴니채널을 구성하는 데 많은 장애가 있다고 판단했다. 그 결과, 이 과제에서는 접촉 채널의 범위를 우체국에 접촉할 수 있는 모든 채널에서 PC 웹페이지, 모바일 웹페이지, 모바일 애플리케이션 세 가지 채널로 축소했다. 역할 또한 고객의 니즈를 파악하여 그에 맞는 상품을 추천해주는 역할에서 고객이 어떤 상품을 많이 보았는지 집계하여 상품을 추천하는 과정에 참고하는 보조 역할로 대폭 축소되었다.

결과적으로 [그림 9-1]과 같이 접촉 로그 정보를 바탕으로 사용자가 많이 살펴본 순서로 상품 목록을 생성하여 보여주는 방식으로 설계했다. 또한 상품을 본 적이 없는 고객들의 경우에는 상품 구매 정보를 집계하여 성별과 연령대별로 인기 있는 상품을 추출하고 그 데이터를 바탕으로 그룹 추천의 방식을 취하도록 설계했다.

[그림 9-1] 관심상품 추천

9.3 탐색적 데이터 분석

모델 설명에 앞서 수집된 데이터에 대한 파악이 필수적이다. 활용한 테이블은 고객정보 및 상품정보 데이터와 웹 로그 데이터로 크게 나뉘며 세부사항은 다음과 같다.

9.3.1 탐색 테이블 선정

다른 과제에서도 공통적으로 사용했던 테이블이다. 분석에 꼭 필요한 고객ID를 바탕으로 성별과 연령대를 파악하고 상품ID를 바탕으로 상품의 이름을 파악한다.

웹 로그 데이터[46]는 이 과제에서만 사용하기 때문에, 해당 테이블은 이 장에서 더 상세히 다루도록 한다. 웹 로그 데이터는 세션[47]이라는 단위로 관리된다. 따라서 다른 테이블에서는 보이지 않던 세션ID라는 칼럼이 존재하며, 보통 세션ID를 기본키로 사용한다. 하지만 이 과제에서 사용하는 데이터의 구조를 보면 접속일자마다 세션ID가 초기화되기 때문에, 여기서는 접속일자와 세션ID를 동시에 기본키로 사용한다.

위의 내용을 이해한 뒤, 수집되는 데이터를 살펴보도록 한다. 다만 서비스가 개시된

---

[46] 로그 데이터는 인프라 내에서 발생된 모든 행위 및 이벤트 등을 실시간으로 남기는 데이터로, 사용자의 행동을 정확하게 파악하고 예측할 수 있다. 하지만 보통의 로그 데이터는 비정형 텍스트 형태로 수집되므로 보통의 RDB 데이터와는 다른 처리 방식이 필요하다. 이 과제에서는 한 번 정제된 데이터를 받아 사용하여 별도의 처리 방식을 거치지는 않는다.

[47] 방문자가 서버에 접속해 있는 상태를 하나의 단위로 보며 이를 한 개의 세션이라 한다. 만약 사용자가 서버와 끊어진 뒤에 다시 접속한다면 별개의 세션으로 본다.

후에 데이터가 수집되기 시작하여 개발 당시에는 실제 데이터가 아니기 때문에 데이터의 내용보다는 수집되는 테이블의 정의서를 바탕으로 설명하겠다.

구분	테이블명	설명
고객정보	고객 기본정보	전체 고객들의 정보가 담긴 테이블
상품정보	상품 기본정보	전체 상품들의 정보가 담긴 테이블
로그정보	세션 로그	각 세션에 대한 정보
	URL 접근 로그	각 세션 내 클릭한 시퀀스 정보

[표 9-1] 분석 활용 테이블

1. 고객 기본정보

P사에 가입한 고객들에 대한 기본정보를 담고 있는 테이블이다. 전체 분석 과정에서 분석 대상이 되는 고객을 기준으로 분석하기 때문에 '고객 기본정보' 테이블에 존재하는 고객 중 5년 이내 거래가 있는 고객인지 판단하는 과정이 가장 우선시되었다.

칼럼명	설명	비고
고객번호	고객을 식별하는 고유번호	PK
고객연령	고객의 현재 연령정보	
성별코드	고객의 성별정보	

[표 9-2] 고객 기본정보 테이블

2. 상품 기본정보

P사에서 과거에 판매되었던 금융상품과 현재 판매되고 있는 금융상품에 대한 기본정보를 알려주는 테이블이다.

칼럼명	설명	비고
상품코드	상품에 부여된 고유한 상품코드	PK
금융상품 구분코드	예금, 보험, 카드, 펀드상품을 구분해주는 식별자	PK
상품 한글명	상품코드에 해당하는 상품 한글명	

[표 9-3] 상품 기본정보 테이블

3. 세션 로그

각 세션에 대한 정보를 포함한 테이블로 세션마다 수집 가능한 데이터가 담겨 있다.

칼럼명	설명	비고
접속일자	고객이 서버에 접속한 날짜	PK
세션ID	세션을 구분하는 식별자	PK
고객ID	고객을 구분하는 식별자	
IP정보	고객이 서버에 접속했을 때의 IP정보	
페이지수	해당 세션에서의 총 페이지수	
접속국가	고객이 서버에 접속했을 때의 국가	
접속지역	고객이 서버에 접속했을 때의 지역	
첫 방문 여부	해당 세션에서 고객의 첫 방문 여부	
로그인 여부	해당 세션에서 고객이 로그인을 하고 접속했는지 여부	
모바일 여부	해당 세션에서 접속된 기기가 모바일 기기인지 여부	
모바일기기 제조사	해당 세션에서 접속된 기기의 제조사	
모바일기기	해당 세션에서 접속된 기기의 기종명	
접속OS	해당 세션에 접속할 때 사용된 기기의 운영체제	
접속 브라우저	해당 세션에 접속할 때 사용된 브라우저	
브라우저 버전	해당 세션에 접속할 때 사용된 브라우저의 버전	
랜딩 페이지	방문자가 맨 처음 방문한(해당 세션이 시작되는) 페이지	
접속 시작일자	세션이 시작된 일자	
접속 종료일자	세션이 종료된 일자	

[표 9-4] 세션 로그 테이블 정의서

4. URL 접근 로그

각 세션에 대한 정보를 포함한 테이블로 세션마다 수집 가능한 데이터가 담겨 있다.

칼럼명	설명	비고
접속일자	고객이 서버에 접속한 날짜	PK
세션ID	세션을 구분하는 식별자	PK
시퀀스 번호	세션 내에서 페이지 순서 번호	PK
접근일자	각 시퀀스의 시작일자	
접근채널	각 시퀀스의 접촉한 채널(PC 웹, 모바일 웹, 모바일 앱 등)	
검색한 키워드	시퀀스 내에 검색 기록이 있을 경우 검색 키워드	

[표 9-5] URL 접근 로그 테이블 정의서

9.4 모델 개발

아직 서비스를 개시하기 전이어서 과거 데이터가 없었다. 그래서 이 과제는 샘플 데이터로 분석해야만 했고 이에 따른 많은 제약사항과 어려움이 있었다.

9.4.1 데이터 전처리

로그 데이터를 바탕으로 하는 분석에서도 타 분석과 마찬가지로 전처리 방법이 매우 중요하다. 집계 분석을 하는 경우는 더욱 그렇다. 이 전처리라는 과정은 분석 결과에 가장 큰 영향을 미친다고 봐도 무방하다. 본래 로그 데이터를 전처리하는 것은 매우 어렵다. 시스템이 무중단으로 가동되기 때문에 데이터의 양이 방대하여 최대 크기를 적절히 산정하거나 필요한 데이터만을 추출해야 하는 필요성도 있다. 게다가 그 형태도 우리에게 익숙한 표의 형태가 아니다. 따라서 그렇게 만들어주는 과정이 필요하다. 이 과제에서는 아직 서비스하기 전이라 실제 데이터가 없고 샘플 데이터만 있기 때문에 비교적 수월하게 전처리를 했다.

9.4.2 모델 프로세스

모델 프로세스는 [그림 9-2]와 같이 접촉 로그 정보를 바탕으로 사용자가 많이 살펴본 순서로 상품 목록을 생성하여 보여주는 방식으로 설계했다. 또한 상품을 본 적이 없는 고객들의 경우에는 상품 구매 정보를 집계하여 성별, 연령대별로 인기 있는 상품을 추출하고 그 데이터를 바탕으로 추천하는 그룹 기반 추천 방식을 선택했다.

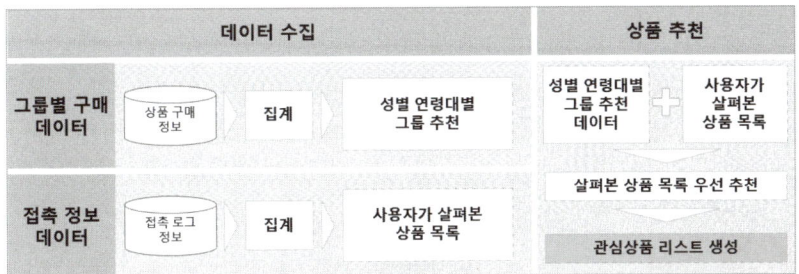

[그림 9-2] 모델 프로세스

서비스화 및 결과 전달

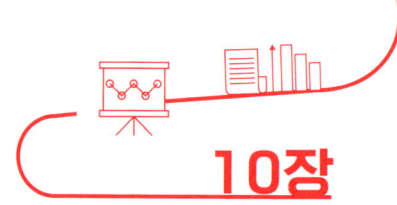

10장

10.1 개요

'6장 상품 추천 시스템'부터 시작해서 '9장 접촉 로그 데이터 기반 관심상품 추천'까지 추천 시스템 전반을 이해하고 다양한 방법을 활용하여 상품 추천 모델에 대해 다루었다. 개발한 상품 추천 모델은 성능 평가를 거친 뒤 실제 서비스에 적용하게 된다. 즉, 빅데이터를 활용하여 개인에게 맞춤형 상품을 추천하는 것 못지않게 상품 추천에 활용한 데이터를 적재하고 개인에게 추천된 결과가 얼마나 적절하게 판매되었는지 평가하는 과정도 중요하다.

'7장 보유 상품 기반 상품 추천', '8장 체크카드 사용 실태에 따른 상품 추천', '9장 접촉 로그 데이터 기반 관심상품 추천'에서 다룬 추천 방식은 각각 다르다. 하지만 상품 추천을 서비스하는 과정에서 생성되는 데이터를 적재하거나 각 추천 결과가 얼마나 좋은지 성능을 평가하는 방식은 동일했다.

[그림 10-1]은 서비스화 프로세스이다. 추천 결과 적재에서는 상품 추천 모델에서 생성된 데이터를 통합 관리하는 과정을 설명한다. 추천 사유 전달에서는 상품 추천 목록만 서비스하는 것이 아니라 상품 목록이 도출된 사유를 요약한 정보를 추가로 전달한다. 마지막으로 추천 모델 평가에서는 추천 모델이 제공한 상품 추천 목록이 얼마나 효과적으로 고객에게 전달되었는지에 대한 모델 평가에 대해 설명한다.

[그림 10-1] 서비스화 프로세스

10.2 추천 결과 적재

하이브에 추천 결과를 적재하는 과정은 [그림 10-2] 추천 결과 적재에서 알 수 있듯이 여러 개의 파일을 하나로 취합하여 서비스를 담당하는 파트로 전달된다. 이때 여러 개의 파일을 관리형 테이블(managed table)에서 생성하는 것이 아니라 외부 테이블에서 처리한 후 관리형 테이블에 덮어쓰는 방식으로 적재된다.

외부 테이블은 외부 파일을 처리해주는 테이블로 내부에 CSV 파일로 저장하면 DB 형태로 보여주는 것이다. 차후에 결과를 CSV 파일 형태로 타 부서에 전달할 경우에도 외부 테이블을 통해 전달하게 된다.

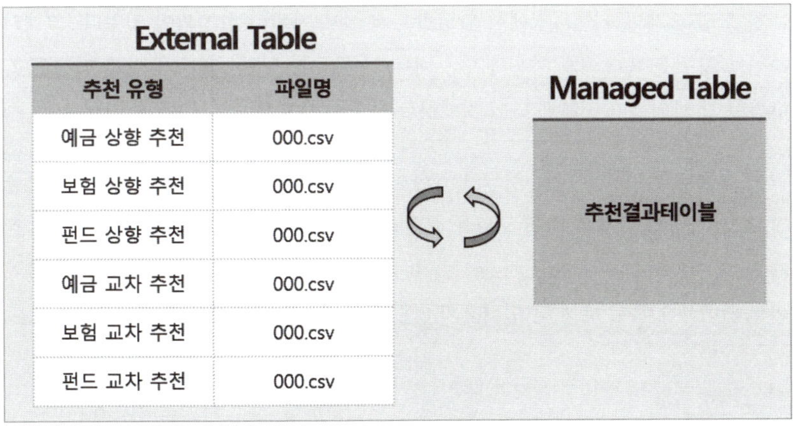

[그림 10-2] 추천 결과 적재

각 추천 결과는 [표 10-1]과 같은 형태로 적재한다. 테이블을 살펴보면 고객별로 P사에서 취급하는 금융상품군별로 총 다섯 가지 상품을 추천하게 된다. 전체 고객을 대상으로 추천하기 때문에 상품코드가 아닌 상품명으로 전달할 경우 데이터 크기가 기하급수로 커진다.

칼럼명	설명
고객번호	고객을 구분하는 식별자
금융상품 구분코드	금융상품 종류를 구분하는 식별자
추천 유형명	추천 방식을 구분하고 각기 다른 형태의 추천 사유를 위한 식별자
추천 상품코드1	추천한 상품코드1
추천 상품코드2	추천한 상품코드2
추천 상품코드3	추천한 상품코드3
추천 상품코드4	추천한 상품코드4
추천 상품코드5	추천한 상품코드5
기준연월	분석을 실행한 기준연월

[표 10-1] 추천 결과 테이블 형태

상품 추천 결과는 여러 단계를 거쳐 여러 개 파일로 나눠져 생성된 이후에 하나의 관리형 테이블에 통합된다. 따라서 다양한 추천 방식을 구분하고 추천 사유를 달아주기 위한 추천 유형명을 함께 관리하고 있다.

추천 모델을 개발하는 과정에서 할당받은 하이브 자원이 한정되어 있었다. 그래서 하이브 자원을 과다하게 사용하거나 메모리 용량이 부족한 경우가 자주 발생했다. 따라서 각 파일을 적절하게 나눠 적재하는 방법을 사용했다.

'보유 상품 기반 상품 추천', '체크카드 사용 실태에 따른 상품 추천'의 경우 금융상품별, 추천 종류별로 상품 추천 모델을 실행하는 소스 코드를 분리해서 개발했으며, 적재 또한 별도의 과정으로 소스 코드를 나눠 진행했다. 이런 경우 [그림 10-3]과 같이 외부 테이블에 올릴 때 서로 덮어쓰지 않도록 파일명을 다르게 업로드했다.

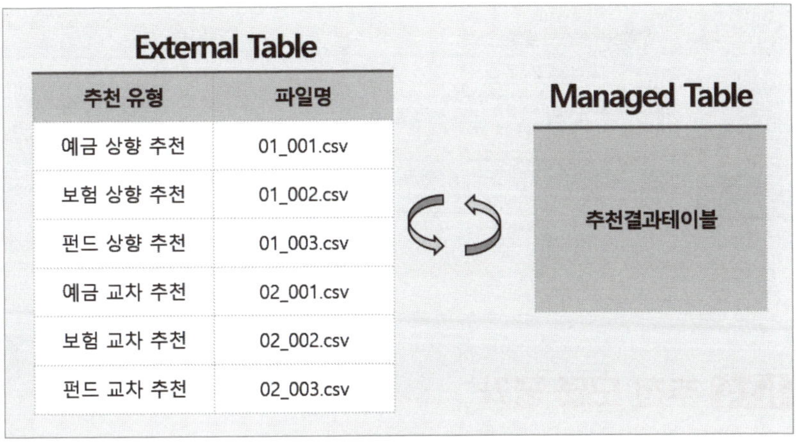

External Table			Managed Table
추천 유형	파일명		
예금 상향 추천	01_001.csv		
보험 상향 추천	01_002.csv	⟳	추천결과테이블
펀드 상향 추천	01_003.csv		
예금 교차 추천	02_001.csv		
보험 교차 추천	02_002.csv		
펀드 교차 추천	02_003.csv		

[그림 10-3] 추천 결과 파일명

10.3 추천 사유 전달

P사의 요청사항 중에는 빅데이터 분석 기반 상품 추천에 대한 사유를 제공받고 싶다는 항목이 있었다. 그 요청에 따라 추천 방식마다 어떤 종류의 추천이 등장할지, 이에 대응하기 위한 추천 사유 템플릿을 결정했다.

적재한 '추천 사유 템플릿 테이블'과 추천 사유 템플릿을 채우기 위한 '추천 사유 항목 테이블'이라는 두 개의 테이블이 필요하다. '추천 사유 템플릿 테이블'에는 추천 방식마다 다른 추천 사유 템플릿이 한 테이블에 적재되고 '추천 사유 항목 테이블'에는 필요한 항목이 다르기 때문에 추천 방식마다 하나의 테이블을 생성했다. 그리고 '추천 사유 템플릿 테이블'과 '추천 사유 항목 테이블'을 연결하는 기준으로 '추천 유형명'이라는 칼럼을 사용했다.

상품 추천 사유를 긴 문장으로 풀어서 전달해달라는 요청을 따르는 과정에서 상품 추천 사유를 노출하는 화면 내에 적절하게 표현하기가 쉽지 않았다. 그래서 HTML의 줄바꿈 요소인
을 넣어 전달하는 방법으로 처리했다.

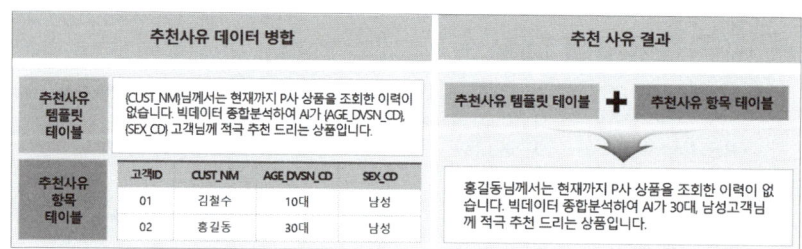

[그림 10-4] 추천 사유 생성 과정

10.4 추천 모델 평가

추천 모델을 만들고 그 모델이 얼마나 유효한 모델인지 매달 그 성능을 검토하는 것도 중요할 것이다. 하지만 추천 모델의 정확도를 평가하는 것은 방법에 따라 정확도가 천차만별로 나올 수 있으므로 추천 방법과 고객사의 요구사항에 따라 상황에 맞는 방법을 채택해야 한다.

10.4.1 추천 모델 평가 방법

추천 모델을 평가하는 방법은 [그림 10-5]와 같이 크게 온라인 테스트와 오프라인 테스트가 있다. 온라인 테스트는 클릭률 증가, 매출 증가 등으로 평가하는 방법인데, 현재 개시하지 않은 상황에서는 사용하기에 부적절했다. 따라서 이 프로젝트에서는 테스트 데이터에서 얼마나 좋은 결과를 보여주는지를 평가하는 방법인 오프라인 테스트만 다루도록 하겠다.

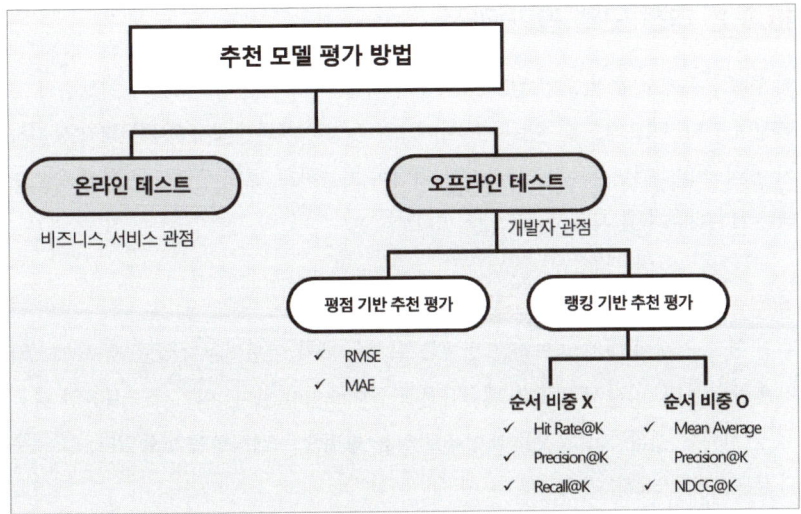

[그림 10-5] 추천 모델 평가 방법

오프라인 테스트는 두 가지로 나뉜다. 첫째는 평점 기반 추천 평가이다. 해당 평가는 고객이 특정 아이템에 실제 부여한 평점과 추천 모델을 통해 부여한 평점의 차이를 계산하는데, MAE나 RMSE를 가장 많이 사용한다. 이 방식에서는 값이 낮을수록 성능이 높은 추천 모델로 평가된다.

둘째는 랭킹 기반 추천 평가이다. 이 평가는 모델을 통해 추천한 상품이 고객이 실제로 구매한 상품과 일치하는지를 보여준다. 이 평가 방식은 순서에 비중을 두는지에 따라 두 가지 종류로 나누어진다. 순서에 비중을 두지 않는 방식은 추천한 상품과 고객이 실제 구입한 상품이나 관심 있는 상품을 비교하여 평가를 진행한다. 대표적인 예로 Hit Rate@K, Precision@K, Recall@K 등이 있다.

순서에 비중을 두는 방식은 추천한 상품과 고객이 실제 구입한 상품을 비교한 뒤에 일치하는 상품이 첫 번째 순위일수록 더 큰 가중치를 부여하여 성능을 평가한다. 대표적인 예로 Mean Average Precision@K, NDCG@K 등이 있다.

10.4.2 추천 모델 평가 과정

이 프로젝트에서 추천 모델 평가 방법을 선택할 때 고려할 점으로는 유지보수의 용이성이 있다. 프로젝트를 종료하고 서비스를 운영하는 과정에서 P사가 직접 관리하기 용이해야 한다는 점에서 직관적인 해석이 가능하고 코드 구현도 손쉽고 속도도 빠른 Hit Rate@K를 사용하기로 결정했다.

■ 추천 결과 전체에 대한 모델 평가

추천 결과 전체에 대해 평가하는 방법은 실제 구매가 이루어지지 않은 경우까지 평가에 포함한다. 따라서 별도의 레이블을 만들어주어야 한다. 여기서는 보유한 상품들 중 하나를 제외하고 그것을 레이블로 삼는 방법으로 레이블을 만들었다. 그 세부 과정은 [그림 10-6]과 같다.

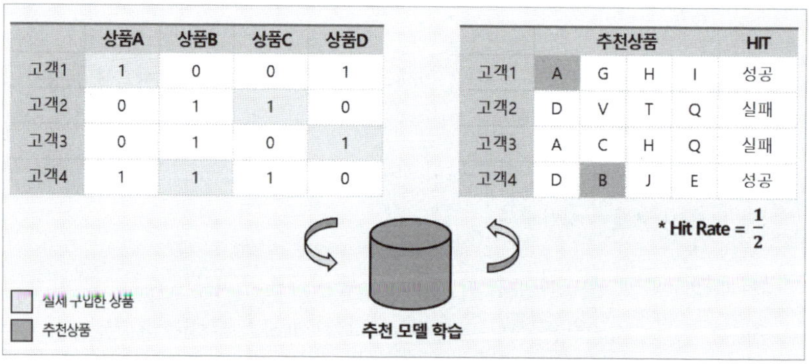

[그림 10-6] 추천 결과 전체에 대한 모델 평가

먼저, 고객이 선호하거나 보유한 상품들 중 한 개를 제외하고 나머지 상품들을 추천 모델에 넣어 학습을 진행했다. 고객별로 k개 상품을 추천하고 제외한 한 개 아이템이 추천한 상품에 포함되면 추천에 성공한 것이다. 이렇게 개개인의 추천 결과를 집계하여 전체 고객수 대비 성공한 고객수의 비율을 계산하여 hit rate를 구할 수 있다.

$$\text{hit rate} = \frac{\textit{추천 상품을 보유한 고객수}}{\textit{전체 고객수}}$$

■ **실제 구매한 경우에 대한 모델 평가**

실제 구매한 고객에 대해 평가하는 방법은 실제 구매가 이루어진 경우만을 평가에 포함한다. 따라서 고객이 실제 구매한 상품이 레이블이 되기 때문에 별도의 레이블을 만들 필요가 없다. 하지만 이전 주기의 상품 보유정보를 가지고 추천을 진행했다면 이번 주기의 상품 구매정보가 필요한데, 이번 주기가 끝나지 않았기 때문에 필요한 데이터를 확보할 수가 없다. 따라서 [그림 10-7]과 같이 한 주기씩 이전의 데이터를 사용하여 진행했다.

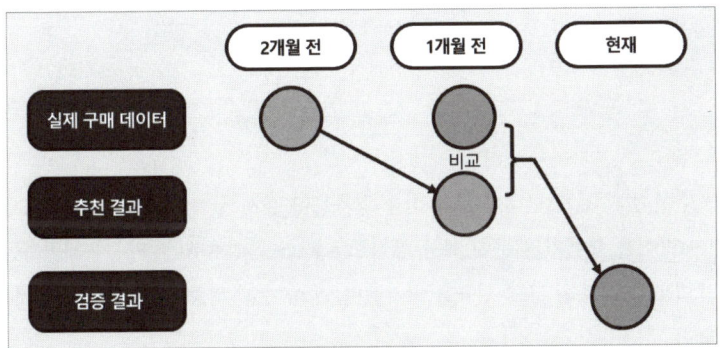

[그림 10-7] 실제 구매한 경우에 대한 모델 평가 방법에서 사용한 데이터

추가적으로 추천 과정에서 특정 고객이 한 달 동안 여러 상품을 가입한 경우에 대한 처리가 필요했다. 그래서 추천 대상 고객들 중 여러 상품을 가입했더라도 가입한 상품들 중 추천 상품이 하나라도 들어 있으면 적중한 것으로 판단하여 평가를 진행했다. 세부 과정은 [그림 10-8]과 같다.

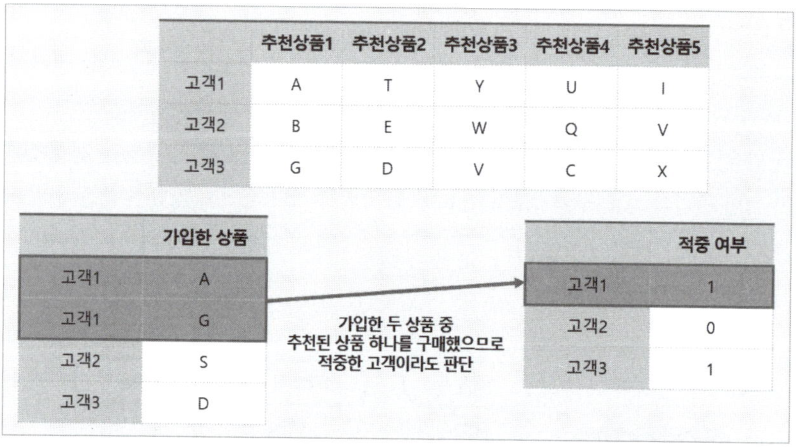

	추천상품1	추천상품2	추천상품3	추천상품4	추천상품5
고객1	A	T	Y	U	I
고객2	B	E	W	Q	V
고객3	G	D	V	C	X

	가입한 상품		적중 여부
고객1	A	고객1	1
고객1	G	고객2	0
고객2	S	고객3	1
고객3	D		

가입한 두 상품 중 추천된 상품 하나를 구매했으므로 적중한 고객이라도 판단

[그림 10-8] 실제 구매한 경우에 대한 모델 평가

P사는 추천 결과 전체에 대한 모델 성능 평가보다 실제 구매한 경우에 대한 모델 성능 평가 방식을 원했기 때문에 해당 방식으로 평가를 진행했다. P사가 제공하는 금융상품별로 나눠 추천 모델 성능을 평가했다. 상품 추천 적중률이 15~20%인 것으로 나타났다.

10.5 빅데이터 분석 기반 상품 추천 서비스

빅데이터를 활용하여 개발한 상품 추천 모델에서 나온 결과는 '10.2 추천 결과 적재'에서 설명한 바와 같이 개인 고객별로 P사의 상품을 다섯 개씩 추천해준다. 다만, 이렇게 추천된 결과는 다양한 채널에서 사용자에게 보여준다.

[그림 10-9]는 P사 직원들이 고객을 조회할 때 사용하는 화면 예시이다. 하단을 보면 AI 상품 추천 영역이 존재하고, P사가 운영하는 상품을 다섯 개씩 추천하게 된다. 이때 '10.3 추천 사유 전달'에서 설명했던 대로 상품을 추천한 사유를 제공하기 때문에 직원들이 사유를 확인한 후에 고객에게 안내하게 된다.

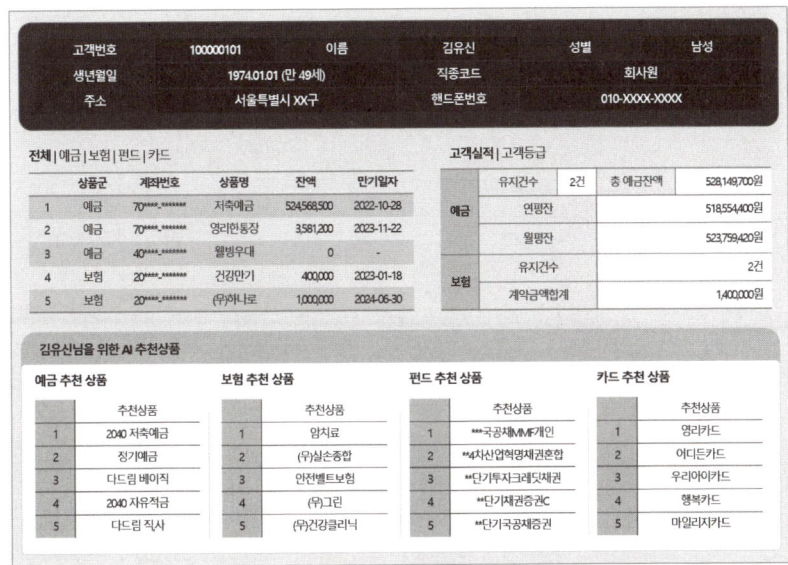

[그림 10-9] 서비스 화면 예시

[그림 10-9]와 같은 형태로 서비스를 제공하는 동시에 개인을 식별할 수 있는 금융상품 웹페이지에서도 AI 추천 상품을 제공한다. 다만, 웹페이지에서 로그인을 하지 않은 경우에는 개인이 식별할 수 없기 때문에 AI 추천 상품 대신에 가장 많이 판매된 상품을 추천했다.

이처럼 사용자가 가입할 만한 상품을 추천하여 사용자들이 접촉할 수 있는 다양한 곳에 노출시킨 뒤 구매를 얼마나 많이 하는지에 대한 성능 평가까지 진행되면, 분석 기반 상품 추천 서비스가 지속적으로 제공된다. 앞으로 상품 추천 모델을 통해 추천된 상품을 사용자가 잘 구매하는지 모니터링하면서 모델을 고도화해 나갈 필요가 있다.

금융 빅데이터 분석을 수행하기 위한 분석 환경을 어떻게 적용할 수 있을지 알아본다. 이를 위해 분석 환경의 단계별로 적용한 사례를 설명한다. 특히 분석에 필요한 데이터를 수집하는 프로세스, 분석된 결과를 활용하는 방법을 집중해서 설명한다. 단계별로 필요한 환경을 구축하기 위해 아파치 하이브, 아파치 스파크(Apache Spark), 아파치 카프카(Apache Kafka), 오픈시프트(OpenShift) 등의 다양한 플랫폼과 프레임워크를 소개한다.

금융산업 빅데이터 분석 환경

11장 빅데이터 분석 및 활용 플랫폼

05

빅데이터 분석 및 활용 플랫폼

11장

11.1 빅데이터 플랫폼 구성

현재 P사 내부에서는 고객정보, 상품정보, 금융 거래정보와 같은 방대한 데이터가 일 단위로 쌓이고 있다. 뿐만 아니라 내부 고객의 특성과 함께 외부 데이터를 수집하여 분석 결과의 시너지를 높이기 위해 고민하고 있다. 이처럼 매일같이 쌓이는 내/외부 빅데이터를 하나의 채널에 통합하여 관리하고 분석하는 일련의 과정에 집중할 필요가 있다.

빅데이터 플랫폼을 구축함으로써 크게 세 가지 효과를 거둘 수 있다. 먼저 다양한 시스템에서 관리되는 분석 대상 데이터를 하나의 영역에 수집하기 때문에 여러 시스템에서 데이터를 모으는 데 걸리는 시간을 단축할 수 있다. 다음으로 분석 업무를 수행할 때 필요한 환경을 사전에 설치해 분석가들이 분석 업무에만 집중하고 신규 분석가의 업무 할당이 용이하여 협력이 원활해진다. 마지막으로 빅데이터 플랫폼 내에서 분석 결과를 연계 활용하는 과정에서 통일된 채널이 있기 때문에 분석 결과에 대한 피드백의 원활한 전달이 가능하다. 빅데이터 플랫폼을 통해 집약적으로 관리할 수 있다는 점에서 활용 사례가 점차 늘고 있다.

빅데이터 플랫폼의 활용을 이해하기 위해 플랫폼의 구조가 어떠한지 알아볼 필요가 있다. [그림 11-1]은 빅데이터 플랫폼의 전체 구조이다. 내부 시스템이나 외부 시스템으로부터 데이터를 수집하는 수집 파트, 분석 알고리즘을 활용하여 수집한 데이터에 대한 분석 결과를 도출하는 분석 파트, 분석된 결과물을 3rd Party에 연계하거나 담당자가 모니터링할 수 있는 활용 파트로 구성된다.

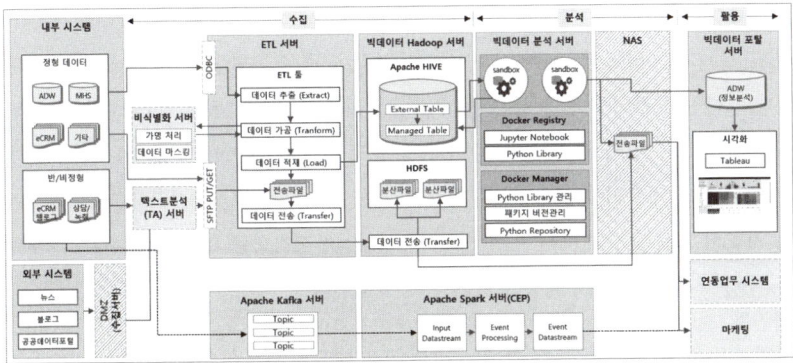

[그림 11-1] 빅데이터 플랫폼 전체 구조

먼저 빅데이터 플랫폼의 수집 파트는 내부 데이터(정형, 반정형, 비정형) 및 외부 데이터를 빅데이터 아파치 하둡(Apache Hadoop) 서버로 수집한다. 내부 데이터는 금융 서비스를 제공하는 과정에서 이름, 주소 등 개인을 식별할 수 있는 개인정보를 담고 있으며 법률에 의해 관리되기 때문에 비식별화 서버에서 데이터 비식별 처리를 해야 한다.

또한 eCRM 로그, 상담 및 녹취 데이터, 뉴스와 카페, 블로그와 같이 외부에서 수집한 데이터는 형식이 정해지지 않은 반정형 및 비정형 데이터이기 때문에 분석에 바로 활용하는 데 한계가 있다. 따라서 텍스트 분석 서버를 통해 사전에 분석용 데이터로 가공해야 한다.

반/비정형 데이터 중 eCRM 웹 로그와 같이 실시간으로 발생하는 데이터는 실시간 이벤트 기반 마케팅을 수행할 목적으로 사용하기 때문에 아파치 카프카 및 아파치 스파크를 통해 수집하며 타 시스템에 연계 및 전달한다. 이 과정을 자동으로 수행하고 결과를 모니터링하기 위해 ETL(Extract, Transform, Load) 서버를 활용한다. ETL 서버에서는 ETL 툴을 사용하여 데이터 ETL작업을 수행하고 이를 하이브 및 하둡 분산 파일 시스템(Hadoop Distributed File System, HDFS)에 저장한다.

빅데이터 분석 플랫폼은 오픈시프트를 통해 분석가들이 분석 업무에만 집중할 수 있는 환경을 제공한다. 이때 오픈시프트의 Pod에 분석 환경을 구축하며, 주피터 노트북(Jupyter Notebook) 환경, 각 과제에서 사용되는 분석 라이브러리 및 패키지를 구축한다. 또한 도커(Docker)를 통해 Pod 내의 라이브러리 및 패키지 버전 관리를 수행하며 Pod를 배포한다.

이후, 분석가는 배포된 Pod에서 빅데이터 분석 모델을 개발한다. 하이브의 개발 데이터와 다양한 분석 기법을 통해 분석 모델을 개발하고 개발된 결과를 테스트 및 운영 데이터를 통해 테스트하고 검증한다. 테스트 및 검증 단계에서 도출된 분석 결과는 하이브 및 네트워크 결합 스토리지(Network Attached Storage, NAS)에 저장한다. 하이브에 저장된 결과는 빅데이터 포털 서버에서 데이터 시각화에 활용되며, 분석 결과를 활용하는 다른 연동 업무에 전달하기 위해 사용된다.

빅데이터 분석 결과를 시각화해 활용하면 고객 맞춤형 금융상품 추천 서비스를 제공할 수 있다. 또한 빅데이터 분석 결과를 타 업무에서 활용함으로써 고객 만족과 마케팅 효과를 위한 의사결정에 유용할 수 있다.

빅데이터 포털 플랫폼에서는 태블로를 활용해 데이터를 시각화해 사용자에게 보여주며, 시각화 결과는 사용자가 더 나은 의사결정을 할 수 있도록 도움을 준다. 시각화에 활용되는 데이터는 분석 단계에서 하이브에 저장된 데이터이며, 하이브와 태블로를 연결할 때의 성능 이슈 및 P사 내부 정책으로 인해 하이브의 데이터를 오라클의 자율운영 데이터 웨어하우스(Autonomous Data Warehouse, ADW)로 전송해야 한다. 태블로에서는 오라클에 접근해 분석 결과 데이터를 추출하며, 다양한 차트와 아이콘 등을 통해 데이터 시각화를 수행한다.

빅데이터 수집 및 분석을 수행하기 위해 물리 및 클라우드 서버를 사용해 빅데이터 클러스터를 구성했다.

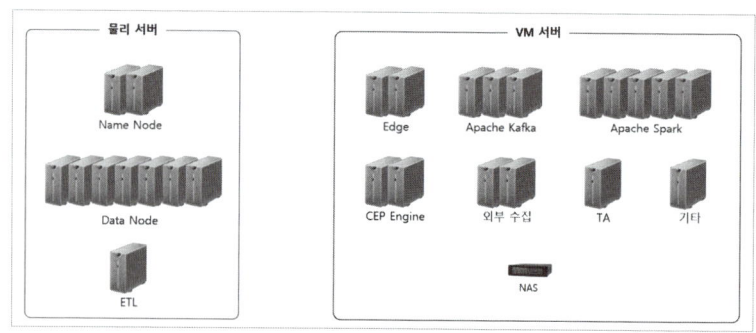

[그림 11-2] 빅데이터 플랫폼 서버 구성

[그림 11-2] 빅데이터 플랫폼 서버 구성에서 언급한 클라우드 서버는 물리 서버 한 대를 논리적으로 분할한 인프라 서비스이다. 인터넷을 통해 필요한 만큼 IT 자원을 사용할 수 있는 서비스이다. 클라우드를 통해 물리 서버를 구매하는 대신 AWS와 같은 클라우드 공급자가 공급하는 컴퓨팅 자원을 활용할 수 있다.

클라우드 VM 서버를 사용함으로써 얻는 이점은 크게 접근성, 유연성, 비용 등 세 가지로 요약할 수 있다. 먼저, 컴퓨팅 환경을 구축하기 위한 서버, 네트워크 장비, 회신 등을 구매하기 위한 별도의 비용이 발생하지 않는다. 또한 대부분의 이용 과정이 자동화되어 웹 콘솔에서 간편하게 생성 및 삭제하기가 용이하며 신속하게 용량을 증설 및 축소할 수 있다. 다음으로, 네트워크가 연결되어 있는 환경이라면 어디서든 접근 가능하다. 마지막으로, 요구사항에 맞게 자원 할당을 조절할 수 있으며 자원에 대한 스케일 업과 스케일 다운을 통해 유연하게 대처할 수 있다. 또한, 물리 서버를 직접 구축하는 것에 비해 초기 도입 비용이 낮으며 서버를 이용한 만큼만 비용을 지불한다는 이점이 있다.

11.2 빅데이터 플랫폼 역할

빅데이터를 효율적으로 분석하기 위해서는 데이터 수집 단계에서 분석에 필요한 데이터를 수집하고 가공해야 한다. 빅데이터 수집 플랫폼에서는 내부 데이터 수집, 외부 데이터 수집 파트로 나눠 데이터를 수집한다. 이때 ETL 툴을 사용해 데이터 추출, 가공, 적재 과정을 거쳐 수행한다.

11.2.1 내부 데이터 수집

빅데이터 수집 플랫폼에서는 EDA과정을 통해 도출된 내부 데이터를 수집한다. 내부 데이터에는 P사의 고객정보, 상품정보, 금융 거래정보, 지점정보 등의 정형 데이터, eCRM 로그 데이터, 상담 및 녹취 기록인 VoC 민원 데이터와 같은 반정형 및 비정형 데이터가 포함된다.

■ **정형 데이터 수집**

정형 데이터는 고객정보, 상품정보, 금융 거래정보 등의 정형화된 형식이 있는 데이터이며 EDW, 마케팅 허브 등의 기존 P사 데이터베이스에 존재한다. P사의 빅데이터 수집 플랫폼에서는 ETL 툴을 통해 내부 시스템에서 ETL 서버로 데이터를 수집한다.

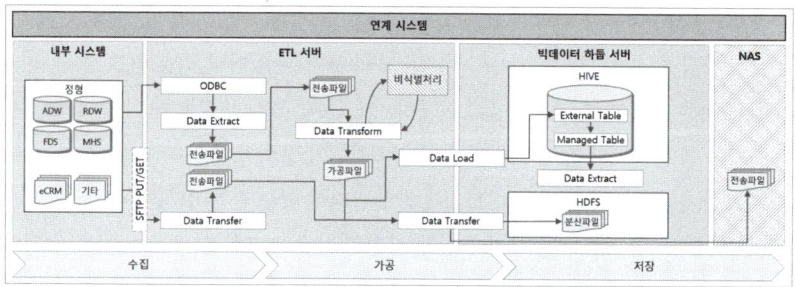

[그림 11-3] 정형 데이터 수집 프로세스

먼저 ADW와 마케팅 허브 등 원천 데이터베이스의 데이터를 ETL 툴의 데이터 추출 기능을 이용하여 추출한 후, ETL 서버에 저장한다. 이때 개인정보 같은 민감한 정보는 비식별화[48] 서버를 통해 가명 처리, 데이터 마스킹 등의 비식별 처리와 가공 처리를 수행한다.

가공 처리된 데이터는 ETL 툴의 데이터 적재 기능을 이용하여 빅데이터 아파치 하둡 서버의 하이브 및 HDFS에 적재 및 저장된다. HDFS에 적재된 데이터는 하이브에서 사용하는 SQL인 HiveQL을 사용해 외부 테이블에 적재된다.

이후 하이브에서 데이터 및 파티션을 관리하기 위해 외부 테이블에 적재된 데이터를 관리형 테이블에 적재한다. eCRM 정형 데이터는 SFTP PUT/GET을 통해 ETL 서버에 전송된다. 전송된 데이터는 ETL 툴의 파일 전송 기능을 통해 HDFS에 적재된다.

빅데이터 플랫폼을 구성하는 아파치 하이브에는 몇 가지 특징이 있다. 먼저, 하둡 에코시스템(Hadoop ecosystem) 중에서 데이터를 모델링하거나 정형화된 데이터를 처리할 때 가장 많이 사용하는 데이터 웨어하우징 솔루션이다. 그렇기 때문에 RDB의 데이

---

48. 수집 대상 데이터는 개인정보, 직장정보와 같이 개인의 사생활을 노출할 우려가 있는 민감한 정보를 포함하고 있다. 따라서 개인을 식별할 수 있는 항목에 대해 가명처리, 익명처리, 삭제 등의 비식별화 작업을 수행해야 하며, 이를 통해 개인정보 보안 강화 효과를 얻을 수 있다.

터베이스 및 테이블과 같은 형태로 HDFS에 저장된 데이터의 구조를 정의하는 방법을 제공한다. 이렇게 저장된 데이터는 SQL과 유사한 HiveQL을 통해 데이터를 처리하는 방법을 제공한다.

아울러 기존 데이터베이스는 사전에 스키마를 정의하고 그 틀에 맞게 데이터를 입력하지만 하이브는 HDFS에 데이터를 저장하고 효율적인 관리를 위해 해당 데이터를 메타스토어에 저장한다. 그리고 Partitioned, Bucket 등의 Partition 기법을 통해 대용량의 데이터를 빠르게 처리할 수 있는 특징을 보인다.

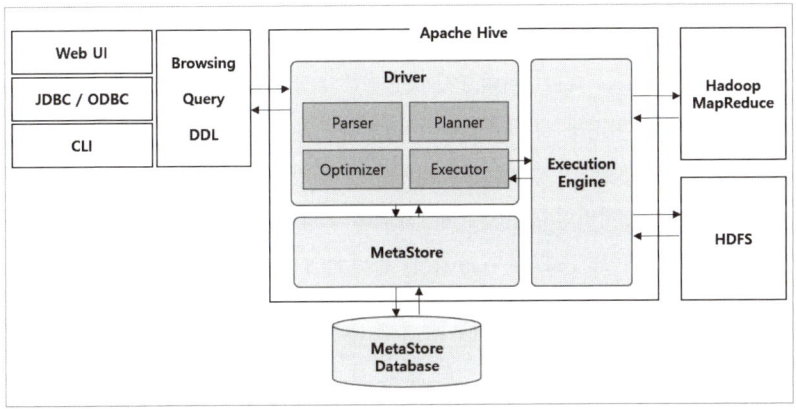

[그림 11-4] 아파치 하이브의 구조

하이브는 데이터의 소유자에 따라 두 가지 유형의 테이블로 나누어 사용한다. 관리형 테이블은 테이블 생성, 데이터, 파티션 및 생명주기를 하이브에서 직접 관리하는 테이블이다. 또한 메타데이터, 테이블 데이터를 소유하고 테이블 또는 파티션이 삭제되면 해당 데이터 및 메타데이터가 삭제된다. 따라서 임시 테이블을 생성할 때, 테이블 삭제 시 메타데이터 및 테이블 데이터가 삭제되어야 할 때 관리형 테이블을 사용한다.

외부 테이블은 외부 파일을 처리하기 위한 용도로 사용된다. HDFS에 있는 원본 데이터를 기반으로 테이블을 생성하며 테이블이 삭제되더라도 파일은 남아 있다. 따라서 테이블 삭제 시 데이터가 같이 삭제되는 것을 방지할 때, 중요한 데이터를 하이브에서 처리할 때 사용한다. [표 11-1]은 두 테이블 유형을 요약해 나타낸다.

구분	관리형 테이블(managed table)	외부 테이블(external table)
테이블 삭제 시, 데이터 삭제	O	X
TRUNCATE 지원	O	X
ACID 지원	O	X
Query 결과 caching	O	X

[표 11-1] 아파치 하이브 테이블 비교

■ 반정형 및 비정형 데이터 수집

반정형 또는 비정형 데이터는 상담 및 녹취 내역이 담긴 VoC 데이터 및 고객들의 접촉정보인 eCRM 로그 데이터이며, P사 상담원들의 상담 내역, eCRM 솔루션 등을 통해 수집된다. 반/비정형 데이터는 형식이 정해져 있지 않기 때문에 데이터 분석에 활용하기 어렵다. 따라서 텍스트 분석을 통해 정형 데이터로 가공한 후 수집한다. 분석된 데이터는 TA 서버의 DBMS에 저장되고, SFTP PUT/GET을 통해 ETL 서버에 전송된다. 전송된 데이터는 Data Transfer를 통해 HDFS에 적재된다.

eCRM 웹 로그 데이터는 eCRM 업무를 위해 웹 접속을 통해 발생하며, 고객번호, 방문 여부, 유입 매체 종류, 회원 로그인 유무, 고객이 웹 페이지에 머문 시간 등을 나타내는 실시간 접속 로그이다. eCRM 웹 로그와 같은 실시간 데이터는 아파치 카프카(Apache Kafka) 및 아파치 스파크(Apache Spark)를 사용한 실시간 이벤트 처리기에 의해 처리되며, 실시간 데이터를 활용하는 채널(마케팅 허브 등)에 전달한다. 또한 접촉 로그 데이터를 통한 관심상품 추천을 위한 분석에서 사용하기 위해 HDFS에 저장된다.

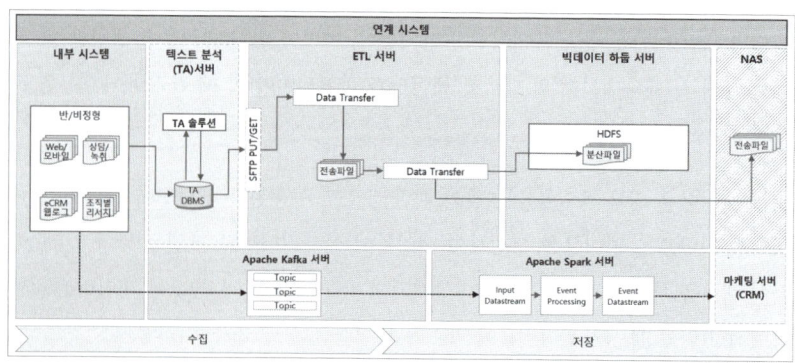

[그림 11-5] 반/비정형 데이터 수집 프로세스

반정형 데이터와 비정형 데이터를 수집하는 데 활용한 아파치 카프카는 웹 사이트, 애플리케이션 등에서 취합한 데이터를 스트림 파이프라인을 통해 실시간으로 관리하고 보내기 위한 분산 이벤트 스트리밍 플랫폼이다. 또한 Publish-Subscribe 모델의 메시지 큐(Message Queue) 기능을 한다. 메시지 큐는 비동기 메시지를 사용하는 각 애플리케이션 사이의 데이터 송수신을 구현한 시스템을 의미한다.

아파치 카프카는 메시지 큐의 메시지 브로커 역할을 수행할 수 있도록 구현되었으며, 고성능, 클러스터링, 영속성이라는 세 가지 특징을 가진다. 먼저, 대용량의 실시간 로그 처리에 특화되어 성능이 우수하다. 다음으로, 분산 처리에 효과적으로 설계되어 병렬 처리, 확장, 고가용성이 용이하다. 마지막으로, 파일 시스템에 메시지를 저장함으로써 장애 발생 시 데이터 복구가 가능하며 메시지가 많이 쌓여도 성능이 크게 저하되지 않는다.

카프카 클러스터는 Producer-Broker-Consumer 구조로 이루어진다. Producer는 메시지를 발행(publish)하며 Broker에게 메시지를 push한다. Broker는 카프카 클러스터의 각 서버이며 메시지를 보관하는 역할을 한다. Consumer는 메시지를 구독(subscribe)하며 Broker에 보관된 메시지를 가져온다. 기존 메시지 큐와 달리 카프카는 Consumer가 Broker로부터 메시지를 직접 가져가는 PULL 방식으로 동작한다. 따라서 Consumer의 처리 능력만큼의 메시지만 가져와 최적의 성능을 보인다.

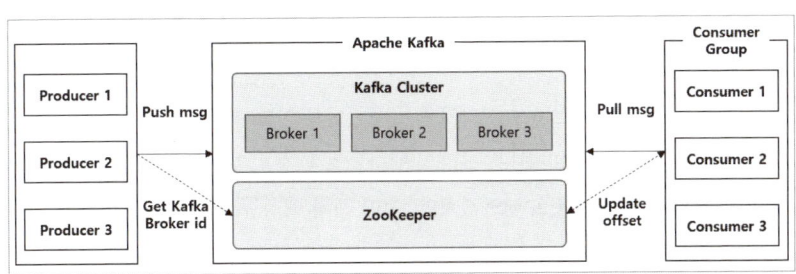

[그림 11-6] 아파치 카프카의 구조

아파치 카프카를 이용하여 실시간으로 수집한 데이터 상황에 맞춰 이벤트를 탐지하고 해당 이벤트를 데이터에 적재하는 데 활용했던 아파치 스파크는 빅데이터 처리를 위한 오픈소스 분산 처리 플랫폼이며 실시간 데이터를 처리하기에 용이한 빅데이터 분산 처리 엔진이다. 기존 하둡은 디스크 입력/출력(Input/Output, I/O) 비용으로 인해 실시간 데이터 처리에 한계가 있다. 반면, 스파크는 인메모리(in-memory) 상에서 동작하기 때문에 반복적 처리가 필요한 작업에서 하둡보다 월등히 빠른 성능을 보이며 실시간 데이터 스트리밍 처리에 부합한 플랫폼이다.

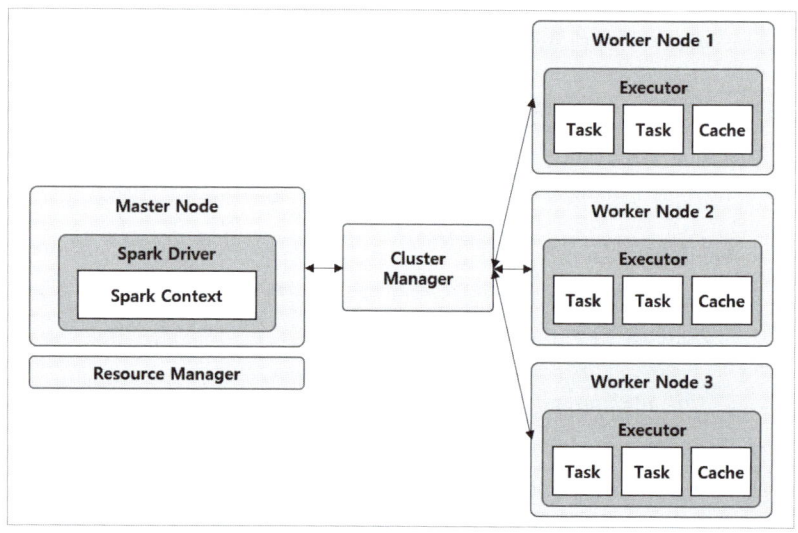

[그림 11-7] 아파치 스파크의 구조

아파치 스파크는 파이썬, 자바(Java), 스칼라(Scala) 등의 다양한 언어를 통해 반복 처리를 빠르게 수행할 수 있다는 특성과 다양한 환경에서 유연하게 처리할 수 있다는 특징이 있다. 하둡 맵리듀스(MapReduce)와의 차이점은 다음과 같다.

먼저, 기존 하둡 맵리듀스는 스토리지에서 데이터를 읽고 분산 처리를 수행한 후 결과를 스토리지에 다시 저장한다. 하나의 맵리듀스 과정으로 이루어진 애플리케이션이면 저장 후 추후 작업을 수행하겠지만, 여러 개의 맵리듀스 과정을 수행하는 경우 중간 결과를 저장하고 다시 읽은 후 처리하는 반복적인 Read-Process-Write 과정을 수행한다. 따라서 불필요한 디스크 및 네트워크 I/O가 발생한다. 그러나 스파크는 사전에 데이터를 메모리에 적재하고 메모리에서 데이터를 처리하기 때문에 반복적인 작업에 대해 맵리듀스보다 더 빠른 처리 속도를 보인다.

또한 배치, 스트림, SQL과 같이 다른 형태의 처리 방식을 하나의 애플리케이션에서 통합적으로 수행할 수 있다. 스파크는 하나의 애플리케이션에서 SQL 기능을 수행하는 스파크 SQL, 다양한 머신러닝 기능을 제공하는 MLlib을 함께 사용하며 서로 다른 작업을 수행할 수 있다. 또한 실시간 데이터 처리를 지원하는 스파크 스트리밍을 통해 계속해서 들어오는 스트림 데이터를 처리하면서 해당 데이터를 일정 시간마다 배치 처리할 수 있다.

11.2.2 외부 데이터 수집

빅데이터 수집 플랫폼에서는 외부 시장정보 분석 및 P사 금융상품과 유사한 경쟁상품 트렌드 분석을 위해 외부 데이터(뉴스, 블로그, 공공 데이터 포털)를 수집한다. 외부 데이터를 내부망으로 수집하기 위해 DMZ와 연계된 외부 데이터 수집 서버를 이용한다.

이때 크롤러 수집 도구를 통해 데이터를 수집한 후, DB to DB 방식을 통해 TA 서버의 DB에 데이터를 저장한다. 이후 ETL 서버에 데이터를 전송하고 ETL 툴의 데이터 전송 기능을 사용하여 하둡 HDFS와 NAS 영역에 저장한다. DMZ는 내부와 외부 네트워크 사이에 위치한 중간 지점으로 내부 네트워크에 존재하지만 외부 네트워크에서 직접 접근할 수 있는 특수한 영역이다.

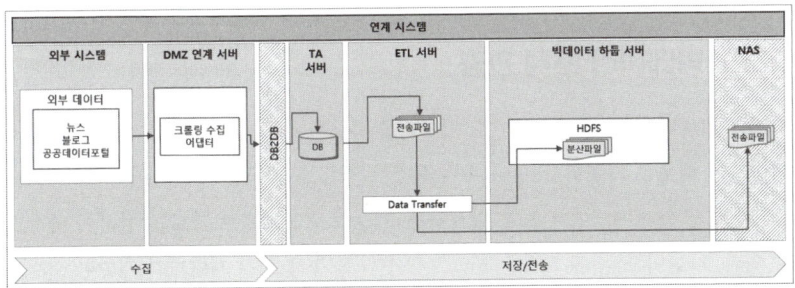

[그림 11-8] 외부 데이터 수집 프로세스

11.2.3 배치 프로그램

빅데이터 수집 플랫폼에서 내부 및 외부 데이터를 수집할 때 주기적으로 생성되는 금융 데이터의 주기를 고려해 데이터 수집 주기를 설정해야 한다. P사에서는 배치 스케줄러를 통해 금융 데이터 생성일자 후에 데이터를 수집한다.

수집 대상 데이터는 EDA 과정을 통해 빅데이터 분석에 필요하다고 판단되는 내부 금융 데이터뿐만 아니라, TA 솔루션을 통해 처리된 반/비정형 데이터, 크롤링을 통해 외부에서 전송되는 외부 데이터를 수집한다.

배치 스케줄러를 통해 데이터를 수집할 때 일 배치, 주 배치, 월 배치에 따라 나뉜다. 금융 업무는 많은 과정들이 복잡하게 연결되기 때문에 연관 업무와의 긴밀한 협업이 필수이다. 따라서 각 배치 작업 간의 선후행 관계를 고려해 배치 프로세스를 설정한다.

11.3 빅데이터 플랫폼 활용

빅데이터 분석 환경은 레드햇(RedHat)의 오픈시프트에서 제공하는 Pod를 활용한다. 오픈시프트는 레드햇에서 개발한 서비스형 플랫폼(Platform as a Service, PaaS) 솔루션이며 고품질의 기술 지원을 제공하는 상용 컨테이너 오케스트레이션 플랫폼이다. 오픈시프트의 특징은 다양한 컨테이너 이미지를 제공하고 앱 배포를 자동화하는 것이다. 또한 오토스케일링(auto scaling)과 지속적 통합/지속적 배포(Continuous Integration/Continuous Delivery, CI/CD) 기능을 제공한다.

11.3.1 빅데이터 분석 환경

다양한 미들웨어 및 데이터베이스 이미지를 사용할 수 있다. 그리고 작성된 애플리케이션의 배포를 자동화할 수 있으며 특정 시점으로 롤백(rollback)이 가능하다. 오토스케일링을 통해 Pod에 부하가 발생하면, 자동으로 Pod를 추가로 생성하여 확장할 수 있다. 마지막으로, CI/CD를 제공하여 깃(Git)을 통해 여러 개발자가 개발한 소스를 지속적으로 통합하며, 개발 및 운영 단계에서 빌드, 테스트, 배포를 자동화하여 결과를 지속적으로 전달함으로써 서비스의 질적 향상을 추구한다.

오픈시프트는 [그림 11-9]와 같이 마스터-노드 구조로 구성된다. 그리고 마스터는 API/Authentication, Data Store, Scheduler, Management/Replication 컴포넌트로 구성된다. API/Authentication은 마스터-노드 또는 노드-노드 간의 통신 및 인증을 관리한다. Data Store는 도커 이미지를 저장하고, Scheduler는 Pod 실행계획을 관리한다. 마지막으로 Management/Replication은 Pod 배치 작업을 관리하며 복제 셋을 관리한다. 이를 Scheduler를 통해 관리한다.

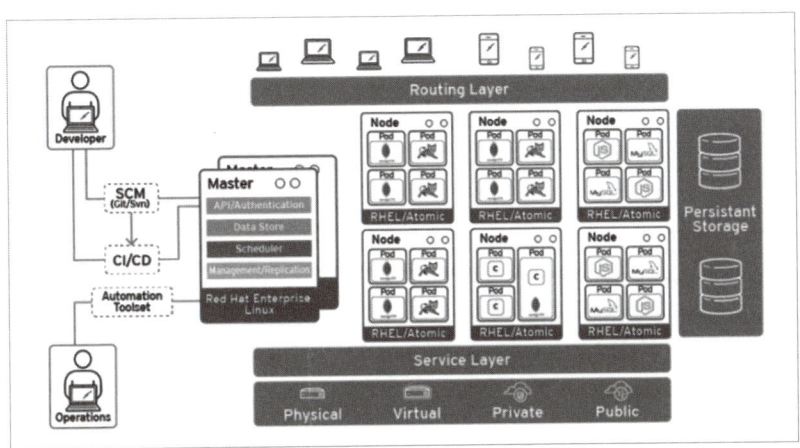

[그림 11-9] 오픈시프트 구조

각 노드에는 Pod를 배치한다. Pod는 오픈시프트에서 컨테이너를 관리하기 위한 가장 작은 단위이다. 하나의 Pod는 한 명의 분석가 또는 하나의 주제에 대한 분석을 위한 단일 분석 환경을 제공한다. 또한 Pod는 마스터 노드에 의해 부하 감지, 오류 감지, 모니터링 등 자동으로 관리된다.

분석가는 Pod를 할당받아 분석 모델을 개발한다. 각 Pod는 독립된 분석 환경이기 때문에 각 분석 모델에 적절한 라이브러리, 패키지를 사용할 수 있다. 예를 들어 분석 모델 A, B, C 중 B에서만 사용하는 라이브러리가 존재할 경우, Pod B에서만 해당 라이브러리를 설치해 사용할 수 있다.

분석을 수행하는 분석가는 주피터 노트북 환경에서 분석 모델을 개발한다. 각 Pod에는 주피터 노트북이 기본 환경으로 설정되어 있다. 또한 분석에 필요한 기본적인 파이썬 라이브러리 및 분석가들이 따로 요청한 라이브러리가 설치되어 있다.

이때 Pod에 설치된 주피터 노트북 및 파이썬 라이브러리는 도커 레지스트리(docker registry)에 등록된 이미지를 통해 설치한다. P사에서 사용하는 Pod는 총 세 개이며 각 Pod의 스펙은 다음과 같다.

구분	CPU	Memory	비고
Pod 1	4 Core	32 GB	
Pod 2	8 Core	32 GB	GPU(NVIDIA Tesla V100 8 GB)
Pod 3	4 Core	16 GB	

[표 11-2] Pod 스펙

> **Tip) 도커란?**
>
> 하나의 애플리케이션은 여러 프로그램과 라이브러리를 사용해 개발되며 다양한 환경에 배포해야 한다. 이때 OS, 라이브러리, 의존성이 서로 다르면 호환성 문제를 야기할 수 있다. 도커는 애플리케이션을 개발할 때 필요한 프로그램, 라이브러리, 의존성을 모아 컨테이너에 담고 패키징하여 이미지를 생성한다.
> 생성된 이미지는 필요 시 컨테이너로 실행시켜 사용할 수 있다. 도커는 컨테이너를 기반으로 독립된 개발 및 실행 환경을 제공하며, OS를 설치하지 않으므로 용량이 적고 실행 속도도 빠르다. 도커를 활용하여 생성한 이미지가 많아서 관리하기 어려운 경우에는 원격 저장소에 이미지를 저장하고 관리할 수 있다. 이때 도커 레지스트리를 이용하여 도커 이미지를 공유하고 관리한다. 레지스트리에는 모든 사용자가 접근 가능한 public과 제한된 private이 있다.

분석가는 Pod에서 사전 컨설팅을 통해 선정된 14개 과제에 대한 분석 모델을 개발한다. 분석 모델에 사용하는 데이터는 빅데이터 수집 플랫폼에서 수집된 내부 정형, 반/비정형 데이터, 외부 데이터이다. 먼저 Pod에서 하이브 라이브러리를 통해 하이브와의 연결을 시도한다. 연결이 성공적으로 완료된 후 하이브의 원장 테이블에서 데이터를 추출한다. 이때 필요한 칼럼만 사용하고 사용하지 않는 칼럼은 제외한다.

이후 추출한 데이터에 대해 각 과제에 부합한 분석 모델을 개발한다. 분석 모델은 다양한 분석 기법을 통해 개발한다. 개발된 분석 모델은 테스트 및 운영 데이터에 적용해 모델 검증을 수행한다. 이후 분석 모델이 수행된 결과 데이터 셋은 하둡 서버의 HDFS로 저장되며, 이는 하이브의 결과 테이블인 외부 테이블을 거쳐 관리형 테이블로 저장된다.

하이브에서는 파티션 키(partition key)를 기준으로 HDFS에 폴더를 생성하며 같은 파티션에 속하는 데이터는 같은 폴더에 저장된다. P사에서는 데이터가 생성된 기준연월 또는 기준일자를 파티션 키로 설정한다. 따라서 같은 연월 또는 일자에 처리된 데이터는 같은 파티션에 속하며 해당 일자에 속한 데이터를 검색할 때 해당 날짜 폴더만 검색하기 때문에 빠른 검색을 수행할 수 있다.

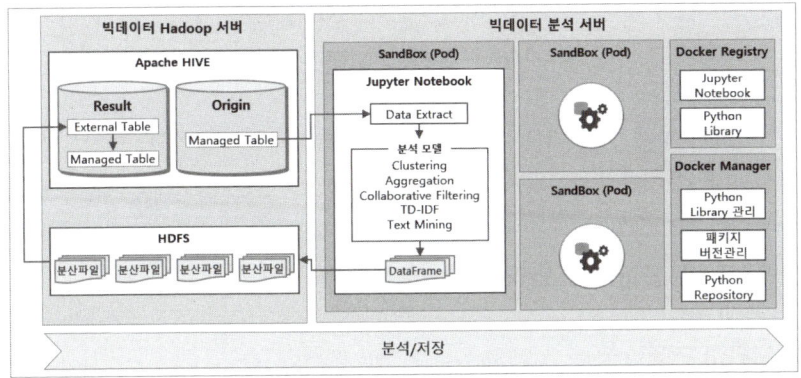

[그림 11-10] 빅데이터 분석 프로세스

■ 아파치 하이브 연동

Pod에서 하이브와 연동하기 위해 하이브 라이브러리인 pyHive를 사용한다. 하이브 연동 프로세스는 다음과 같다. 먼저 파이썬에서 하이브와 연동하기 위해 필요한 라이브러리인 pyhive를 임포트한다. 이후 하이브 데이터베이스에 연결하기 위해 Connection 객체를 생성한다.

객체를 생성할 때 접속 host, port, username, password, database, auth가 필요한데, 필요한 정보는 config의 HIVE_CONFIG에 저장되어 있다. 이후 판다스 DataFrame의 read_sql을 통해 SQL 결과를 DataFrame으로 불러온다. 이때 쿼리할 SQL과 Connection 객체를 사용한다. 이후 하이브 데이터가 적재된 DataFrame을 통해 분석 모델을 수행한다.

μ Code

```
from pyhive import hive
from config Import HIVE_CONFIG
import pandas as pd
conn = hive.connection(host = HIVE_CONFIG['host'],
                       port = HIVE_CONFIG['port'],
```

```
                    username = HIVE_CONFIG['username'],
                    password = HIVE_CONFIG['password'],
                    datebase = HIVE_CONFIG['database'],
                    auth = HIVE_CONFIG['auth'] )
```

분석 모델 수행 후 결과 데이터를 담고 있는 DataFrame은 하둡 HDFS에 저장된다. 이후 HDFS에 저장된 데이터는 하이브 외부 테이블로 변환된다. 이때 기존 하이브 외부 테이블의 스키마는 사전에 생성되어 있으며 하이브는 내부적으로 데이터에 스키마를 입힌다. 이후 외부 테이블은 관리형 테이블로 변환된다.

■ 오라클 연동

분석 결과 데이터는 시각화해 활용할 수 있다. 하이브에 저장된 분석 결과는 P사 내부 정책 및 태블로와 하이브 연동 시 성능상의 이슈로 인해 오라클에 저장해 사용한다. 오라클에 저장하는 프로세스는 다음과 같다. 먼저 하이브 결과 테이블에서 Pod로 오라클에 전송할 데이터를 추출한다.

추출된 데이터는 파이썬에서 DataFrame으로 불러오며, 오라클에 저장할 때 리스트로 변환해야 한다. 이때 Null 데이터는 DataFrame으로 저장할 때 NaN 객체로 자동 변환되며, 리스트로 변경해도 NaN은 유지된다. 그러나 오라클에 저장할 때는 NaN이 저장되지 않기 때문에 None 값으로 변경해야 한다.

또한 일부 테이블에서 date 타입으로 저장된 데이터는 DataFrame으로 저장할 때 object로 자동 변환된다. 그러나 오라클 테이블에 지정된 타입이 timestamp이기 때문에 오라클에 저장하기 위해서는 timestamp 타입으로 변경해야 한다. 따라서 오라클 데이터베이스 스키마에 맞게 TIME 처리 및 Null 처리를 수행한다. 이후 하이브의 모든 결과 테이블에 대해 데이터 변환을 수행하고 오라클에 저장한다.

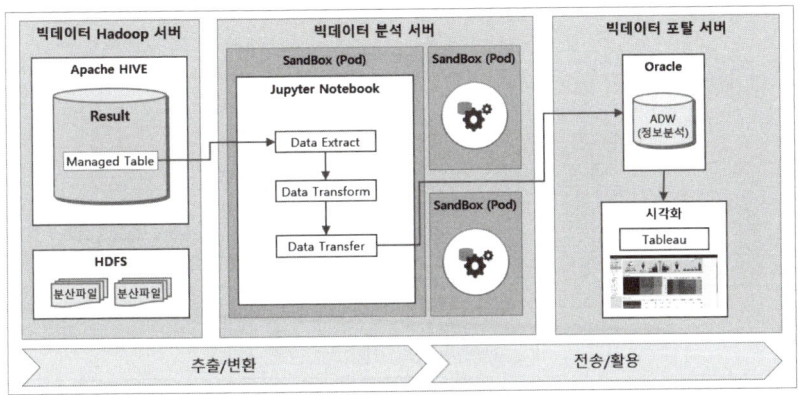

[그림 11-11] 오라클 연동 프로세스

11.3.2 배치 프로그램

샌드박스(SandBox)에서 주기적으로 빅데이터 분석 모델을 수행하여 결과를 사용자에게 제공하는 것이 필요하다. 빅데이터 분석 파트에서는 배치 스케줄러를 통해 분석 모델에 대한 배치 작업을 수행한다.

이때 수집 플랫폼에서 데이터를 수집한 후 분석 모델을 수행해야 하기 때문에 수집 플랫폼의 배치 작업일시를 고려해서 분석 배치 작업일시를 설정한다. 각 모델은 주 배치 또는 월 배치로 이루어져 있으므로 서로 다른 배치 작업일시를 고려하여 배치 일자를 설정한다.

분석 모델이 설정된 각 샌드박스에는 한정된 자원이 할당되어 모든 모델을 동시에 실행할 수 없다는 제약사항이 발생한다. 따라서 각 분석 모델이 실행될 수 있는 샌드박스에 적절하게 배치하고 각 모델 간의 선후행 관계를 고려하여 배치 프로세스를 설정한다.

11.3.3 태블로를 활용한 데이터 시각화

태블로는 데이터를 기반으로 의사결정을 내릴 수 있게 해주는 데이터 시각화 플랫폼이다. 오라클에 저장된 빅데이터 분석 결과를 시각화해 활용하면 각 고객에게 고객 맞춤형 금융상품 추천 서비스를 제공할 수 있다. P사에서는 분석된 결과를 추천하기 위해 태블로를 활용한다. 태블로에서 데이터 시각화를 진행하기 위해 오라클 ADW

에 연결해야 한다.

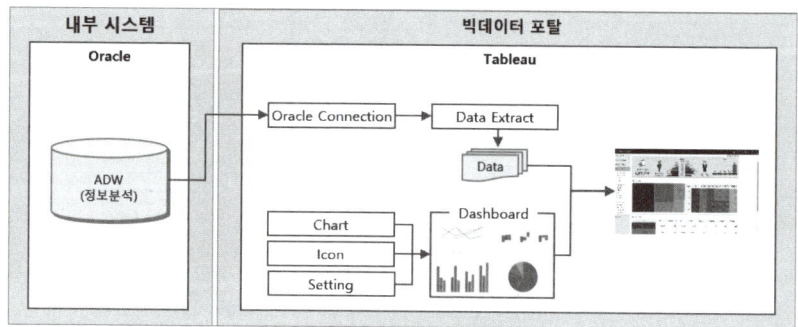

[그림 11-12] 빅데이터 시각화 프로세스

이때 태블로 내부의 오라클 커넥션(Oracle Connection)을 통해 오라클 DB와 연결하며 Host, Port, Database, Username, Password 등의 접속정보가 요구된다. 오라클에 테이블을 연결한 후 오라클 DB에서 시각화 대상 스키마 및 테이블을 선택한다. 이후 선택한 테이블에 대해 태블로의 데이터 추출 기능을 이용해 데이터를 추출한다.

분석 과제를 수행하고 난 후 특징 현황이나 인사이트 정보를 요약하여 대시보드로 구성하는 과정에서 막대차트나 선 그래프 등의 다양한 표현 방법을 활용했다. 경우에 따라 화면의 이해를 돕기 위해 아이콘을 활용하기도 했다.

이처럼, 배치 작업을 통해 변경된 데이터는 태블로에서 화면 변경 없이 데이터만 변경할 수 있기 때문에 현장에서 시각화 도구로 많이 활용하고 있다. 태블로를 활용하면 복잡한 스크립트나 쿼리를 작성할 필요 없이 드래그 앤 드롭으로 작업을 처리할 수 있으며 실시간으로 결과를 확인해 즉각적으로 수정이 가능하다는 장점이 있다.

특히 태블로는 엑셀, 텍스트 파일뿐만 아니라 오라클과 같은 RDBMS, 클라우드, OLAP과 같이 다양한 형식의 파일 및 데이터베이스를 지원한다. 따라서 다양한 데이터를 빠르게 불러와서 병합하여 처리하는 것이 가능하다.

태블로에서는 기본적으로 다양한 형태의 차트와 데이터 계산식을 제공한다. 태블로에서 데이터를 시각화할 때 표현에 대한 자유도가 높고 계산식을 활용한 다양한 형태의 표현이 가능하기 때문에 최근에 많이 도입되고 있는 추세이다.

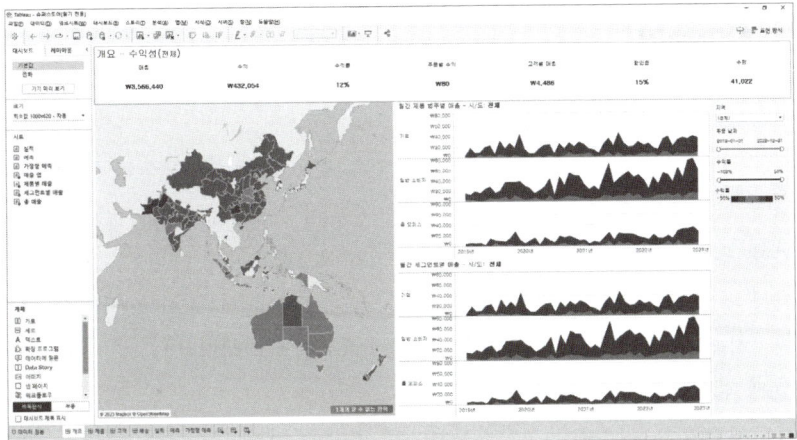

[그림 11-13] 태블로 예제 화면

찾아보기

ㄱ

가상 데스크톱 환경	8
감성 분석	122
거치식예금	65
고객 관계 관리	22
관리형 테이블	247
교대 최소 제곱법	162
교육보험	68
교차추천	165
기간계	99

ㄴ

네트워크 결합 스토리지	260
뉴 노멀	7

ㄷ

단어빈도-역문서빈도	123
더미 변수	74
데이터 마이닝	121
도커	260, 270
디지털 전환	5, 7, 119
딕셔너리	223

ㅁ

메시지 큐	265

ㅂ

바이그램	135
박스플롯	19
반구조적 데이터	121
방법론	15
범주형 자료	74
보장성보험	68
비식별화	262
비즈니스 인텔리전스	15, 45, 146
빅데이터 플랫폼	258
빅테크	8
빈도 분석	122

ㅅ

사물 인터넷	4, 7
상향추천	164
샌드박스	273
세계경제포럼	3
수신	7, 32
신뢰도	156

ㅇ

알파고	30
압축희소열	185
양적 자료	74
어근화	128

엘보 기법	76
엘보우 스코어	77
여신	7, 32, 222
연금보험	68
오픈뱅킹	8
온톨로지	121
요구불예금	65
웨어하우스	260
유클리디안 거리	161
음성 인식	123
이벤트 기반 마케팅	199
이상거래 탐지시스템	17
이상치	48
인공지능	4
인덱스	230
인메모리	266

ㅈ

자기조직화지도	72
자연어 처리	121
자카드 유사도	161
잠재 디리클레 할당	123
저축성보험	68
적립식예금	65
전산화	7
정규화	74, 80
정보통신기술	4
지능형 공장	4, 6
지지도	156

ㅋ

코사인 유사도	161
콘텐츠 기반 필터링	157
클라우드 컴퓨터	4
탐색적 데이터 분석	18, 44
태블로	19, 273
토픽 모델링	122
트리맵	211
특약	68
특징 추출	132

ㅍ

페르소나	40, 80, 91
품사 태깅	127
피어슨 유사도	161
핀테크	8, 41, 95

ㅎ

하노버 메세	4
하둡 분산 파일 시스템	259
하이퍼파라미터	140
향상도	156

찾아보기

협업 필터링 158
형태소 127
희소행렬 162, 178

C
Corpus 139
CounterVectorizer 133

E
ETL 259

H
hit rate 252

K
k-평균 알고리즘 72

N
n-그램 분석 122

R
RFM 71

실전 금융산업 빅데이터 분석
실무 담당자를 위한 금융 빅데이터 활용 비법

출간일	2023년 6월 19일 ǀ 1판 1쇄
지은이	김유신 외 7인
펴낸이	김범준
기획·책임편집	김수민, 최규리
교정교열	김묘선
편집디자인	나은경
표지디자인	한현지
발행처	(주)비제이퍼블릭
출판신고	2009년 05월 01일 제300-2009-38호
주소	서울시 중구 청계천로 100 시그니처타워 서관 9층 949호
주문·문의	02-739-0739 팩스 02-6442-0739
홈페이지	http://bjpublic.co.kr 이메일 bjpublic@bjpublic.co.kr
가 격	22,000원
ISBN	979-11-6592-230-6

한국어판 © 2023 (주)비제이퍼블릭

이 책은 저작권법에 따라 보호받는 저작물이므로 무단 전재와 무단 복제를 금지하며,
내용의 전부 또는 일부를 이용하려면 반드시 저작권자와 (주)비제이퍼블릭의 서면 동의를 받아야 합니다.

잘못된 책은 구입하신 서점에서 교환해드립니다.